BEIHEFTE ZUR
ZEITSCHRIFT FÜR ROMANISCHE PHILOLOGIE

BEGRÜNDET VON GUSTAV GRÖBER
FORTGEFÜHRT VON WALTHER VON WARTBURG
HERAUSGEGEBEN VON KURT BALDINGER

Band 137

KURT RINGGER

DIE ›LAIS‹

Zur Struktur
der dichterischen Einbildungskraft
der
Marie de France

MAX NIEMEYER VERLAG TÜBINGEN
1973

Publiziert mit Unterstützung des Schweizerischen Nationalfonds
zur Förderung der wissenschaftlichen Forschung

ISBN 3-484-52042-6

©
Max Niemeyer Verlag Tübingen 1973
Digiset-Lichtsatz: Satz AG, Zürich
Einband von Heinr. Koch Tübingen

INHALTSVERZEICHNIS

VORWORT

Im Augenblick, da es gilt, die vorliegende Studie aus den Händen zu geben, welche im Sommersemester 1970/71 von der Philosophischen Fakultät I der Universität Zürich als Habilitationsschrift angenommen wurde, möchte ich es nicht unterlassen, all denen meinen herzlichsten Dank auszusprechen, die mir im Lauf der Jahre bei der Arbeit mit Rat und Tat beigestanden sind. Ein besonderer Dank gebührt meinem Lehrer, Herrn Professor Dr. Reto R. Bezzola: ohne seine inspirierenden Anregungen als Forscher und Dozent wäre die vorliegende Beschäftigung mit einer Gestalt aus seinem ureigensten Bereich – die altfranzösische Literatur – kaum denkbar. Herrn Professor Dr. Kurt Baldinger sei dafür gedankt, dass er meiner Monographie in der Reihe der Beihefte zur Zeitschrift für Romanische Philologie grosszügig Gastrecht gewährt. In den Dank eingeschlossen seien überdies nicht nur der Max Niemeyer Verlag in Tübingen sondern ganz besonders auch der Schweizerische Nationalfonds zur Förderung der wissenschaftlichen Forschung, der durch einen Beitrag die Drucklegung dieses Versuchs ermöglichte. Nicht vergessen sei schliesslich Herr Stud. Phil. I Rudolf Mäder, der beim Mitlesen der Korrekturbogen wertvolle Mitarbeit leistete und die Zusammenstellung des Registers besorgte.

Zürich, im Herbst 1972   Kurt Ringger

VII

EINLEITUNG

Angesichts einer beinahe unüberblickbar gewordenen Fülle von Schriften über
Marie de France drängt sich die Frage auf, warum wohl diese Frau und ihr
verhältnismäßig schmales Werk die Nachwelt seit Jahrhunderten so sehr beschäftigen. Cesare Segre – so scheint uns – hat eine einleuchtende Antwort gegeben, indem er Maries *Lais* als »un gioiello di poesia e un enigma di storia
culturale« bezeichnete[1]. Mögen auch das *Espurgatoire* und der *Esope* daneben
kaum literarische Kostbarkeiten darstellen, so bleiben sie immerhin Rätsel –
und das in mehrfacher Hinsicht.

Der Kreis derer, die sich zu Marie und ihrem Oeuvre hingezogen fühlen, erweist sich daher als sehr groß. Einmal umspannt er alle diejenigen, die sich um
die Lösung eines, im weitesten Sinne, historischen Problems bemühen – handle
es sich nun um Identifizierungen, Chronologie, Datierungen, Zuschreibungen
oder Einflüsse; zum andern umfaßt er die vielen Leser mittelalterlicher Dichtung, auf welche der geheimnisvolle Zauber dieser *Lais* noch immer wirkt. Denn
– Jean-Charles Payen betont es zu Recht –: »[...] il nous semble que le lai
narratif est, de toute la littérature médiévale, l'un des genres qui ont le moins
vieilli. Sa fraîcheur et sa jeunesse ne sont pas artificielles. Ce sont celles des
oeuvres belles, où les hommes de tous les temps se peuvent reconnaître«[2].

Den Gegenstand dieser Faszination als poetische Struktur zu bestimmen: das
haben wir uns vorgenommen – im Bewußtsein freilich, daß alle Interpretation
(und die stilistische Interpretation mittelalterlicher Werke ganz besonders[3]) auf
schwankendem Boden steht, wenn sie nicht historisch verankert ist. Leo Spitzer,
ein Kenner Maries, dessen Studien über die Dichterin unsere Arbeit manche
Anregung verdankt, deutete in seiner letzten Vorlesung, die er in Rom hielt,
den Weg an, auf dem wir uns durch das ›univers poétique‹ der *Lais* bewegen
wollen: »Credo, in fin dei conti, – sagte er – che la buona critica debba essere
prima di tutto descrittiva e poi discretamente storica«[4]. So leitet ein geschicht-
licher Abriß unsere Betrachtungen ein: wir versuchen darin, sammelnd, prüfend
und wertend all das zusammenzutragen, was sich heute von dieser Warte aus
über den Gegenstand sagen läßt, der uns beschäftigt.

[1] Piramo e Tisbe nei Lai di Maria di Francia, Studi in onore di Vittorio Lugli e Diego Valeri, Venezia 1961, Bd. 2, p. 846.
[2] Le motif du repentir dans la littérature française médiévale (des origines à 1230), Publications
romanes et françaises, XCVIII, Genève 1968, p. 330.
[3] Vgl. Pierre Le Gentil, Réflexions sur la création littéraire au moyen âge, Chanson de geste und
höfischer Roman, Heidelberger Kolloquium (1961), Studia romanica, 4, 1963, pp. 9–20.
[4] Sviluppo di un metodo, Cultura neolatina, XX, 1960, p. 123.

1

Völlig unerwartet verwandelt sich nun aber unsere Erörterung durch Richard Baums *Recherches sur les oeuvres attribuées à Marie de France*, welche zu einem Zeitpunkt erschienen, da das meiste von dem längst formuliert war, was die Ergebnisse dieser Untersuchung ausmacht, in einen Beitrag zum neuentfachten Gespräch um Marie de France und ihre problemreiche schriftstellerische Tätigkeit.

Die Fakten, die sich aus einer Analyse der zwölf von einem Prolog eingeleiteten in der Harley-Handschrift 978 überlieferten *Lais* als Aspekte des Stils ihres Autors isolieren lassen, liegen jetzt als kritisches Vergleichsmaterial bereit. Im Licht der Resultate, die aus einem Vergleich zwischen diesen Punkten und denjenigen zu gewinnen wären, welche sich aus einer Strukturanalyse des *Espurgatoire* und der Fabeln ergäben, ließe sich vielleicht die nunmehr neu gestellte Zuschreibungsfrage überzeugender lösen, als es bisher möglich war.

Was indessen die *Lais* betrifft, so hoffen wir, mit unseren Betrachtungen einen Beitrag zur genaueren Erfassung jener Präsenz Maries vorzulegen, welche Ernest Hoepffner, den sie ein Leben lang im Bann hielt, treffend umschrieb: »Ce qui fait un des charmes de Marie, c'est l'émotion personnelle avec laquelle elle prend part aux aventures de ses personnages. Emotion qui ne s'exprime pas toujours facilement ni clairement, mais qu'on n'en sent pas moins vibrer dans ses vers«[5] – eine Präsenz, welche sich desto rätselhafter als historische Wirklichkeit verflüchtigt, je lebhafter sie sich als dichterische offenbart.

---

[5] Marie de France et les lais anonymes, Studi medievali, Nuova serie, 4, 1931, p. 21.

I. Marie de France als historische Persönlichkeit

1. Die signierten Werke

Während einerseits in Frankreich noch die kriegerisch heldische Welt der *chansons de geste* in immer neuen Ausprägungen zur Gestaltung kam, andererseits indessen vom provenzalischen Süden ausstrahlend schon mildere Gesittung und raffiniertere Formen des gesellschaftlichen Lebens wie auch des künstlerischen Ausdrucks sich ausbreiteten[6], war in England im Kraftfeld des Plantagenet-Hofes, wo Alienor – die Enkelin Wilhelms, des neunten Herzogs von Aquitanien und ersten bekannten Troubadours – das neue Gedankengut in auserwähltem Kreise pflegte[7], eine Frau dichtend am Werk, welche, indem sie ihre französische Übertragung aesopischer Fabeln im Nachwort einem »cunte Willalme« widmete und zugleich signierte, schlicht und einfach von sich schrieb: «*Marie* ai num, si sui de France»[8].

Neben diesem *Esope*, der zu den Lieblingslektüren des gebildeten Publikums vom dreizehnten bis zum fünfzehnten Jahrhundert gehörte[9], besitzen wir unter dem Titel *Espurgatoire Seint Patriz*, gleichfalls von einer Dichterin Marie signiert, eine französische Übersetzung des vom englischen Zisterziensermönch H(einrich)[10] von Saltrey in lateinischer Sprache abgefaßten Berichtes über die Fegefeuerfahrt des irischen Ritters Owein. Am Schluß des Epilogs heißt es in diesem geistlichen Poem:

---

[6] Zur Diskussion der Forschungslage in Bezug auf diesen Punkt vgl. den Überblick bei Leo Pollmann, Die Liebe in der hochmittelalterlichen Literatur Frankreichs, Analecta romanica, 18, Frankfurt am Main 1966, pp. 281 ss.

[7] Vgl. Reto R. Bezzola, Der französisch-englische Kulturkreis und die Erneuerung der europäischen Literatur im 12. Jahrhundert, ZrP 62, 1942, pp. 2–18; vom selben Verfasser vgl. auch Les origines et la formation de la littérature courtoise en occident, troisième partie, I, II, Paris 1963, und deuxième partie, II, das Kapitel La transformation des moeurs et le rôle de la femme dans la classe féodale du XIe au XIIe siècle, pp. 461–485. Überdies: Rita Lejeune, Rôle littéraire d'Aliénor d'Aquitaine et de sa famille, Cultura neolatina 16, 1954, pp. 5–57, und Rôle littéraire de la famille d'Aliénor d'Aquitaine, CCM 1, 1958, pp. 319–337. Vgl. auch Jean Frappier, Vues sur les conceptions courtoises dans les littératures d'oc et d'oil au XIIe siècle, CCM 2, 1959, pp. 135–156.

[8] *Fabeln*, ed. Warnke, Bibliotheca normannica, VI, Halle (Saale), 1898, *Epilogus*, v. 4, p. 327.

[9] Vgl. Warnke, ibid., p. III, und Die Quellen des Esope der Marie de France, Festgabe für H. Suchier, Halle (Saale) 1900, p. 280.

[10] Die Auflösung stammt von Mathieu de Paris – vgl. F.W. Locke, A New Date for the Composition of the *Tractatus de Purgatorio Sancti Patricii*, Speculum 40, 1965, p. 641, Anm. 4 – und wurde von John Bale in seinem *Scriptorum Brytanniae Catalogus* (1557), p. 189, übernommen, vgl. C.M. van der Zanden, Autour d'un manuscrit latin du *Purgatoire de Saint Patrice*, Np 10, 1925, p. 243 und Anm. 2.

> Jo, *Marie*, ai mis, en memoire,
> Le livre de l'Espurgatoire
> En Romanz [...][11]

Endlich ist uns eine Reihe von zwölf durch einen Prolog eingeleitete und einem »nobles reis« zugeeignete *Lais* überliefert, die – wie aus eben diesem Prolog hervorgehen dürfte – alle aus derselben Feder stammen. Die Verfasserin, welche selbst mehrmals persönlich sich innerhalb des erzählenden Textes einschaltet, zeichnet mit ihrem Namen in den Einleitungsversen zum *Guigemar*:

> Oëz, seignurs, ke dit *Marie*,
> Ki en sun tens pas ne s'oblie[12].

Bereits diese sachliche Aufzählung spärlicher Fakten enthält eine ganze Reihe berechtigter Fragen. Einmal: Sind die drei Marien ein und dieselbe Person? Zum andern: Wenn dem so ist, wer ist Marie? Und drittens: Wer sind die Fürstlichkeiten, denen diese literarischen Arbeiten gewidmet worden sind?

2. Die Marie-Forschung

Am Anfang der Marie de France-Forschung steht der Name einer Gelehrtenpersönlichkeit aus dem sechzehnten Jahrhundert: Claude Fauchet (1530–1601); er besaß selbst eine Handschrift der Fabeln und scheint mindestens zwei weitere gekannt zu haben[13]. Im Vatikanischen Manuskript steht von seiner Hand der Eintrag: »Ce livre a este espose par une Marie«[14]. Den Namen Marie de France, unter dem diese Dichterin in die Literaturgeschichte eingegangen ist, gab Fauchet, der die *Lais* noch nicht kannte[15], der Autorin des *Esope* in seinem 1581 in erster Auflage bei Robert Estienne in Paris erschienenen *Recueil de l'origine de la langue et poésie françoise, ryme et romans*[16]. La Croix du Maine (1552–1592) ist der erste Forscher, der es unternahm, Maries Wirken zu datieren: er verlegt es in 13. Jahrhundert[17]. In der postumen Ausgabe von 1665 erwähnen Etienne Pasquiers (1529–1615) *Recherches de la France* (VIII, 1, p. 654)

---

[11] Ed. Warnke, Bibliotheca normannica, IX, Halle (Saale), 1938, Vv. 2297–2299 p. 169: Marie erwähnt ihren Autor nie namentlich; sie spricht lediglich von ihm als *li autors* (Vv. 1401 und 2058).

[12] Ausgabe Warnkes, Bibliotheca normannica, III, Halle (Saale), 1925³, Vv. 3–4, p. 5. – Im Folgenden werden der *Esope* und das *Espurgatoire* stets nach Warnkes Ausgabe zitiert, die *Lais* nach derjenigen Jean Rychners, CFMA, Paris 1966.

[13] Vgl. Emil Winkler, Französische Dichter des Mittelalters, II, Marie de France, Sitzungsberichte der Kais. Akademie der Wissenschaften in Wien, 188, 1918, p. 3 und Warnke, *Fabeln*, pp. V, X, XII. Nach Baum, der sich auf Espiner-Scott stützt, handelt es sich um mindestens fünf Manuskripte, vgl. op. cit. p. 61.

[14] Cit. Warnke, *Fabeln*, p. XII. Nach Baum, op. cit., p. 61 »composé«.

[15] Vgl. Roqueforts Einleitung zur *Lais*-Ausgabe, Bd. 1, p. 16 und Anm. 1, wo sich diesbezüglich erschöpfende bibliographische Angaben finden.

[16] Cit. Winkler, op. cit., p. 3. – Das Werk erlebte 1610 eine zweite Auflage. Was die Geschichte der Marie-Forschung betrifft, so folgen wir den Ausführungen Winklers, op. cit., pp. 3 ff; für die Frühzeit bietet Roqueforts Einleitung zur *Marie*-Ausgabe, Bd. 1, pp. 1–41 reiches Material.

[17] Vgl. R. Baum, Recherches sur les oeuvres attribuées à Marie de France, Annales Universitatis Saraviensis, Reihe: Philosophische Fakultät, Bd. 9, Heidelberg 1968, p. 62.

4

die Übersetzerin der Fabeln als »une demoiselle«, ohne allerdings ihren Namen zu nennen.

Eine Beziehung zwischen *Esope* und *Espurgatoire* stellt zum ersten Mal im letzten Viertel des 18. Jahrhunderts Le Grand d'Aussy (1737–1800) in seinen *Fabliaux ou contes du XII° et du XIII° siècle* her, wo er auch – allerdings ohne die beiden Lais ausdrücklich mit Marie in Zusammenhang zu bringen – *Lanval* und *Guigemar* abdruckt[18], während der Abbé Gervais de la Rue (1751–1835)[19] sich als französischer Emigrant nach der Revolution in London auf der Harley-Handschrift 978[20] fußend (welche die einzige ist, die alle zwölf *Lais* mit dem Prolog enthält – aus welchem allein hervorgeht, daß Marie die Verfasserin dieser *Lais* ist[21] – und zugleich sämtliche Fabeln mit Prolog und Epilog[22]) in seiner Schrift *Dissertation on the Life and Writings of Mary, an Anglo-Norman Poetess of the 13ᵗʰ Century* (1800) eingehend mit dem Werk und dem Leben Maries auseinandersetzt. Die erste Ausgabe der *Lais* (sie enthält, unter dem Titel *Poésies*, auch die Fabeln und dazu das *Espurgatoire*)[23] besorgte anschließend in zwei Bänden Jean-Baptiste-Bonaventure de Roquefort (Paris, 1820), der im ersten Band in einer vierzigseitigen auf De la Rues *Dissertation* beruhenden *Notice sur la vie et les écrits de Marie de France* den Stand der damaligen Marie-Forschung widerspiegelt. Der Beginn der neueren Marie-Kritik ist wohl mit Eduard Malls *De aetate rebusque Mariae Francicae nova quaestio instituitur* (Halle, 1867) anzusetzen, wenngleich Mall selbst die Ergebnisse seiner Untersuchungen zehn Jahre später gründlich modifizierte[24].

Bereits 1880 schaltet sich der spätere Marie-Herausgeber Karl Warnke[25] in die Diskussion um diese Dichterin ein; es folgt 1891 Bédier[26], dann – in vielen Aufsätzen und Besprechungen – Gaston Paris, der schon zu Warnkes erster *Lais*-Ausgabe von 1885 Stellung genommen hatte[27]. Seither gibt es kaum einen Romanisten, der sich – soweit er überhaupt auf dem Gebiet der französischen Literatur des Mittelalters publiziert hat – nicht zu dieser oder jener Frage im Zusammenhang mit Marie de France geäußert hätte[28]. Ernest Hoepffners um-

---

[18] Die erste Auflage, nach der Roquefort zitiert, erschien vierbändig, Paris 1779–1781. Wir zitieren nach der zweiten, fünfbändigen Auflage von 1781. Le Grand d'Aussy äußert sich über Marie de France in Bd. IV, pp. 321 ff. und in Bd. V, pp. 125 ff. Vgl. auch Roqueforts *Lais*-Ausgabe, Bd. 1, p. 12.

[19] Über diesen Forscher als »précurseur dans le domaine des études arthuriennes« vgl. Francis Gourvil, BBSArthur., 18, 1966, p. 164.

[20] Vgl. Warnke, *Lais*, p. LX und *Fabeln*, p. III.

[21] Vgl. Warnke, *Lais*, p. LX.

[22] Vgl. Warnke, *Fabeln*, p. 3. Dazu Ernest Hoepffner, La tradition manuscrite des *Lais* de Marie de France, Np 12, 1927, pp. 1–10 und 85–96. Zusammenfassend über die schriftliche Überlieferung des altfranzösischen Lais vgl. nunmehr Horst Baader, Die Lais, Zur Geschichte einer Gattung der altfranzösischen Kurzerzählungen, Analecta romanica, 16, Frankfurt a. M. 1966, pp. 226–243.

[23] Roquefort schreibt den *Lai de l'Epine* und den *Lai de Graelent* auch Marie de France zu. Zur Diskussion darüber vgl. seine Einleitung in Bd. 1, p. 40, Anm. 4.

[24] Vgl. Noch einmal: Marie de Compiègne und das *Evangile aux femmes*, ZrP 1, 1877, pp. 337–356.

[25] Über die Zeit der Marie de France, ZrP 4, 1880, pp. 223 ff.

[26] Les *Lais* de Marie de France, Revue des deux mondes, 107, 1891, pp. 834–863.

[27] Vgl. R 14, 1885, pp. 598–608.

[28] Ich verzichte hier darauf, eine vollständige Bibliographie der Marie de France-Forschung zu geben. Über die erschienenen Arbeiten bis 1930 vermittelt Julian Harris in seiner Ausgabe Marie

fassende Studie[29] stellte nicht nur eine Standortbestimmung der vorangehenden sondern auch einen Rechenschaftsbericht eigener Forschung dar; das Gespräch ist bis auf den heutigen Tag weitergeführt worden, wobei es sich auf Grund der Baumschen *Recherches sur les oeuvres attribuées à Marie de France* ziemlich beleben dürfte. Der Verfasser vermittelt in seinem Buch einen erschöpfenden Abriß der Marie de France-Forschung. Wir beschränken uns deshalb darauf, zwar einige Akzente zu setzen, im Übrigen aber auf seine Arbeit zu verweisen. Immerhin seien zwei Punkte hervorgehoben, mit denen Baum dank einer gründlichen Analyse der vor Roqueforts Marie-Ausgabe erschienenen historischen Literatur das Bild der Marie-Kritik aufschlußreich ergänzt. Zum ersten hat nicht etwa de la Rue – wie er selbst in seiner 1800 in der Zeitschrift *Archeologia or Miscellaneous Tracts relating to Antiquitiy* veröffentlichten *Dissertation* zu suggerieren scheint – die Harley-Hs 978 entdeckt – was noch Emil Winkler schlankweg behauptet[30] –, sondern es ist Thomas Warton (1728–1790), der in seiner 1774 publizierten *History of English Poetry* als erster auf diese Handschrift hinweist[31]. Zum andern stammt die Gleichsetzung Maries, der Fabelübersetzerin, mit Marie, der Autorin der *Lais*, vom Chaucer-Herausgeber Thomas Tyrwhitt (1730–1786), der bereits in der ersten Auflage (1775) seiner Ausgabe der *Canterbury Tales* in einer langen Anmerkung zum Prolog des *Franklin's Tale* ausführlich auf Marie und die Gattung des *lai* zu sprechen kommt[32].

3. DIE DREI MARIEN

Was hat diese ausgedehnte Forschungstätigkeit in Bezug auf die Identifikation der drei Autorinnen namens Marie zu Tage gefördert?

Da ist einmal die bereits erwähnte, vermutlich in der Abtei von Reading geschriebene anglonormannische Londoner Harley-Handschrift aus der Mitte des dreizehnten Jahrhunderts[33], aus welcher Thomas Tyrwhitt geschlossen hatte, daß die Autorin des *Esope* mit der Verfasserin der *Lais* identisch ist. Für die – soweit ich sehe – in der gesamten Literatur seit Le Grand d'Aussy akzeptierte Gleichsetzung dieser Marie mit der Übersetzerin des Traktates des Mönches von Saltrey gibt es (in dieser Hinsicht ist Baum durchaus beizupflichten[34]) au-

---

de France: The Lays *Guigemar, Lanval* and a fragment of *Yonek* – With a study of the life and work of the author, New York, 1930, ein erschöpfendes Bild. Eine reichhaltige Bibliographie gibt auch Jean Rychner in seiner *Lais*-Ausgabe von 1966, pp. XXVIII-XLV. Die von mir eingesehenen Schriften sind am Schluß dieser Arbeit zusammengestellt.

[29] Les *Lais* de Marie de France, Paris 1935.

[30] Vgl. op. cit., p. 5.

[31] Vgl. Baum, op. cit., p. 67.

[32] Vgl. Baum, op. cit., pp. 69–75. Über den Prolog zu *Franklin's Tale* vgl. auch Lucien Foulet, Le Prologue du *Franklin's Tale* et les Lais bretons, ZrP 30, 1906, pp. 698–711. Baums Ausführungen bilden eine klare Antwort auf die von Emil Winkler, op. cit., p. 5, Anm. 2 aufgeworfenen Fragen.

[33] Vgl. Warnke, *Lais*, p. LX und *Fabeln*, p. III sowie Ezio Levi, Maria di Francia e le abbazie d'Inghilterra, ARom V, 1921, p. 486.

[34] Vgl. op. cit., p. 196.

ßer Erwägungen sprachlicher Art[35] – stilistische bleiben wenig wirksam, weil das *Espurgatoire* ja eine Übertragung ist, und historische erweisen sich, wie sich noch zeigen wird, als äußerst diskutabel – keine absolut zwingenden Argumente. Immerhin ist nicht anzunehmen, daß innerhalb eines relativ beschränkten Zeitraumes im zwölften Jahrhundert drei verschiedene Schriftstellerinnen gleichen Namens gewirkt haben[36]; so kommt Rychner zur Formulierung: »On estime assez généralement que ces trois Maries n'en font qu'une«[37].

Dann sind zwei Texte ans Licht gezogen worden. In seiner *Vie Seint Edmund le rei* – auf diese Stelle weisen schon Thomas Tyrwhitt (in der zitierten Chaucer-Anmerkung) und Gervais de la Rue hin[38] – schreibt der Benediktinermönch Denis Piramus:

16 Jeo ai nun Denis Piramus.
   Les jurs jolis de ma jeonesce
   s'en vunt, si trei jeo a veilesce,
   si est bien dreit ke me repente;
20 en altre ovre mettrai m'entente,
   ke mult mieldre est e plus nutable.
   Deus m'aïde, espiritable;
   e la grace Seint Espirit
   set ovek mei e si m'aït!
25 Cil ki Partonopé trova
   e ki les vers fist e rima,
   forment se pena de bien dire;
   si dist bien de cele matire
   cume de fable e de menceunge;
30 la matire ressemble sunge,
   kar ceo ne pout unkes estre;
   si est il tenu pur bon mestre,
   e e vers sunt mult amez
   e en ces riches curz loëz.
35 E *Dame Marie* altresi
   ki en rime fist e basti
   e compassa les vers des *Lais*
   ke ne sunt pas de tut verais;
   e si en est el mult loée
40 e la rime par tut amée,
   kar mult l'aiment, si l'unt mult chier
   cunte, barun e chevalier;
   e si en aiment mult l'escrit
   e lire 'l funt, si unt delit
45 e si le funt sovent retreire.

---

[35] Vgl. Warnke, *Espurgatoire*, p. XLV.

[36] Auf eine vierte, die Autorin der von Östen Södergård herausgegebenen *Vie Seinte Audrée*, Acta Universitatis Upsaliensis, 11, 1955, weist nachdrücklich Baum hin, op. cit., p. 196. Vgl. dazu auch J.A. Ross' Besprechung des Baumschen Buches, MLR 65, 1970, p. 898.

[37] Le Lai de *Lanval*, ed. Jean Rychner, Genève-Paris, 1958, p. 85; ähnlich auch in seiner *Lais*-Ausgabe, p. VII.

[38] Vgl. Essais historiques sur les Bardes, les Jongleurs et les Trouvères normands et anglo-normands, Bd. 3, p. 56, Caen 1834. Darüber auch Warnke, Über die Zeit der Marie de France, ZrP 4, 1880, p. 230–231.

Les *Lais* suelent as dames pleire;
les oient de joie e de gré
qu'il sunt sulum lur volenté.[39]

In einer ergänzenden ›Branche‹ zum *Roman de Renart*, dem *Couronnement de Renard*, liest man im Epilog:

Et pour çou du conte Guillaume,
Qui ceste honor eut encharcie,
Pris mon prologue com *Marie*,
Qui pour lui traita d'*Izopet*.[40]

Ferner ist in Chrétien de Troyes' *Erec* folgende Stelle zu unterstreichen, in der allerdings Marie nicht namentlich erwähnt wird[41]; nach dem Sieg Erecs über Mabonagrain heißt es:

Et cil qui el vergier estoient,
D'Erec desarmer s'aprestoient
6185 Et chantoient par contançon
Tuit de la joie une chançon;
Et les dames un *lai* troverent,
Que le Lai de Joie apelerent;
Mes n'est gueires li lais seüz.[42]

Findet sich schon im zitierten *Erec*-Abschnitt ein Hinweis auf die literarische Gattung des Lai, so haben wir noch zwei weitere Belege, in denen – wie verschiedentlich festgestellt worden ist – ein direkter thematischer Einfluß Mariescher *Lais* nachweisbar ist: einmal ist in diesem Zusammenhang Jean Renarts *Galeran de Bretagne* zu erwähnen, der im wesentlichen auf Maries *Fresne* fußt[43], und zum zweiten Gautier d'Arras' *Ille et Galeron*, ein Roman, in welchem der Autor zweifellos Reflexe aus dem *Eliduc* verarbeitet[44].

[39] Zit. bei Warnke, *Lais*, pp. III-IV und Levi, op. cit., p. 491. Vgl. auch die Ausgabe von Hilding Kjellman, *La vie de Seint Edmund le Rei*, Göteborg 1935, sowie Levi, Maria di Francia e le abbazie d'Inghilterra, ARom V, 1921, pp. 491–492. – Der erste, der nach Tyrwhitt auf diese Stelle aufmerksam gemacht hat, ist der Abbé de la Rue in seinen *Recherches sur les ouvrages des Bardes de la Bretagne Armoricaine dans le M.Age*, Caen, 1815, p. 56; vgl. Levi, I lais e la leggenda di Tristano, StR 14, 1917, p. 149, Anm. 2. – Ausgaben von Florence Leftwich Ravenel, *La vie seint Edmund le Rei*, an Anglo-Norman Poem of the Twelfth Century by Denis Piramus, ed. with Introduction and critical Notes, Philadelphia, 1906, Bryn Mawr College Monographs, vol. V, und Kjellman.

[40] Vgl. darüber Warnke, *Fabeln*, p. CXVII. Ausg. von D.M. Méon, *Le roman de Renart*, Paris 1826, pp. 1–123. In der Ausgabe von Alfred Foulet, Princeton-Paris 1929, handelt es sich um die Verse 3360–3408.

[41] Vgl. Foulet, Marie de France et la Légende de Tristan, ZrP 32, 1908, pp. 258–260. Ph.-Aug. Becker bemerkt zu dieser Stelle: »Man könnte von einer Vorwegnahme des erzählenden Lais sprechen, und könnte darauf hinweisen, daß Chrestien die Beziehung zwischen dem Conte, der virtuell gegebenen Erzählungsfabel, und der lyrischen Zusammenfassung ihres Kernes in einem gesungenen Liede kennt«, Der gepaarte Achtsilbler in der französischen Dichtung, Abhandl. der Philolog.-Historisch. Klasse der Sächs. Akad. der Wissenschaften, Bd. XLIII, Leipzig 1934, p. 113.

[42] Vv. 6183–6189, zit. nach Foerster, *Erec und Enide*, Romanische Bibliothek, XII, Halle (Saale), 1934³. In M. Roques' Ausgabe, CFMA, Paris 1966, sind es die Verse 6131–6137.

[43] Über *Galeran de Bretagne* vgl. als zusammenfassende Studie Ingeborg Dubs, Galeran de Bretagne – Die Krise im französischen höfischen Roman. Diss., Zürich, 1949; vgl. auch Hoepffner, Les *Lais* de Marie de France dans *Galeran de Bretagne* et *Guillaume de Dole*, R 56, 1930, pp. 212–235.

[44] Vgl. darüber Hoepffner, op. cit., p. 54 und Foulet, Marie de France et la légende de Tristan,

8

Ein Hinweis auf den Lai als literarische Gattung findet sich überdies auch bei Gautier d'Arras:

> Mes s'autrement n'alast l'amors,
> Li lais ne fust pas si en cours,
> Nel prisaissent tot li baron.
> Grant cose est d'Ille a Galeron:
> N'i a fantome ne alonge,
> Ne ja n'i troverés mençonge.
> Tex *lais* i a, qui les entent,
> Se li sanlent tot ensement
> Con s'ëust dormi et songié.[45]

4. Die zeitliche Lokalisation

Tragen nun auch diese zusammengestellten Partien aus Dichtungen, die zum Werk Maries in einer – wie auch immer gearteten – Beziehung stehen, direkt nichts zur persönlichen Identifikation der Dichterin bei – Denis Piramus' Text bestätigt ja lediglich, daß eine »Dame Marie« Lais gedichtet habe, während die Verse aus dem *Couronnement de Renard* einfach eine »Marie« als Autorin des *Esope* belegen –, so ermöglichen sie doch indirekt bis zu einem gewissen Grad eine zeitliche Lokalisation ihres Schaffens.

Was den Lai als literarische Gattung betrifft, so steht heute fest, daß Marie ihn in die französische Literatur eingeführt hat: »Il n'y a pas un lai dont on puisse dire avec certitude qu'il est antérieur à Marie, et on ne se trompe guère à avancer qu'elle est, en grande partie, la source de tous ceux qui sont venus après elle«[46]. Aus dieser Tatsache folgt, daß Werke, in denen von Lais die Rede ist, zeitlich jünger sind als diejenigen Maries selbst. Damit ist immerhin eine zuverlässige Größe, wenn auch eine Variable, eingeführt.

Denis Piramus, dem die Nachwelt diesen Hinweis auf Maries *Lais* verdankt, wird von Warnke als Zeitgenosse der Dichterin bezeichnet[47]. Dieser Ausdruck, mit dem allerdings in Bezug auf das Problem der zeitlichen Lokalisation der Autorin wenig anzufangen ist, hat sich hartnäckig in die Marie-Literatur ein-

---

ZrP 32, 1908, pp. 180, 183, sowie Fourrier, Le courant réaliste dans le roman courtois en France au Moyen-Age, Bd. 1, Paris 1960, pp. 283–286, und Frederick A.G. Cowper in seiner *Ille et Galeron*-Ausgabe, Paris 1956, p. XXVIII

[45] *Ille et Galeron*, Vv. 928–936 der Foersterschen Ausgabe, Romanische Bibliothek, VII, Halle (Saale), 1891. Vgl. darüber auch Warnke, *Fabeln*, p. CXVI. – Zur Diskussion um diese Stelle vgl. auch Winkler, op. cit., pp. 72–74 und Foulet, op. cit., pp. 179–183.

[46] Foulet, Marie de France et les lais bretons, ZrP 29, 1905, p. 55. Ph.Aug. Becker stimmt restlos zu: »Wir können unsere Erörterung mit der Feststellung schließen, daß es tatsächlich vor Marie de France eine Kurzerzählung als bewußte Kunstform nicht gegeben hat«, Von den Erzählern neben und nach Chrétien de Troyes, ZrP 56, 1936, p. 252, vgl. auch p. 260. Gleicher Meinung ist auch Spitzer, vgl. Marie de France – Dichterin von Problemmärchen, ZrP 50, 1930, p. 56, Anm. 1. – Es liegt mir daran, zu betonen, daß es hier um den Lai als literarische Gattung geht, also um eine rein erzählende Form. – Über das Lai-Problem vgl. Teil II dieser Arbeit, pp. 25 ff.

[47] Schon in der ersten und zweiten Auflage seiner Ausgabe der *Lais*, p. XXXVI.

genistet[48], obgleich man zu Denis Piramus weit präzisere Angaben liefern kann. Suchier setzte ihn um 1150 an[49]; indessen hatte schon 1881 Paul Meyer bemerkt: »Il n'y a aucune vraisemblance à faire remonter si haut la *Vie de Saint Edmund*«[50]. So dürfte Levis auf H.E. Haxos Arbeit[51] beruhende Vermutung, Denis habe zwischen 1173 und 1200 in der Abtei von Bury-St-Edmund gelebt und geschrieben[52], der Wirklichkeit einigermaßen nahe kommen[53].

Die Auswertung der *Couronnement de Renard*-Stelle aus dem letzten Drittel des dreizehnten Jahrhunderts liefert kaum Bemerkenswertes. Schon Gaston Paris hat darauf aufmerksam gemacht, daß sie einen Irrtum des mittelalterlichen Autors enthält: Jener »Guillaume« (v. 3360), zu dessen ehrendem Gedenken der Autor schreibt – es handelt sich um den am 6. Juni 1251 anläßlich eines Turniers in Trazegnies gestorbenen Guillaume de Dampierre, Graf von Flandern –, ist nicht identisch mit dem von Marie erwähnten »cunte Willalme«, dem sie ihren *Esope* widmet[54]. Wir können lediglich festhalten, daß das *Couronnement de Renard* tief in der zweiten Hälfte des dreizehnten Jahrhunderts verfaßt worden sein muß, denn als der Autor schrieb, war Graf Guillaume de Dampierre schon längst tot: »qui jadis fu conte de Flandres«[55] heißt es von ihm im Text.

Chrétien de Troyes' *Erec*: Dessen Datierung ist eine sehr umstrittene Angelegenheit[56]. Mit Hofer[57] und Mario Roques[58] möchten wir diesen *roman courtois* nach 1165 ansetzen[59]; jedenfalls muß er jünger sein als Waces' Übersetzung

---

[48] Vgl. z.B. Erich Nagel, Marie de France als dichterische Persönlichkeit, RF 44, 1930, p. 5.

[49] Vgl. Warnke, *Fabeln*, p. CXVI.

[50] P. Meyer, Besprechung von Warnkes Artikel Sur l'époque de Marie de France (ZrP IV, 1880) R 10, 1881, p. 299. Damit nimmt er einen weniger extremen Standpunkt ein als Paris in R 8, 1879, p. 38, wo er Denis Piramus ins erste Drittel des 13. Jhts. verweist; In seiner *Litt. fr. du M.A.*, p. 215, datiert er ihn schließlich zwischen 1190 und 1200. Fourrier, op. cit., p. 441, Anm. 390, schließt sich Paris' letztem Vorschlag an.

[51] Denis Pyramus, *La Vie Seint Edmunt*, Chicago, 1915, dazu Haxos Artikel in MP 12, 1914, pp. 354 ff. Ahlström, Marie de France et les lais narratifs, Göteborg 1925, pp. 5–6 schließt sich Haxo in der Identifikation des Denis an, setzt aber die *Vie de Seint Edmund* schon 1168 an.

[52] Op. cit., p. 492. Vgl. auch Levis Einleitung zu seiner *Eliduc*-Ausgabe, Firenze, 1924, p. LXXX, wo er die *Vie Seint Edmund* ins letzte Jahrzehnt des zwölften Jahrhunderts verweist; auf p. LXXXIV hingegen wieder »tra 1180 e il 1200«. H. Kjellman, der letzte Herausgeber der *Vie Seint Edmund* (Göteborg 1935) setzt sie zwischen 1170 und 1180 an; vgl. Ewerts, *Lais*-Ausgabe, p. VII. Vgl. auch Nagel, op. cit., p. 26, wo er Haxos Angaben resümiert.

[53] Zur Identifizierung des Denis Piramus vgl. Kjellmans Ausgabe, Göteborg 1935, pp. CXXX ff.

[54] Vgl. dazu Gaston Paris, Lais inédits, R 8, 1879, pp. 38–39, Warnke, *Fabeln*, pp.CXVII-CXVIII und p. 329 sowie A. Rothe, Les romans du Renart examinés, Paris 1845, p. 336.

[55] Vgl. Gaston Paris, Lais inédits, R 8, 1879, p. 38, und Warnke, Über die Zeit der Marie de France, ZrP 4, 1880, p. 228. Zusammenfassend über diese Frage äußert sich Alfred Foulet in der Einleitung zu seiner *Couronnement*-Ausgabe, Princeton-Paris 1929, pp. XXIII-XXIX und XXXII ss. Zur Diskussion darüber vgl. Richard Baum, op. cit., pp. 199 ss. John Flinn, Le *Roman de Renart* dans la littérature française et dans les littératures étrangères au moyen âge, Toronto 1963, grenzt die Zeitspanne zwischen dem *terminus a quo* und dem *terminus ad quem* etwas enger ein als Foulet, indem er zum Schluß kommt: »En conclusion donc le *Couronnement de Renart* a dû être commencé après 1263 et avant 1270, l'année de la mort de saint Louis«, p. 226.

[56] Vgl. die Literatur darüber in der *Erec*-Ausgabe von Mario Roques, Les romans de Chrétien de Troyes, I, *Erec et Enide*, CFMA, Paris, 1953, pp. XXVI ff. und LIII ff. sowie Jean Frappier, Chrétien de Troyes, Paris 1963², p. 12 und p 245.

[57] Stefan Hofer, Chrétien de Troyes – Leben und Werk, Graz-Köln, 1954, p. 47.

[58] *Erec*-Ausgabe, p. XXVIII.

[59] Frappier ist für 1170, vgl. Chrétien de Troyes, p. 12; er schließt sich damit Fourrier an, vgl. Encore la chronologie des oeuvres de Chrétien de Troyes, im BBSArthur. 2, 1950, pp. 69–88.

10

von Geoffroi de Monmouths 1136 erschienener[60] *Historia regum Britanniae*, denn der *Brut* war – wie die Verse 14865 und 14866 beweisen (»Mil e cent cinquante e cinc anz / Fist mestre Wace cest romanz«)[61] – 1155 abgeschlossen[62], und Chrétien kannte diesen Text, als er den *Erec* dichtete[63].

Und nun Jean Renarts' *Galeran de Bretagne*: »On a pu déduire avec assez de sûreté que le roman a été écrit entre 1210 et 1214«, stellt Foulet in der Einleitung zu seiner Ausgabe fest[64]. Ist das auch ein ziemlich später *terminus ante quem*, so bietet Gautiers *Ille et Galeron* einen wenn auch variablen, so doch bedeutend früheren: nämlich die Jahre zwischen 1167 und 1167–84, wobei 1167, das Krönungsjahr der Beatrix von Burgund, nach Foerster die früheste Datierung darstellt, während 1184, das Todesjahr der Kaiserin, nach Fourrier der Zeitpunkt wäre, da Gautier die Dichtung abschloß[65].

Fragt man sich, ob es außer den Angaben, die sich auf Grund der zusammengestellten Belege ermitteln ließen, noch weitere Fakten gebe, welche dem über Maries literarisches Schaffen gelegten chronologischen Raster einige zusätzliche Fixpunkte beifügen könnten, so bleiben zwei längst bekannte Elemente zu erwähnen.

Das erste betrifft die *Lais*. In *Fresne* (Verse 359–362) heißt es an der Stelle, wo die Beschreibung der Feierlichkeiten zu Codres Hochzeit einsetzt:

> Al jur des noces qu'il unt pris,
> Sis sire i maunde ses amis;
> E l'*erceveskes* i esteit,
> Cil de *Dol*, que de lui teneit.

Nun weiß man, daß um das Erzbistum Dol zwischen 1173 und 1199 eine Auseinandersetzung geführt wurde[66], welche 1199 die Aufhebung dieses Erzbistums durch Innozenz III. zur Folge hatte[67]. Daraus ergibt sich für *Fresne* ein

---

[60] Jean Marx gibt 1137 als Erscheinungsjahr an, vgl. Nouvelles recherches sur la littérature arthurienne, Paris 1965, p. 20.

[61] Ed. Ivor Arnold, SATF, Paris 1938–40, 2 Bde; vgl. dazu auch die Einleitung, p. XCIII.

[62] Vgl. Hofer, op. cit., p. 39 und Hoepffner, op. cit., p. 54.

[63] Vgl. Bezzola, Origines, III/1, p. 309. Viscardis Vorbehalte ändern, seinen eigenen Worten nach, nichts an diesem Faktum; vgl. Letteratura epico-storica di corte e poesia cortese, ZrP 81, 1965, pp. 454–475.

[64] CFMA, Paris, 1925, p. XXXI.

[65] Vgl. dazu Ezio Levis *Eliduc*-Ausgabe, p. XXI und p. LXXX, und Cowpers Ausgabe, wo auch die zugehörige Literatur zitiert wird. Dazu ebenfalls Foersters Ausgabe *Ille und Galeron*, Romanische Bibliothek, VII, Halle (Saale), 1891, p. XVII, und G. Paris' Besprechung von Foersters Romanischer Bibliothek, R 21, 1892, p. 278. Vgl. neuerdings A. Fourrier, Le courant réaliste dans le roman courtois en France au moyen âge, Bd. I, Paris 1960, pp. 179–313, der eine sehr ausführliche Diskussion der Angelegenheit bietet, die schon Ph.A. Becker gründlich erörtert hatte, vgl. ZrP 55, 1935, pp. 269–279 und 56, 1936, pp. 256–60 und p. 269. – Horst Baader, op. cit., pp. 249 ff., der dieses Problem ebenfalls erörtert, müßte entgegnet werden, daß es im Rahmen des Problems der Datierung der Marieschen *Lais* erst in zweiter Linie darum geht, ob *Eliduc* vor oder nach *Ille et Galeron* anzusetzen sei. Denn die Tatsache schon, daß bei Gautier d'Arras der erzählende Lai als literarische Gattung erwähnt wird, beweist, daß es ihn – diesen Lai als Genre – bereits gab, als Gautier zu schreiben begann. Da Marie aber dieses Genre inauguriert hat, muß es vor *Ille et Galeron* schon Mariesche *Lais* gegeben haben. Dasselbe gilt auch für das Verhältnis *Erec-Lanval*, in dessen Beurteilung Hofer und Hoepffner sich diametral entgegenstehen.

[66] Vgl. E.A. Francis, Marie de France et son temps, R 72, 1951, p. 91.

[67] Vgl. Gaston Paris in der Besprechung der ersten *Lais*-Ausgabe Warnkes, R 14, 1885, p. 603, Anm. 1.

sicherer *terminus ante quem*; denn es ist nicht anzunehmen, daß Marie nach der Aufhebung des Erzbistums Dol in einer Dichtung einen Doler Erzbischof auftreten ließe; im Gegenteil: man könnte sogar soweit gehen, zu folgern, die Tatsache, daß in einem literarischen Werk ein Erzbischof von Dol mit der selbstverständlichsten Beiläufigkeit erwähnt wird, spreche dafür, daß dieses Werk noch vor dem Ausbruch der Kontroverse anzusetzen sei[68].

Der zweite Punkt geht das allein in der Pariser Handschrift aus dem Ende des dreizehnten Jahrhunderts erhaltene *Espurgatoire* an[69]. Im lateinischen Traktat des Mönchs von Saltrey ist von einem »episcopum, nepotem sancti Patricii tertii, sancti Malachie scilicet socii, Florentianum nomine« die Rede[70]. Der 1148 gestorbene Bischof Malachias ist am 6. Juli 1189 heilig gesprochen worden[71]; Florentianus wurde als der 1185 zum Bischof geweihte Florent O'Corolan identifiziert. Maries Übersetzung gibt: »un eveske [...] Florenciëns« und »seint Malachiz«[72]. Daraus folgt, daß die lateinische Vorlage der Dichterin nach 1189 oder, wenn man die Möglichkeit einer volkstümlichen Frühkanonisierung Malachias' einräumt, frühestens nach 1185 abgefaßt worden sein müßte und daß für ihre Übersetzung also (1185)/1189 als *terminus a quo* zu gelten hätte[73]. Drei weitere in Maries Übersetzung wie auch in den lateinischen Fassungen des *Tractatus* erwähnte Persönlichkeiten verweisen ebenfalls auf das zwölfte Jahrhundert: beim »rei Estefne«[74] handelt es sich um den 1154 gestorbenen König Stephan von Blois; »Gervaises«[75] bezieht sich auf den Abt Gervais von Louth, einer 1147 gegründeten Abtei in Huntingdonshire; »Gilebert«[76], dem der Ritter Owein

---

[68] Einen solchen *terminus ante quem* gibt es auch für *Lanval*, der in Vers 5511 des wohl – nach Lecoy – um 1228 abgefaßten *Roman de la Rose ou de Guillaume de Dole* zitiert wird. Vgl. dazu E. Levi, Sulla cronologica delle opere di Maria di Francia, Nuovi studi medievali, I, 1923, p. 70, Anm. 1, und Félix Lecoys Einleitung zu seiner Ausgabe, CFMA, Paris 1969, pp. III-VIII.

[69] Vgl. Warnkes *Espurgatoire*-Ausgabe, p. XLV.

[70] Cit. nach Warnke, *Espurgatoire*, Text Alpha (die Stelle kommt auch in Beta vor), pp. 150–151.

[71] Vgl. Warnke, *Lais*-Ausgabe³, p. XVII; Locke, Speculum 40, 1965, p. 644–645, A New Date for the Composition of the *Tractatus de Purgatorio Sancti Patricii*, gibt 1190 als Kanonisierungsjahr an.

[72] Warnke, *Espurgatoire*, Vv. 2072–2075, p. 151 und p. 153. – In Vers 299 steht nur »Malachias«, obschon ihre Vorlage ‫α‬ »Sancti Malachie« hat: dadurch wird Warnkes Argumentation (*Lais*, p. XVII) hinfällig. – Über diese Zusammenhänge handelt Warnke sehr ausführlich in seiner Einleitung zu den *Lais*, pp. XVI-XVII. Vgl. auch Foulet, Marie de France et la légende du *Purgatoire de Saint Patrice*, RF 22, 1908, pp. 599 ff.

[73] Vgl. Emil Mall, Zur Geschichte der mittelalterlichen Fabelliteratur und insbesondere des *Esope* der Marie de France, ZrP 9, 1885, p. 163 und Warnkes *Fabeln*-Ausgabe, p. CXII. Horst Baader behandelt in seinem umfassenden Buch über Die Lais – Zur Geschichte einer Gattung der altfranzösischen Kurzerzählungen, Analecta Romanica, Heft 16, Frankfurt a.M. 1966, in einem besonderen Kapitel (pp. 244 ff.) die Probleme der *Lais*-Chronologie ebenfalls. In einer Anmerkung 12 auf p. 246 zweifelt er an der Stichhaltigkeit von 1189 als *terminus a quo* für das *Espurgatoire*, da – seiner Ansicht nach – ›seint‹ nicht unbedingt ›heiliggesprochen‹ bedeuten müsse. Als Beleg führt er eine Stelle aus Ramon Lulls *Libre d'Evast e d'Aloma e de Blanquerna* (I/2): »En quell dia féu cantar Evast missa solemne a un sant capellà [...]« Selbstverständlich meint hier ›sant‹ bloß ›fromm‹. Baader übersieht indessen, daß die Funktion des Adjektivs in den beiden Fällen eine ganz andere ist; seine Argumentation tut folglich gar nichts zur Sache. Zu Ramon Lull vgl. Rudolf Brummer, Ramon Lull, eine Literaturstudie, ZrP 84, 1968, pp. 340–479.

[74] Vgl. Warnkes *Espurgatoire*-Ausgabe, p. 36 und 37.

[75] Vgl. Warnkes *Espurgatoire*-Ausgabe, pp. 140 ff., X und XXXIII.

[76] Vgl. Warnkes *Espurgatoire*-Ausgabe pp. 140 ff., X und XXXII-XXXIII.

12

in Irland sein wunderbares Abenteuer bis in alle Einzelheiten geschildert hatte, war zwischen 1155 und 1159 (?) Abt von Besingwerk[77]. Von der Forschung unbegreiflicherweise fast gänzlich vernachlässigt blieb indessen jener »H. abbati de Sartris«[78], dem der *Tractatus* gewidmet ist, und den schon 1893 Harry L.D. Ward in seinem *Catalogue of Romances* als Heinrich, Abt von Warden (oder Wardon) – St Mary de Sartis in Bedfordshire – identifiziert hatte[79]. Nachdem bereits derselbe Ward festgestellt hatte, daß dieser Heinrich im Jahr 1215 von Warden nach Rievaulx versetzt worden war, und 1216 in Rufford (Nottinghamshire) starb, und C.F. Locke nunmehr nachweisen konnte, daß eben dieser Heinrich nach 1208 als siebter Abt von Warden eingesetzt wurde, ergibt sich gleichsam von selbst, daß »the *Tractatus* must have been composed sometime after 1208 and before 8 April 1215«[80]. Damit verschiebt sich aber der *terminus a quo* für Maries *Espurgatoire* ins frühe dreizehnte Jahrhundert hinunter[81].

Welche Schlüsse lassen sich aus diesen Ermittlungen ziehen? – Nachdem einerseits erhärtet ist, daß Marie de France als erste den Lai als literarische Gattung in das französische Schrifttum eingeführt hat und nachdem andererseits feststeht, daß Waces *Brut* eine wichtige thematische Quelle ihrer *Lais* darstellt[82], folgt fürs erste, daß Maries *Lais* nicht vor 1155 geschrieben worden sein können. – Zweitens: da – wir wiederholen – es als gesichert gilt, daß der literarische Lai als Erfindung Maries in die französische Literatur eingegangen ist und da sich des weitern gezeigt hat, daß im *Erec* der Mariesche Laitypus erwähnt wird – wobei dazukommt, daß nachgewiesenermaßen »die *Lais* der Marie de France zu den Vorbildern gehörten, aus denen sich Chrétien Anregung und Anleitung holte«[83] –, ergibt sich, daß um 1165 schon Lais von Marie bekannt geworden sein mußten. – Weiter: durch die Denis Piramus-Stelle und durch die beiden Romane Gautier d'Arras' und Jean Renarts wird zudem belegt, daß Maries *Lais* in der zweiten Hälfte des zwölften Jahrhunderts sowohl in Literatenkreisen als auch dem gebildeten Publikum zu einem Begriff geworden waren. – Und endlich: ist zwar nicht daran zu zweifeln, daß Marie das *Espurgatoire* spätestens nach 1215, nicht aber vor 1208 in Angriff genommen haben muß, wissen wir aber, daß »die Schrift des Mönches von Saltrey schnell von Kloster zu Kloster ging und weithin Aufsehen erregte«[84], so darf wohl auch angenommen werden, daß die Übersetzerin sich sehr bald ans Werk gemacht hat.

Mit andern Worten: Marie hat sicher eine Anzahl Lais zwischen 1155 und 1165 geschrieben – wieviele es waren, oder ob gar alle zwölf in diesem Zeitraum fallen, läßt sich, so scheint mir, nicht ausmachen[85]; – und zum Zweiten:

---

[77] Vgl. darüber C.F. Locke, op. cit., pp. 644–645.

[78] Vgl. Warnkes *Espurgatoire*-Ausgabe, p. 2.

[79] Vgl. darüber C.F. Locke, p. 645 und Anm. 15.

[80] C.F. Locke, op. cit., p. 646. In der *Chronica de Mailros* wird der 8. April 1215 als der Tag von Heinrichs Amtsantritt vermerkt.

[81] Vgl. darüber auch Richard Baum, op. cit., pp. 193–196.

[82] Vgl. Hoepffner, *Les Lais*, p. 36 und, vom selben Verfasser, Pour la chronologie des *Lais* de Marie de France, R 59, 1933, p. 353, sowie Horst Baader, op. cit., pp. 94–95.

[83] Hofer, op. cit., pp. 47–48.

[84] Warnke, *Espurgatoire*-Ausgabe, p. XXXV.

[85] R.N. Illingworth, La chronologie des *Lais* de Marie de France, R 87, 1966, pp. 433–475, kommt

Maries *Espurgatoire* dürfte zu Beginn des dreizehnten Jahrhunderts abgefaßt worden sein.

Es bleiben die Fabeln; allein in Bezug auf die Datierung des *Esope* können nur Vermutungen ausgesprochen werden. Denn Fakten, auf die man sich stützen könnte, gibt es keine; die Widmung an den »cunte Willalme«, die natürlich immer wieder zu den gewagtesten Konstruktionen verlockt hat, ist deshalb unbrauchbar, weil dieser Graf Wilhelm selbst durchaus keine feste Größe darstellt sondern eine aus bloßen Vermutungen ableitbare Variable[86]. Immerhin – auf Grund überzeugender sprachlicher Kriterien – setzte Warnke[87], von Hoepffner bestätigt[88], den *Esope* zeitlich nach den *Lais* an, was auch aus äußeren Erwägungen – zwischen den ersten Lais und der Vollendung des *Espurgatoire* erstreckt sich denn doch ein Zeitraum von schätzungsweise fünfzig Jahren – vernünftig erscheint, obschon nicht unbetont bleiben darf, daß damit – wie Richard Baum mit Recht unterstreicht[89] – Marie eine ungewöhnlich lange Schaffenszeit zugemessen wird. Aus dem, was bis dahin zu ermitteln war, ergibt sich, daß Maries literarisches Schaffen gegen Ende des ersten Jahrzehnts der zweiten Hälfte des zwölften Jahrhunderts mit den *Lais* anhebt, sich dann im *Esope* ausprägt und zu Beginn des dreizehnten Jahrhunderts mit dem *Espurgatoire* zum Abschluß kommt[90].

auf Grund einer detaillierten Erörterung der literarischen Quellen zu den *Lais* zum selben chronologischen Ergebnis: Marie hätte aber alle ihre *Lais* zwischen 1155 und 1165 abgefaßt; und zwar in zwei Phasen: die erste zwischen 1155 und 1160, die zweite zwischen 1160 und 1165, vgl. p. 475. Von hier aus sind wohl auch die Schlüsse zu korrigieren, die Benkt Wennberg teilweise aus demselben Material zieht, das auch wir befragten. Er stellt nämlich fest, Marie habe »about 1170, at the earliest, when the ›matter of Britain‹ was popular in the courtly literature of France and England« angefangen »to draw on folk-tales in the pseudo-Celtic vein«, vgl. Marie de France and the anonymous Lais: A Study of the narrative Lai in the twelfth and thirteenth Centuries, Diss., University of Pennsylvania 1956, p. 83.

[86] Wie wenig aussichtsreich ein auf derartig allgemeinen Formulierungen fußender Identifikationsversuch sein muß, zeigt schlagartig der Umstand, daß – wie der Chronist Robert de Torigny berichtet – bei einem vom siebzehnjährigen König Heinrich, dem Jungen, von England an Weihnachten 1172 zu Ehren aller Adligen namens Wilhelm veranstalteten Bankatts hundertzehn Ritter dieses Namens erschienen; vgl. den Beleg bei Bezzola, Origines, III/1, p. 238 und Anm. 4, sowie Levi, op. cit., p. 468. Für Identifikationen und deren Diskussion vgl. Sidney Painter, To whom were dedicated the *Fables* of Marie de France?, MLN 48, 1933, pp. 367–369 sowie Foulets Rezension Hoepffners, Winklers und Levis in R 49, 1923, pp. 127–134 und diese Arbeit, pp. 17–19.

[87] *Fabeln*, p. CXIV und p. CXVIII.

[88] Op. cit., p. 55.

[89] Op. cit., p. 195.

[90] Übereinstimmend äußern sich: Warnke (*Lais*, p. XX), Hoepffner (op. cit., pp. 54–55 und Aux origines de la nouvelle française, Oxford, 1939, pp. 4–5), Ferdinando Neri (*Lais*-Ausgabe, Torino, 1946, pp. IX-X), Battaglia (*Lais*-Ausgabe, pp. XXX-XXXI), Ewert (*Lais*-Ausgabe, p. VII), Winkler (op. cit., p. 49), Foulet (Marie de France et la légende de Tristan, ZrP 32, 1908, pp. 178–183), H. Suchier (Geschichte der französischen Literatur, Bd. 2, Leipzig, 1913, pp. 132 ff.), Rychner (*Lais*-Ausgabe, p. XII) und Bezzola (Origines, III/1, p. 305). – Völlig anders schließt Erich Nagel (op. cit., p. 27). Gaston Paris sieht zwar – wie auch Ph.Aug. Becker (ZrP 56, 1936, p. 255) – Marie de France zwischen 1170 und 1190 arbeiten, stellt aber teilweise die Reihenfolge der Werke um: *Esope – Lais – Espurgatoire* (vgl. seine Besprechung der *Espurgatoire*-Ausgabe von Thomas Atkinson Jenkins, R 24, 1895, pp. 290 ff.), wie auch Ezio Levi, der die Reihenfolge *Lais* (vor 1183) – *Espurgatoire* (um 1185) – *Fables* (nach 1189) vertritt (vgl. Sulla cronologia delle opere di Maria di Francia, Nuovi Studi Medievali, I, pp. 41–72 und ARom V, 1921, pp. 448 ff.), und Harris, der angibt: «*Fables*, 1160; *Lais* one by one from 1165 to 1185; *Espurgatoire*, 1190« (Marie de France: The Lays Guigemar, Lanval and a fragment of Yonec, New York 1930, p. 7).

14

5. Marie de France

Blickt man von hier aus nunmehr auf die Frage nach der Person Maries zurück, so muß allerdings festgestellt werden, daß das bis jetzt erörterte Material zwar die Ausarbeitung eines chronologischen Koordinatennetzes ermöglicht, das ihr Werk einigermaßen zeitlich zu fixieren vermag, aber leider keine Schlüsse in Bezug auf die Identität der Dichterin erlaubt.

Gleichwohl hat es an Identifizierungsversuchen nicht gefehlt. Um die Mitte des vergangenen Jahrhunderts wollte Ludwig August Rothe die Verfasserin der *Lais* mit einer im *Evangile aux femmes* erwähnten Marie de Compiègne gleichsetzen[91]; Mall hat jedoch diese Annahme widerlegt[92]. Marie, das achte Kind des Grafen Galeran II. de Meulan[93], Gattin Hugues Talbots, eines Barons von Cleuville, ist von der Kritik ebenfalls früh schon fallen gelassen worden. Das gleiche Schicksal erlitt Emil Winklers Vorschlag[94], der in Marie die Gräfin Marie de Champagne (1145–1198), die Tochter Ludwigs VII. von Frankreich und Alienors von Aquitanien, sah, welche im Jahr 1164 Heinrich I. von Champagne geheiratet hatte: – eine Fürstin, deren Hof als literarisches Zentrum ersten Ranges zu werten ist[95], und der bekanntlich Chrétien de Troyes »matiere et san« zum *Lancelot* verdankt. Winkler ist freilich – wie er selbst betont – nicht der erste, der an die Gräfin von Champagne gedacht hatte: schon im Jahre 1882 war derselbe Gedanke von Wilhelm Herz in seiner Ausgabe *Marie de France, Poetische Erzählungen nach altbretonischen Liebessagen übersetzt*[96] geäußert worden. Acht Jahre vor der Publikation von Winklers Theorie identifizierte John Ch. Fox[97] die Dichterin mit Marie, der um 1151 geborenen illegitimen Tochter Geoffroi IV. Plantagenets des Schönen von Anjou (1113–1151), welche 1181 erstmalig in einer Urkunde als Äbtissin von Shaftesbury erscheint und 1216 zum letzten Mal urkundlich erwähnt wird. Einen fünften Vorschlag macht Ezio Levi[98]: Marie, die Dichterin, wäre niemand anders als Mary, eine Äbtissin

---

[91] Vgl. sein Buch Les romans du Renard, Paris 1845 und Léopold Constans, Marie de Compiègne d'après l'*Evangile aux femmes*, Extrait du Bulletin de la Société Historique de Compiègne, t. 3, Paris 1876.

[92] Eduard Mall, Noch einmal: Marie de Compiègne und das *Evangile aux femmes*, ZrP 1, 1877, pp. 337–356. Für den kritischen Text des *Evangile aux femmes* vgl. nunmehr Omer Jodogne, L'édition de l'*Evangile aux femmes*, Studi in onore di Angelo Monteverdi, vol. I, pp. 353–375, Modena 1959.

[93] Vgl. Urban T. Holmes, New Thoughts on Marie de France, StPh 29, 1932, pp. 1–10 und Further on Marie de France, Symposium 3, 1949, pp. 335–339; R.D. Whichard, A Note on the Identity of Marie de France, Romance Studies presented to William Morton Dey, Chapel Hill, 1950, pp. 177–181, P.N. Flum, Additional Thoughts on Marie de France, RoNo 1961/62, pp. 53–56 und Marie de France and the Talbot Family Connections, ibid., 1965/66, pp. 83–86.

[94] Op. cit., pp. 3 ff. – In seiner Rezension der dritten Auflage von Warnkes *Lais*-Ausgabe schreibt Hoepffner: »l'hypothèse de M. Winkler dont l'identification de Marie de France avec la fameuse comtesse Marie de Champagne n'a, je crois, convaincu personne«, Np 11, 1926, p. 141.

[95] Vgl. Bezzola, Origines, III/2, pp. 374–406.

[96] Cit. Winkler, op. cit., p. 77, Anm. 1.

[97] Vgl. dazu Warnke, *Lais*, p. VIII; Literaturangaben und Diskussion auch bei Nagel, op. cit., pp. 8 ff. – Die beiden Aufsätze von Fox sind in English Historical Review 25, 1910 und 26, 1911, pp. 303–306 bzw. 317–326 erschienen.

[98] Maria di Francia e le abbazie d'Inghilterra, ARom V, 1921, pp. 472–493.

von Reading. Levi stützt seine These damit, daß in mehreren Lais Szenen vorkommen, die in Klöstern spielen; drei davon (*Yonec, Fresne* und *Eliduc*) seien
– schreibt Levi – »veri drammi claustrali«[99], was indessen ziemlich übertrieben
ist.

Selbstverständlich wird jede dieser Theorien durch einen immensen Auf-
wand an enorm scharfsinnigen Argumentationen und ingeniös beigebrachtem
Dokumentationsmaterial untermauert. Am bestechendsten die jüngst wieder
aufgegriffene[100] Shaftesbury-These: die Äbtissin Mary stammte nämlich aus
dem Maine; ihr Halbbruder ist Heinrich II. von England (1133–1189); ein na-
türlicher Sohn Heinrichs II. ist ihr Neffe Guillaume Longue-Epée; durch diese
Verwandtschaft ließe sich somit eine direkte Beziehung zu jenem »cunte Willalme« des *Esope*-Epilogs und zum »nobles reis« im *Lais*-Prolog herstellen. Doch
der Umstand, daß dieser Guillaume Longue-Epée erst von 1198 an den Grafentitel (von Salisbury) tragen durfte, stellt einen Faktor dar, der sich nicht ohne
mannigfache Komplikationen in das sorgfältig aufgerichtete chronologische
Gerüst einbauen ließe; und wenn man das sehr späte Geburtsdatum der Äbtissin von Shaftesbury noch in Rechnung setzt, drohen die Umrisse, welche die
Dichterin der *Lais* als geschichtliche Gestalt anzunehmen begann, wieder vollends sich in jenem »Duft der Jahre, der sich zwischen uns und ihre Persönlichkeit hineinzieht«, aufzulösen, von dem Goethe in den *Tag- und Jahresheften*
von 1820 spricht.

So bleiben – bei Lichte besehen – diese Identifizierungen samt und sonders
bloße Hypothesen; und Hoepffner hat denn in seinem 1935 veröffentlichten
Buch über Maries *Lais* lediglich noch festgehalten, Marie sei »la première femme de lettres que nous connaissons de langue française«[101]. Verläßt man in
Bezug auf Marie als historische Persönlichkeit den Boden der nüchternen Fakten nicht, so bleibt einem kaum anderes übrig als festzustellen, daß wir auch
heute noch, fast hundertfünfzig Jahre nach der ersten *Lais*-Ausgabe nicht mehr
darüber wissen, als was sie selbst mitgeteilt hat: »Marie ai num, si sui de France«. »Les traits de sa physiognomie – so hat Joseph Bédier schon im Jahre
1891[102] bedauernd über diese Dichterin geschrieben – se sont effacés comme,
au portail d'une église romane, le visage fruste d'une statue usée par la pluie
de sept siècles [. . .]«.

---

[99] Cit. Levi, op. cit., p. 480. Immerhin scheint Marie in Bezug auf kirchliche Schenkungen und die
damit verbundenen Rechte sehr genaue Kenntnisse gehabt zu haben, vgl. Rolf Nagel, A propos
de *Fresne* (v. 261–272), CCM X, 1967, pp. 455–456. (Es handelt sich um die Verse 271 ss. in Warnkes Ausgabe.) – Der Begriff ›fraternité‹ bezieht sich – nach Nagel – auf die sog. Gebetsverbrüde-
rungen, die schon im achten Jahrhundert unter den Benediktinerklöstern þestanden und denen
auch Laien als Wohltäter des Klosters beitreten konnten, indem sie diesem Schenkungen machten.
Man erwarb sich durch derartige Schenkungen das Recht, sich auf dem Gebiet des Klosters aufzuhalten. Gurun handelt somit ganz realistisch (Vv. 275 ss.): er ermöglicht sich durch seine Land-
schenkung die Besuche bei Fresne (V. 281).

[100] Vgl. Constance Bullock-Davies, Marie, Abbess of Shaftesbury, and her Brothers, English Historical Review, LXXX, 1965, pp. 314–321.

[101] Op. cit., p. 49.

[102] Les *Lais* de Marie de France, Revue des deux mondes, t. 107, 1891, p. 839.

Wie man weiß, hat Marie de France ihren *Esope* einem Grafen Wilhelm gewidmet:

> Pur amur le *cunte Willalme*,
> le plus vaillant de cest reialme,
> m'entremis de cest livre faire
> e de l'Engleis en Romanz traire.
> Esope apelë um cest livre,
> kil translata e fist escrivre,
> de Griu en Latin le turna.
> Li reis Alvrez, ki mult l'ama,
> le translata puis en Engleis,
> e jeo l'ai rimé en Franceis,
> si cum jol truvai, proprement.[103]

Die *Lais* hingegen sind einem »nobles reis« zugeeignet:

> En l'honur de vus, *nobles reis*,
> Ki tant estes pruz e curteis,
> A ki tute joie s'encline
> E en ki quoer tuz biens racine,
> M'entremis des lais assembler,
> Par rime faire e reconter.
> En mun quoer pensoe e diseie,
> Sire, kes vos presentereie.[104]

Um wen handelt es sich? »Jamais moindre problème n'a fait germer plus d'hypothèses. Que d'érudits il a torturés, depuis Legrand d'Aussy et le chanoine de La Rue jusqu'à M. Constans, en passant par Robert, Méon, de Reiffenberg, Rothe, qui sais-je encore? Il a fait écrire à un savant allemand, M. Ed. Mall, toute une dissertation, dont les conclusions – c'est lui M. Ed. Mall lui-même qui l'a plus tard magistralement démontré, – étaient toutes fausses. Pas un roi d'Angleterre, depuis Etienne jusqu'à Henri III, c'est-à-dire de 1135 à 1270, en qui quelque érudit n'ait vu le protecteur de Marie. Et ce comte Guillaume était-il un comte anglais, ou si c'était un comte français? Serait-ce Guillaume de Dampierre, comte de Flandre, qui mourut en 1235, ou ne serait-ce pas plutôt Guillaume d'Ypres, qui vécut un siècle plus tôt? ou, peut-être encore Guillaume, comte de Salisbury?«[105]

Für jede dieser Zuschreibungen gab und gibt es Argumente. Die ältere Marie-Kritik – de La Rue ist der erste, der versucht hat, den »nobles reis« zu bestimmen[106] – hatte sich auf Heinrich III. (1207–1272) und auf Guillaume de Dampierre (gest. 1235) – es handelt sich um den Vater jenes Guillaume (gest. 1251),

---

[103] Warnke, *Fabeln, Epilogus*, Vv. 9–19, pp. 327–328.
[104] *Lais, Prologue*, Vv. 43–50.
[105] Bédier, op. cit., p. 841.
[106] Vgl. dazu Warnke, Über die Zeit der Marie de France, ZrP 4, 1880, p. 225, und de La Rue, Essais historiques, Bd. 3, Caen 1834. Der Hinweis findet sich bereits in der *Dissertation* von 1800 auf Seite 42, vgl. darüber Richard Baum, Recherches, pp. 80 ff.

der im *Couronnement de Renard* erwähnt wird und der von Méon und Reiffenberg als Maries Willalme identifiziert worden ist, – den Gatten der Mar-
garetha von Flandern, der allerdings nie Anspruch auf den Grafentitel hatte,
geeinigt, weil sie das Schaffen der Dichterin ins mittlere dreizehnte Jahrhundert
verlegte. Gegen Guillaume le Maréchal (um 1144–1219), den Erzieher und
Freund des jungen Heinrich, spricht der Umstand, daß er erst auf Grund seiner
1189 erfolgten Heirat mit Isabella von Clare Anspruch auf den Grafentitel (von
Striguil und Pembroke) hatte, (der ihm 1199 verliehen wurde)[107], obschon die
Vorstellung, der Ausdruck »le plus vaillant de cest reialme« beziehe sich auf
seine Regentenfunktion, zunächst bestrickt; sie muß jedoch bei Seite geschoben
werden, sobald man sich vergegenwärtigt, daß diese Regentschaft erst 1216 begann[108]. Bestand vor der Kritik hatten weder Guillaume d'Ypres (gest. 1162),
der Enkel Robert le Frisons von Flandern, noch der von Ahlström unterstützte
Jugendfreund Heinrichs, des jungen Königs, Graf Guillaume de Gloucester[109],
noch Guillaume de Mandeville, der von Sidney Painter und Ph. Aug. Becker
vorgeschlagene Graf von Aumale und Essex (gest. 1189), noch Guillaume, der
zweite Graf von Salisbury (gest. 1250)[110], während Guillaume Longue-Epée (um
1150–1226), dem natürlichen Sohn Heinrichs II. und Rosemonde Cliffords, und
Grafen von Salisbury, ein größerer Erfolg beschieden ist; immerhin ergeben sich
auch mit dieser von de La Rue vorgeschlagenen Persönlichkeit, die Warnkes
Beifall gefunden hatte[111], Schwierigkeiten, da Guillaume Longue-Epée seinen
Grafentitel erst im Jahr 1198 von seinem Schwiegervater erbte[112]. Nachdem
auch Richard Löwenherz (1157–1199) und Johann ohne Land (1167–1216)
ausgeschieden worden waren, blieben noch ihr Bruder Heinrich, der junge König (1155–1183), und der Vater der drei Prinzen, Heinrich II. (1133–1189). Hat
auch Levis Vorschlag, im »nobles reis« den jungen Heinrich zu sehen, viel für
sich, weil dieser Fürst in der Tat zu seiner Zeit als jene Verkörperung des idea-

---

[107] Detaillierte Angaben darüber bei Paul Meyer, L'histoire de Guillaume le Maréchal, Bd. 3, Paris
1901, pp. LVIII-LX und LXXII.

[108] Ezio Levi, Il Re Giovane e Maria di Francia, ARom V, 1921, pp. 448–471, der diese These vertritt,
scheint dieses für eine eigene Werkchronologie (*Esope* nach 1189) viel zu späte Datum entgangen
zu sein, wenn er schreibt (loc. cit., p. 470): »Il conte Guglielmo di Pembroke fu reggente del regno
durante l'assenza di Riccardo Cuor di Leone«. Nun aber war Richard schon 1199 gestorben, vgl.
P. Meyers Ausgabe der anonymen Biographie Guillaume le Maréchals, Paris, 1891–1901. Vgl. auch
P. Meyer, L'histoire de Guillaume le Maréchal, R 11, 1882, pp. 22–74. Im Aufsatz Sulla cronologia
delle opere di Maria di Francia, Nuovi Studi Medievali, I, 1923, pp. 57–59 erwähnt Levi Richard
Löwenherz nicht mehr, bleibt aber bei seiner Identifikation.

[109] Ahlström behauptet, Guillaumes Vater, Robert de Gloucester, habe Geoffroi de Monmouth dazu
ermuntert, seine *Historia regum Britanniae* zu schreiben (op. cit., p. 15). Hier liegt ein Irrtum vor:
die *Historia* ist Robert de Gloucester, dem illegitimen Sohn Heinrichs I. von England und Vater
von Ahlströms Guillaume zugeeignet; den Anlaß dazu gab indessen Alexandre von Blois, der Bischof von Lincoln; vgl. darüber Bezzola, Origines, II/2, p. 417 und 447 ff., sowie Faral, La légende
arthurienne, t. III, p. 72.

[110] Vgl. Levi, Sulla cronologia delle opere di Maria di Francia, Nuovi Studi Medievali, I, 1923, p. 60,
Anm. 1.

[111] Vgl. über die Zeit der Marie de France, ZrP 4, 1880, pp. 229–230.

[112] Vgl. Warnke, *Espurgatoire*, p. LII und Levi, Nuovi Studi Medievali, I, 1923, p. 57 und ARom
V, 1921, p. 468. Nach S. Painter in den Jahren 1196 oder 1197, vgl. To whom were dedicated the
Fables of Marie de France?, MLN 48, 1933, p. 367.

18

len Ritters galt[113], den ja Marie de France selbst in vielen ihrer *Lais*-Helden gestaltete – Lanval und Guigemar, vornehmlich, aber auch Milun, Equitan und Eliduc –, so scheitert er doch wohl an der Tatsache, daß Heinrich erst fünfzehnjährig war, als er 1170 gekrönt wurde: ein Zeitpunkt, zu welchem Marie wohl schon verschiedene, wenn nicht die meisten ihrer Lais geschrieben hatte – jedenfalls aber gerade den *Lanval*, der, wie Hoepffner überzeugend dargelegt hat[114], zu den ersten gehören muß und um 1160 anzusetzen ist[115]. Es bleibt Heinrich II. von England, der zweite Gatte Alienors von Aquitanien, auf den man sich neuerdings so gut wie geeinigt hat: »A qui une femme poète vivant en Angleterre à cette époque pouvait-elle s'adresser en ces termes sinon à Henri II?«, fragt Bezzola[116], gestützt auf Hoepffner, der schon früher betont hatte: »C'est certainement Henri II lui-même«[117]. Und in der Tat – manches spricht dafür: nicht zuletzt der Umstand, daß sich viele der von Marie ihren Fabelübersetzungen beigefügten Auslegungen als Reflexe des lebhaften Interesses deuten lassen, das der König, dem von zahlreichen Persönlichkeiten seines Hofes juristische Abhandlungen gewidmet worden sind, Problemen der Jurisdiktion stets entgegenbrachte[118]; als wahres ›Hommage‹ an die königliche Rechtssprechung – und damit an Heinrich II. – könnte man schließlich auch die große Gerichts-Szene im *Lanval* auffassen[119].

---

[113] Vgl. Bezzola, Origines, III/1, p. 235 ff.

[114] Pour la chronologie des *Lais* de Marie de France, R 59, 1933, pp. 351–370. R.N. Illingworth, La chronologie des *Lais* de Marie de France, R 87, 1966, pp. 433–475 setzt den *Lanval* nach 1160/65 an, jedenfalls aber vor 1170.

[115] Merkwürdig ist auch, daß seit Paul Meyer, op. cit., R 11, 1882, p. 25, in der Marie-Kritik (vgl. Winkler, op. cit., p. 124, Nagel, op. cit., p. 12, Ahlström, op. cit., p. 10 und sogar noch in den *Lais*-Ausgaben Jeanne Lods, p. VI, Ewerts, p. VIII und Rychners, p. IX) vom jungen König Heinrich als von Henri Courtmantel gesprochen wird. Dieser Übername kommt indessen Heinrich II., dessen Vater, zu (vgl. Bezzola, Origines, III/1, p. 14 und 111). Der Irrtum dürfte namentlich auf Levi zurückgehen (Il Re Giovane e Maria di Francia, ARom V, 1921, pp. 448 ff. und Sulla cronologia delle opere di Maria di Francia, Nuovi Studi medievali, I, 1923, pp. 62 ff.), der hartnäckig auf dieser Bezeichnung besteht, obwohl er einmal sogar knapp an der Entdeckung seines Versehens vorbeigeht, als er nämlich feststellt, daß Heinrichs, des jungen Königs, Grabplatte in der Kathedrale von Rouen »riproduce l'immagine del re dal corto mantello. – Ma il corto mantello nella lastra tombale della chiesa di nostra signora di Rouen non si vede; vi è invece la lunga tunica dei baroni normanni che scende lungo tutto il corpo fino ai piedi« (ARom V, p. 455); vgl. dazu meine Notiz in ZrP 83, 1967, pp. 495–497.

[116] Vgl. Bezzola, Origines, III/1, p. 305.

[117] Les *Lais* de Marie de France, Paris, 1935, p. 51. – Zusammenfassend zu dieser Diskussion vgl. Warnke, *Fabeln*, pp. CXII-CXVIII, Lais, pp. XV-XX, Nagel, op. cit., pp. 10–12, Levi, op. cit., und Rychners *Lanval*-Ausgabe, p. 85.

[118] Vgl. E.A. Francis, op. cit., pp. 80–84, und Ralph V. Turner, The King and his Courts, The Role of John and Henry III in the Administration of Justice, 1199–1240, Ithaca, New York 1968.

[119] Vgl. Rychner, *Lanval*-Ausgabe, pp. 78–84, dessen Erläuterungen auf E.A. Francis' Ausführungen beruhen, The Trial in *Lanval*, Studies in French Language and Medieval Literature presented to Prof. M.K. Pope, Manchester 1939, pp. 115–124.

Jetzt erhebt sich eine letzte Frage. Wenn der »nobles reis« im *Lais*-Prolog als Heinrich II. identifiziert worden ist, so geschah dies doch namentlich auf Grund der stillschweigend als verbindlich betrachteten Voraussetzung, Marie habe in England gelebt und gedichtet: – woher aber wissen wir, daß diese Voraussetzung mit der Wirklichkeit übereinstimmt?

Es liegt zwar keine einzige Belegstelle vor – weder in Maries Werken noch in anderen bekannten Dokumenten –, welche einen Anhaltspunkt gegen diese Meinung böte, aber leider auch keine, in welcher sich ein unumstößlicher Beweis dafür fände. Eines der Hauptargumente für die Annahme, die Dichterin, welche – wie auch immer man das »si sui de France« interpretieren mag – sicher Französin war und eine Sprache schrieb, die als normannisch und anglonormannisch gefärbter Ile-de-France-Dialekt bezeichnet werden darf[120], habe in England gelebt, ergibt sich aus dem Text des *Esope*-Epilogs[121].

Marie hätte demnach die aesopischen Fabeln nach einer englischen Vorlage ins Französische übersetzt[122]. Sie muß somit das Englische beherrscht haben, und diese Sprache konnte sie wohl nur im Lande selbst erlernt haben[123]. Obgleich nun durch Winklers Artikel[124], worin der Versuch unternommen wird, zu beweisen, Marie habe nicht nach einer englischen sondern nach einer lateinischen Vorlage übersetzt, und dies in Frankreich – womit flugs aus dem »nobles reis« Heinrich II. der französische Ludwig VII. wird –, die überkommene These zwar keineswegs als widerlegt betrachtet wird[125], so ist sie doch zum mindesten erschüttert worden[126], und man begreift die schier ironisierend vorsichtige Art und Weise, mit der Elisabeth A. Francis ihren Artikel *Marie de Fran-*

---

[120] Vgl. Warnke, *Fabeln*, p. CXIX und pp. CXIII-CXIV; und G. Paris, in der Besprechung der *Espurgatoire*-Ausgabe von Atkinson Jenkins, R 24, 1895, pp. 290-291, sowie in *Le Lai de l'Epervier*, R 7, 1878, p. 2.

[121] Ed. Warnke, *Epilogus*, Vv. 9-19, p. 327-328, und Battaglias Einführung zu seiner Ausgabe der *Lais*, p. VII, Anm. 1. Für eine Zugehörigkeit Maries zum anglonormannischen Raum sprechen auch ihre Signaturen und Werkwidmungen; vgl. darüber M. Dominica Legge, Les origines de l'anglonormand littéraire, RLiR 31, 1967, p. 45: »Les écrivains anglo-normands de la première moitié du douzième siècle se distinguent souvent de ceux du Continent en se nommant et en mentionnant le nom de leur patron. A l'exception de Wace, le Jersiais, il faut descendre jusqu'à l'époque où Chrétien de Troyes écrivait pour Marie de Champagne pour trouver une situation analogue sur le Continent, [...]«. Zum gleichen Ergebnis, wenn auch von der Analyse eines verschiedenen Problems ausgehend – nämlich vom Motiv des Vogels als Liebesboten –, kommt Faith Lyons, indem sie feststellt, daß »the bird as messenger of love seems confined to Anglo-Norman narrators. Allusions in *Eracle, Aucassin et Nicolete* or Jean Renart are not really comparable«, vgl. The bird as messenger of love in XIIth-century courtly literature, BBSArthur. 21, 1969, p. 158.

[122] Vgl. Emil Mall, Zur Geschichte der mittelalterlichen Fabelliteratur und insbesondere des *Esope* der Marie de France, ZrP 9, 1885, pp. 161-203. – Die Identifikation des »reis Alvrez« ist ein mindestens so komplexes Problem wie diejenige des »nobles reis«, vgl. Warnke, *Fabeln*, pp. XLIV ff. und Hans Robert Jauss, Untersuchungen zur mittelalterlichen Tierdichtung, Beihefte zur ZrP 100, Tübingen 1952, p. 29.

[123] Vgl. Hoepffner, op. cit., p. 50.

[124] Op. cit.

[125] Vgl. Warnke, *Lais*, pp. IV-VII.

[126] Vgl. E.A. Francis, Marie de France et son temps, R 72, 1951, p. 80.

20

ce et son temps einleitet: »Quel que soit l'ordre dans lequel l'*Espurgatoire Seint Patriz*, les *Fables*, les *Lais* furent écrits, ces oeuvres nous permettent néanmoins de reconnaître avec certitude que l'auteur est une femme, qu'elle s'adresse à des protecteurs laïques, et cela très probablement vers la fin du XIIe siècle (comme la similitude de ces oeuvres avec la littérature contemporaine nous permet de le supposer). Il n'est donc pas douteux que Marie ait eu conscience de la réputation littéraire à laquelle elle était en droit de prétendre et qu'elle ait écrit pour un public laïc dont les goûts aristocratiques sont indéniables, ainsi qu'en font foi les dédicaces à un roi ou à un comte. Un autre détail qui peut être considéré comme une certitude, c'est que l'auteur se dit originaire d'une région dépendante de la couronne de France«[127]. So stehen wir – am Ende eines minuziös durchgeführten Versuchs einer sachlichen Auswertung des von der Marie de France-Forschung beigebrachten Materials – vor der befremdenden Tatsache, daß die historische Persönlichkeit dieser Dichterin aus der glanzvollen Frühzeit der französischen Literatur umso mehr an Profil verliert, je genauer man die Dokumente befragt, welche von ihr und ihrem Wirken künden.

Nachdem nunmehr Richard Baums *Recherches* erschienen sind, läuft die schummerige Silhouette, als welche Maries geschichtliche Gestalt immerhin noch greifbar zu bleiben schien, allerdings Gefahr, sich vollends zu verflüchtigen. Fragt Baum zu Anfang seiner Studie nämlich noch tastend: »La Marie qu'on a essayé de saisir serait-elle un fantôme?«[128], so antwortet er im Rahmen seiner Schlußfolgerungen unmißverständlich, wenn auch vermutlich allzu apodiktisch: »Rien n'impose la conclusion que ce recueil – gemeint ist Harley 978 – constitue l'oeuvre d'un seul auteur; rien ne permet d'affirmer que cet auteur s'appelle Marie; absolument rien ne permet de conclure que cet auteur soit identique à Marie de France, l'auteur des *Fables*. L'attribution du *Purgatoire* à l'auteur des *Fables* ne repose pas sur des fondements plus solides«[129].

Damit werden mit einem Schlage die philologischen Bemühungen von rund vier Jahrhunderten radikal in Frage gestellt. Nicht minder erstaunlich als seine Ergebnisse ist der Weg, auf dem Baum zu ihnen gelangt ist. Es verhält sich nämlich nicht etwa so, daß er neue, bisher unbekannt gebliebene Dokumente vorzulegen hätte; sein Buch stellt vielmehr eine skeptische Erörterung der überlieferten Belege und eine kritische Diskussion ihrer Auslegungen dar. So schlägt der Verfasser, der keinen Grund mehr sieht, daran festzuhalten, daß der von Marie in den *Fables* erwähnte »cunte Willalme« im zwölften Jahrhundert zu lokalisieren ist, neuerdings vor, die umstrittene Stelle im *Couronnement de Renard*, welche – seit Gaston Paris Malls Auffassung zugestimmt hatte, der dort zitierte Graf Wilhelm sei zwar der 1251 verstorbene Guillaume de Dampierre, aber nicht mit Maries »cunte« identisch – als Irrtum des mittelalterlichen Schrei-

---

[127] Op. cit., p. 78.
[128] Op. cit., p. 59.
[129] Op. cit., p. 218. Was die folgenden Gedankgengänge betrifft vgl. auch meine Randnotizen zu Richard Baum, Marie de France und kein Ende, ZrP 86, 1970, pp. 40–48. Über Baums Buch vgl. überdies J.A. Ross, in MLR 65, 1970, pp. 896–898.

bers gilt, doch zu ihrem Nennwert zu nehmen: womit der *Esope* wiederum ins dreizehnte Jahrhundert hinunter verlegt würde und Malls erste These, die er ja selbst widerlegt hatte, zu neuen Ehren käme[130].

Fragt man sich nun, ob Richard Baum bewiesen habe, daß die drei – oder gar vier – Marien verschiedene Autorenindividualitäten darstellen, so müßte man, streng genommen, verneinend antworten. Man könnte beispielsweise einwenden, daß sowohl die *Fables* als auch das *Espurgatoire* und die *Lais* in der subjektiv gefärbten Diktion der Verfasserin(nen), die sich, persönliche Bemerkungen einflechtend, häufig in den Gang der Erzählung einschalten, ein verbindendes gemeinsames Merkmal aufweisen[131]; diese Exkurse fallen im Hinblick auf den *Esope* und das *Espurgatoire* insofern besonders ins Gewicht, als es sich um Ergänzungen der Vorlagen handelt[132]. Es ließe sich auch geltend machen, daß die Neigung zur sentenzhaften Formulierung von Lebensweisheiten, wie sie im *Esope* zum Ausdruck kommt[133], auch in manchem der *Lais* – und nicht etwa bloß im *Equitan*[134] – nachzuweisen ist[135].

Indem nun aber Baum die Konzeption einer Marie aufgibt, der – in welcher Reihenfolge und in welchem Zeitraum auch immer – drei Werke zuzuschreiben wären, wirft er auch die Auffassung über Bord, der gemäß die zwölf in H 978 samt Prolog überlieferten Lais aus einer Feder stammen: »Le recueil de Harley n'est pas l'oeuvre d'un seul auteur«[136]. Allerdings ist Baum selbst in diesem Zusammenhang nicht in der Lage, neues Material vorzulegen; er geht auch diesbezüglich von einer bloßen Neuinterpretation der bekannten Handschriften und Texte aus – und zwar sowohl der *Lais*-Texte als auch anderer mittelalterlicher Belege, wie namentlich der Denis Piramus-Stelle aus der *Vie de Seint Edmund le rei*. Aus einer Zusammenstellung der Baumschen Argumente stechen zu-

---

[130] Op. cit., p. 197–217.

[131] Vgl. darüber Erich Nagel, op. cit., pp. 30, 52, 59, 61–63, 83, 89, und Peter Kusels Vorbemerkung zum *Guingamor*, in Warnkes *Lais*-Ausgabe, 1925³, p. 231. Und gerade innerhalb der *Lais* selbst versuchte William S. Woods typisch »feminine attitude and style« beim Autor nachzuweisen, die sich in Maries »use of forceful, picturesque, and superlative expressions« äußerten, in »her use of exaggeration and diminutives and detail of description«, in »her detailed description of cloth, clothing, furniture, architecture, adornement and people«, in »her interest in domestic affairs«, in »her knowledge of the most efficacious use of woman's charms«, in »her lack of interest in martial events« und in der Raffiniertheit der von ihr ausgedachten »vengeances«, vgl. Femininity in the *Lais* of Marie de France, StPh XLVII, 1950, pp. 1–19. Wenn auch manches von dem, was Woods als typisch weiblich für Marie in Anspruch nimmt, vielmehr literarische Konvention ihrer Epoche ist – vgl. dazu Edmond Faral, Les arts poétiques du XIIᵉ et du XIIIᵉ siècle, Paris 1923 und Erhard Lommatzsch, Darstellung von Trauer und Schmerz in der altfranzösischen Literatur, ZrP 43, 1923, pp. 20–67 –, rückt sein Aufsatz gerade im Rahmen der Diskussion um die *Lais* als geschlossenes ›univers poétique‹ wieder in den Mittelpunkt des Interesses.

[132] Vgl. darüber insbesondere E.A. Francis, Marie de France et son temps, R 72, 1951, pp. 80–84.

[133] Vgl. Warnke, Die Quellen des *Esope* der Marie de France, Festgabe für Hermann Suchier, Halle (Saale) 1900, pp. 258–259.

[134] Vgl. Baum, op. cit., p. 172, der hier Jeanne Wathelet-Willems *Equitan*-Aufsatz aus MA 69, 1963, in leicht tendenziöser Weise zitiert: auf p. 341 erwähnt Jeanne Wathelet immerhin *Deus Amanz* als Parallelfall, Vv. 3–4, 10; vgl. aber auch *Equitan*, Vv. 29–30; *Fresne*, Vv. 287–288; *Bisclavret*, Vv. 54–56; *Chievrefoil*, Vv. 7–10.

[135] Vgl. *Fresne*, Vv. 87–88, *Lanval*, Vv. 437–438, *Guigemar*, Vv. 481–482, *Eliduc*, Vv. 61–66.

[136] Op. cit., p. 170.

nächst zwei hervor. Zum ersten: wer die an Maries *Lais* geleistete literaturwissenschaftliche Arbeit sichtet, dem muß auffallen, daß es nie gelungen ist, deren
relative Chronologie zu entwickeln: die verschiedenen Forscher kommen zu ab-
weichenden Lais-Folgen[137]. Als zweites sei nicht daran zu rütteln, daß die mannigfachen Untersuchungen über Thematik und Komposition der Harley-Lais
Unterschiede zu Tage gefördert haben, welche jegliche »unité d'inspiration« in
Maries *Lais* vermissen lassen[138]. Ein weiteres Argument, das Baum für die an-
tiunitarische Konzeption der Harley-Lais ins Feld führt, besteht in der Beobachtung, es lasse sich aus den zwölf in H enthaltenen Stücken keine einheitliche
Verwendung des ›lai‹-Begriffes ableiten[139].

Was die Frage der relativen Chronologie der Harley-Lais betrifft, so muß
zugegeben werden, daß sie auf Grund des gegenwärtig zur Verfügung stehenden Belegmaterials nicht befriedigend zu lösen ist. Was hingegen das Problem
der »unité d'inspiration« in den Harley-Lais angeht, so dürfte Richard Baum
die Angelegenheit denn doch etwas allzu leichthin abgetan haben; sie bildet
nunmehr den Gegenstand des dritten Teils der vorliegenden Studie[140], worin
versucht wird, jene Strukturanalyse zu unternehmen, auf die Baum verzichtet
hat[141]. Der zweite Teil[142] geht erneut auf die Problematik des *Lai* als Gattung
ein; denn, obleich Baum, Foulets Auffassung ablehnend, betont, es sei »nulle-
ment prouvé que ›dame‹ Marie ait été la première à composer des ›lais‹, qu'elle
soit l'inventrice du ›genre‹«[143], dürfte er, streng genommen, den Beweis für das
Gegenteil schuldig geblieben sein.

Freilich sieht Baum das Hauptargument gegen die unitarische Konzeption
der Harley-Lais ganz anderswo: nämlich in den Handschriften selbst. Bekanntlich finden sich in H[144] die zwölf *Lais* samt Prolog zwischen einem Traktat
über Falkenjagd und einem Antiphonarkatalog. Nachdem nun feststellbar ist,
daß der Prolog wie auch jeder der zwölf Lais (mit Ausnahme von *Guigemar*,
dessen Einleitung zwar unmittelbar an den Prolog anschließt, aber doch durch
eine größere Initiale als Einsatz hervorgehoben wird) mit einem gemalten und
geschmückten Anfangsbuchstaben anhebt, ist schwer zu begreifen, wieso Baum
daraus schließt, der Schreiber sei sich nicht bewußt gewesen, er schreibe ein in
sich geschlossenes Ganzes ab[145]; ließe sich nicht eher das Gegenteil folgern?

---

[137] Vgl. darüber Baum, op. cit., p. 170.

[138] Op. cit., p. 158.

[139] Vgl. op. cit., pp. 13–41, insbesondere p. 40: »Il est pratiquement impossible de dégager ce que
Marie entendait par ›lai‹, de saisir le concept, un concept unique, désigné par le terme ›lai‹; les
contextes dans lesquels le mot apparaît, ne possèdent pas de dénominateur commun.«

[140] Vgl. pp. 65 ff. – »Le fait que les critiques se contredisent – so schreibt Reto R. Bezzola in seinem
Chrétien-Buch (Le sens de l'aventure et de l'amour, Paris 1947, p. 77) über die *Erec*-Kritik – loin
d'être décourageant, montre la richesse de la valeur symbolique de ces romans.«

[141] Vgl. op. cit., p. 171, Anm. 97.

[142] Vgl. pp. 25 ff.

[143] Op. cit., p. 123.

[144] Vgl. Ewerts *Lais*-Ausgabe, Oxford 1965⁷, pp. XVIII-XIX, und Baums Beschreibung, op. cit.,
pp. 45 ff.

[145] Op. cit., p. 47 und p. 58. – Daß mittelalterliche Schreiber bewußt die Initialen als formale Spiegelung der Struktur eines Textes eingesetzt haben, hat – wenn auch nicht unwidersprochen – Reto
R. Bezzola für den *Erec* gezeigt; vgl. Le sens de l'aventure et de l'amour, Paris 1947, pp. 92 ff.,
135 ff.

Freilich stellt nicht H sondern N (die Handschrift von Uppsala) Baums Kronzeuge dar. Wie schon Warnke mitgeteilt hatte[146], enthält N neben elf von den zwölf Harley-Lais (*Eliduc* fehlt) acht weitere sowie eine Einleitung des Übersetzers und den Harley-Prolog (Vv. 1 bis 56); von der *Guigemar*-Einleitung fehlen die Verse 1 bis 18, der Abschnitt also, der Maries Signatur enthält und der in Verbindung mit den 56 Versen des Widmungsprologs erst Marie als Autorin der *Lais* kennzeichnet, wie sie in H erscheinen[147]. Daraus zu schließen, daß »rien ne permet d'affirmer que le recueil d'Upsal constitue l'oeuvre d'un seul auteur«[148], ist nur logisch. Der Umstand, daß in N der *Guigemar*-Eingang fehlt, läßt sich indessen zugleich als gewichtiges Indiz für die Einheit von H auslegen: im Bewußtsein, Lais verschiedener Autoren zusammenzustellen, hätte der Übersetzer, der im Anschluß an sein eigenes Vorwort den Harley-Prolog wiedergibt, darauf verzichtet, die Signaturpassage zu übertragen, um nicht den Eindruck aufkommen zu lassen, alle Stücke seiner Anthologie stammten vom selben Verfasser[149].

Damit steht allerdings Interpretation gegen Interpretation. Und das bringt die Fragwürdigkeit solcher Theorien – denn um mehr handelt es sich vorherhand nicht – in ihrer ganzen Tragweite zum Aufleuchten: mancher Aspekt innerhalb der Marie de France-Überlieferung mußte sich auf Grund erneuter Befragung der Texte und nochmaliger Durchsicht der Forschungsergebnisse als zumindest nicht hieb- und stichfest erweisen; in ihrer letzten Konsequenz freilich vermöchten derartig spekulative Gedankengänge erst dann zu überzeugen, wenn es gelänge, noch unbekannte und eindeutige Dokumente zu Tage zu fördern, die sie bestätigten.

---

[146] *Lais*-Ausgabe, 1925³, p. LXI.

[147] Insofern ist Warnkes Formulierung in Bezug auf H –»Sie allein enthält den Prolog, aus dem hervorgeht, daß Marie die Verfasserin der in der Hs. folgenden zwölf Lais ist« (*Lais*-Ausgabe, p. LX) – nicht eindeutig; als Prolog müßte man die ersten 74 Verse von H bezeichnen. Es ist übrigens aufschlußreich, daß Tyrwhitt, der ja als erster und somit unvoreingenommen diesen Text kommentiert hat, diese 74 Verse durchaus als Einheit aufgefaßt zu haben scheint, indem er zu 43 bis 48 anmerkt: »The *Lais*, with which only we are at present concerned, were addressed by her to some king. Fol. 139« und dann gleich weiterfährt:»A few lines after, she names herself: ›Oëz, Seignurs, ke dit Marie‹«, vgl. Baum, op. cit., pp. 70–71 und p. 135.

[148] Vgl. Baum, op. cit., p. 126.

[149] Dieselbe Überlegung machte schon – wenn auch in etwas anderem Zusammenhang – Ernest Hoepffner; vgl. La tradition manuscrite des *Lais* de Marie de France, Np 12, 1927, p. 86.

24

II. Marie de France als literarhistorische Persönlichkeit

1. Der Lai

a) Maries schriftstellerisches Programm

Ihrer Sammlung von zwölf Lais schickt Marie de France einen Prolog von sechs-
undfünfzig Versen voraus, in welchem sie nicht nur ihre Arbeit als Schriftstellerin in einen umfassenden geistesgeschichtlichen Zusammenhang hineinstellt,
sondern auch Auskunft über die Entstehung ihres Werkes gibt. Nachdem sie,
eine Priscian-Stelle kommentierend[150], zunächst die typische Haltung des mittelalterlichen ›clerc‹ zum Ausdruck gebracht hat, für den jeder Text in ein Netz
verborgener Bezüge eingebettet ist, die sich durch »gloser la lettre« (*Pr.*, V. 15)
stufenweise erschließen lassen[151], und in der Folge ihren Glauben an das
fortschreitende Wachsen der menschlichen Einsicht im Laufe der Zeit bekundet hat – womit sie sich ihren Zeitgenossen Jean de Salisbury und Pierre de
Blois anschließt, die beide jenen berühmten Gedanken des Bernard von Char-
tres zitieren, wonach der Philosoph sagt, die Alten blieben zwar Riesen, aber
die heutigen Menschen, obgleich sie im Verhältnis zu ihnen Zwerge seien, sähen
doch weiter als sie, denn sie säßen eben auf ihren Schultern[152] –, schildert die
Dichterin, wie sie dazu kam, das Werk zu schreiben, das sie nun ihrem königlichen Gönner vorzulegen wagt:

---

[150] Vgl. Warnke, *Lais*, pp. 259–260, wo die Priscian-Stelle abgedruckt ist, an die Marie gedacht
haben muß: Anfang der *Institutiones* (Gram. lat., ed. H. Keil, II, 1). Vgl. dazu auch Spitzer, The
Prologue to the *Lais* of Marie de France and medieval poetics, Romanische Literaturstudien,
1936–1956, Tübingen 1959, pp. 6–7, sowie S. Foster Damon, Marie de France and Courtly Love,
PMLA 44, 1929, pp. 975–976.

[151] Vgl. Spitzer, op. cit., und Jean Frappier, Chrétien de Troyes, Paris 1963², p. 21, sowie Mortimer
J. Donovan, Priscian and the Obscurity of the Ancients, Speculum 36, 1961, pp. 75–80. Moshé Lazar will im Gegensatz zu diesen beiden Forschern das »gloser« fürs 12. Jh. nicht im transzendenten
Sinn verstanden wissen, vgl. Amour courtois et fin'amors dans la littérature du XIIᵉ siècle, Paris
1964, pp. 15–17.

[152] Vgl. E. Faral, Recherches sur les sources latines des contes et romans courtois du moyen âge, Paris
1913 (Neuaufl. 1967), pp. 398–399, und Bezzola, Origines, III/1, p. 103, Anm. 3: »Dicebat Bernar-
dus Carnotensis nos esse quasi nanos gigantium humeris insidentes, ut possimus plura eis et re-
motiora videre, non utique proprii visus acumine aut eminentia corporis, sed quia in altum subve-
himur et extollimur magnitudine gigantea« (Jean de Salisbury, *Metalogicus*, III, 4, ed. Webb, pp.
136 s.). Vgl. dazu Foster E. Guyer, The Dwarf on the Giant's Shoulders, MLN 45, 1930,
pp. 398–402 und J. de Ghellink, Nani et gigantes, Bull. Du Cange 18, 1945, pp. 25–29, sowie Marc-
René Jung, Études sur le poème allégorique en France au moyen âge, Romanica Helvetica 82,
Bern 1971, pp. 60 ff. – Diese Interpretation der Stelle vertritt auch Rychner in seiner *Lais*-Ausgabe
(p. 237), wobei er M.J. Donovan folgt; vgl. Priscian and the Obscurity of the Ancients, Speculum
36, 1961, pp. 75–80. Vgl. auch E. Köhler, Zur Selbstauffassung des höfischen Dichters, in Trouba-
dourlyrik und höfischer Roman, Berlin 1962, p. 16.

Pur ceo començai a penser
D'aukune bone estoire faire
E de latin en romanz traire;
Mais ne me fust guaires de pris:
Itant s'en sunt altre entremis!
Des lais pensai, k'oïz aveie.
Ne dutai pas, bien le saveie,
Ke pur remambrance les firent
Des aventures k'il oïrent
Cil ki primes les comencierent
E ki avant les enveierent.
Plusurs en ai oï conter,
Nes voil laissier ne oblier.
Rimé en ai e fait ditié,
Soventes fiez en ai veillié!
En l'honur de vus, nobles reis,
Ki tant estes pruz e curteis,
A ki tute joie s'encline
E en ki quoer tuz biens racine,
M'entremis des lais assembler,
Par rime faire e reconter.
En mun quoer pensoe e diseie,
Sire, kes vos presentereie.
(Pr., 28-50)

Wir erfahren daß Marie zuerst daran gedacht hatte aus dem Lateinischen zu
übersetzen[153], daß sie aber den Plan fallen ließ, weil sie sich von dieser Tätigkeit
wenig Erfolg versprach, da schon andere sich mit derartigen Unternehmungen
beschäftigten.

In der Tat erlebte um die Mitte des zwölften Jahrhunderts im französisch-
englischen Kulturkreis die epische Dichtkunst eine grundlegende Wandlung. Die
chansons de geste wurden vom *roman* abgelöst: und dieser *roman* nährte sich
zuerst von antikem Stoffgut. Als erster dieser antiken Romane ist Lambert le
Torts *Roman d'Alexandre* zu nennen, den der Verfasser, wohl in Zusam-
menarbeit mit andern Autoren, im Anschluß an Simons Zehnsilber-Bearbei-
tung nach Albéric de Pisançons achtsilbiger südfranzösischer Version (um 1130)
wohl vor 1160 noch in Zwölfsilbler-Laissen gestaltete[154]; das zweite Werk, der

---

[153] Vgl. über die Bedeutungsnuancen von ›traire‹ Winkler, op. cit., pp. 19-21.
[154] Vgl. Bezzola, Origines, III/1, p. 280, Anm. 2, und Hofer, op. cit., pp. 45-47. – Wird bei Levy,
Chronologie approximative, Beiheft 98, ZrP 1957 auf p. 55 unter »Datations non fixées« aufgeführt. Nach Faral, Contes et romans courtois du moyen âge, Paris 1913, p. 405, heißt der Verfasser
Albéric de Besançon. Helmut Genaust, Die Struktur des altfranzösischen antikisierenden Lais, Diss.,
Hamburg 1965, klammert, ohne allerdings Gründe dafür anzugeben, die Alexander-Romane aus
dem Begriff der antikisierenden Dichtungen aus, vgl. p. 9: möglicherweise ihres »caractère ha-
giographique« wegen – so definierte sie Erich Köhler in der Diskussion von Omer Jodognes Beitrag
über Le caractère des oeuvres ›antiques‹ dans la litt. franç. du XII⁰ et du XIII⁰ siècle, in L'humanisme médiéval dans les litt. romanes du XII⁰ au XIV⁰ siècle, Colloque organisé par le Centre de
Philologie et de Lit. romanes de l'Université de Strasbourg, Paris 1964, p. 84. Was Albérics Fassung
in ihrem Verhältnis zur *chanson de geste* und zum höfischen Roman betrifft, vgl. Aurelio Ronca-
glia, L'*Alexandre* d'Albéric et la séparation entre chanson de geste et roman, Chanson de Geste
und höfischer Roman, Heidelberger Colloquium, Studia Romanica 4, Heidelberg 1963, pp. 37-60.

Roman de Thèbes (nach 1155) eines – nach Faral – normannischen – nach Hoepffner – poitevinischen Anonymus, der den *Alexandre* gelesen haben mußte, bedient sich bereits des durch Waces *Brut* bekannt gewordenen paarweise gereimten Achtsilblers und zeichnet mit vielen Variationen und Erweiterungen die Legende der Sieben gegen Theben gemäss Statius' *Thebais* nach, nicht ohne sowohl in der Technik der Beschreibung und der Menschendarstellung als auch in der Wahl der Motive (die Rolle der Frau und der Liebe) bedeutende Neuerungen einzuführen; auf den Spuren Vergils bewegt sich der unbekannte Autor, der um 1160 den *Roman d'Enéas* schreibt – ein Werk, das den Bruch mit der Welt der *chanson de geste* endgültig vollzieht, und aus dem Marie de France so viel in ihre *Lais* übernommen hat, daß man sogar auf den Gedanken gekommen ist, sie habe auch den *Roman d'Enéas* gedichtet[155] –, während Benoît de Sainte-Maure, ein Schützling Alienors von Aquitanien, in den dreiunddreißigtausend Versen des *Roman de Troie*, den er in Vers 132 signiert, um 1165 die troianischen Heldensagen in Verbindung mit dem neuen ›höfischen‹ Weltgefühl zu einem farbig schillernden epischen Geflecht verarbeitete[156].

Handelt es sich bei den vier antiken Romanen freilich mehr um Bearbeitungen klassischer Stoffe, so hatte Marie in Chrétien de Troyes einen Zeitgenossen, der – nach seinem eigenen Zeugnis in jenem vielerörterten *Cligès*-Eingang – wirkliche Übersetzungen aus dem Lateinischen verfertigt hatte: bei den *Comandemenz Ovide* und der *Art d'Amors* dürfte es sich um Übertragungen der *Remedia amoris* oder der pseudo-ovidischen *Regulae amoris* beziehungsweise der *Ars amandi* handeln; die *Mors l'Espaule* gab wohl eine *Metamorphose* Ovids (VI/Vv. 403, ff.) wieder, was auch für die *Muance de la Hupe, de l'Aronde et du Rossignol* (*Philomena*) gilt (VI/Vv. 426–674), die als einziges der Chrétienschen Ovidiana möglicherweise im *Ovide moralisé* aus dem Ende des dreizehnten Jahrhunderts auf uns gekommen ist[157]. Ob diese Ovidiana nun vor oder nach dem *Erec* anzusetzen sind, spielt für die Betrachtung Maries in unserem Zusammenhang keine Rolle; andererseits ist es eine Tatsache, daß Marie durch ihre Kenntnis von französischen Übertragungen aus dem Lateinischen, auf die sie ja anspielt – ohne freilich Namen zu nennen[158] –, erst auf den Ge-

---

[155] Vgl. Gaston Paris' Besprechung der *Enéas*-Ausgabe Salverda de Graves, R 21, 1892, pp. 281–294 und Ezio Levi, Maria di Francia e il romanzo di Enea, Atti del reale istituto veneto di scienze, lettere ed arti, Bd. 81, 1921–1922, pp. 645–686, sowie J.J. Salverda de Grave, Marie de France et *Enéas*, Np 10, 1925, pp. 56–58. – Zur *Enéas*-Datierung vgl. Faral, Recherches sur les sources latines des contes et romans courtois du moyen âge, Paris 1913, p. 410, und Giovanna Angeli, L'*Enéas* e i primi romanzi volgari, Documenti di filologia, Milano-Napoli 1971.

[156] Zum antiken Roman vgl. Hofer, Chrétien de Troyes, Graz-Köln, 1954, pp. 21–25 und pp. 45–47, sowie Antonio Viscardi, Letterature d'oil e d'oc, Milano, 1952, pp. 177–185, Bezzola, Origines, III/1, pp. 269 ff., Frappier, op. cit., p. 18 und Jean-Charles Payen, Le motif du repentir dans la littérature française médiévale (des origines à 1230), Genève 1967, pp. 278 ss.

[157] Vgl. dazu auch Bezzola, Origines, III/1, p. 282, Anm. 3. Über *Philomena* nunmehr zusammenfassend vgl. Helmut Genaust, Die Struktur des altfranzösischen antikisierenden Lais, Diss., Hamburg 1965, der den Text Chrétien zuweist und vor *Erec* in die sechziger Jahre des zwölften Jahrhunderts datiert, pp. 152 ss.

[158] Neben *Enéas*, von dem schon die Rede war, kannte sie sicher *Thèbes*, vgl. Hoepffner, Les *Lais* de Marie de France, Paris 1935, pp. 52–53. Eine Kenntnis der antikisierenden Verserzählungen *Philomena*, *Narcisus* und *Piramus et Tisbé* hält Hoepffner für »probable«, op. cit., pp. 53 und 125.

danken kam, von Übersetzungsplänen abzulassen und auf bretonische Lais zu-
rückzugreifen: hatte sie aber zu Beginn ihrer novellistischen Tätigkeit von
Chrétiens Übersetzungen Kunde – was durchaus im Bereich des Möglichen
liegt[159] –, so wären diese Ovidiana älter als der *Erec*[160], da ja – wie wir sahen
– Marie vor 1165 schon Lais geschrieben und veröffentlicht hatte. Nachdem
Marie vom Gedanken Abstand genommen hatte, aus dem Lateinischen zu übersetzen, wandte sie sich einem andern Stoffkreis zu – dem der Lais: »Des lais
pensai, k'oïz aveie« (*Pr.*, V. 33). Möchte man schon auf die jetzt auftauchende
Frage, was denn diese Lais gewesen seien, mit Fontanes altem Briest antworten,
das sei ein weites Feld, um wieviel verlegener wird man bei der zweiten Frage, woher denn diese Lais stammten, obgleich Marie selbst schon im ersten, dem *Guigemar*, die Antwort darauf gibt: »[. . .] li Bretun unt fait les lais« (*Guig.*, 20).

Seit Joseph Ritson in seinen 1802 erschienenen *Ancient Engleish Metrical
Romanceës* im Gegensatz zu Warton und Tyrwhitt die Ansicht vertrat, die in
Maries *Lais* vorkommenden ›Bretun‹ seien nicht armorikanische Kleinbretonen
sondern Einwohner Großbritanniens[161], seit Gervais De la Rues *Recherches sur
les ouvrages des Bardes de la Bretagne Armoricaine dans le M. Age* (Caen, 1815)
und seinen drei Bänden *Essais historiques sur les Bardes, les jongleurs et les
trouvères Normands et Anglo-Normands* (Caen, 1834)[162], sind Ströme von Tin-
te geflossen und heftige Philologenstreitgespräche auf hunderten von Drucksei-
ten ausgetragen worden; denn, da die Diskussion um die Lais zwangsläufig mit
der Frage der ›matière de Bretagne‹ verquickt werden muß, weitet sich der ange-
schnittene Problemkreis alsbald ins Unübersehbare. Obschon – wie es in solchen Angelegenheiten oft der Fall ist – die Wahrheit auch hier in der Mitte
liegen mag[163], haben sich Lager gebildet: die Vertreter der sogenannten konti-

---

Direkte Ovid-Reflexe (aus *Met.* IV, 55 ss.) glaubt Cesare Segre im *Laüstic* nachweisen zu können,
Piramo e Tisbe nei lai di Maria di Francia, Studi in onore di Vittorio Lugli e Diego Valeri, Venezia
1961, Bd. 2, pp. 845–853.

[159] Bezzola, Origines, III/1, p. 309, schreibt: »Toutes ses [de Chrétien] oeuvres se groupaient à la cour
des Plantagenets. N'est-il pas plus probable de supposer un séjour de Chrétien à cette cour, que
de le voir se former à la cour de Champagne, où nous ne connaissons aucune activité littéraire
d'importance, avant le mariage du comte Henri le Libéral de Champagne avec la jeune Marie de
France, fille de Louis VII et d'Aliénor, mariage qui eut lieu en 1164. D'après Hofer, il y aurait
aussi dans *Erec* des traces d'influence du *Lais* de Marie de France; Hoepffner parle au contraire
d'influence de Chrétien sur Marie. Les *Lais* et les premières oeuvres de Chrétien sont probablement
de la même époque et l'influence peut être réciproque. Où pouvait-elle mieux s'exercer qu'à la
cour des Plantagenets? *Erec* est, avec les *Lais* de Marie, le plus ancien conte de la ›matière de
Bretagne‹, qui se détache de l'historiographie pour relater une suite d'aventures librement combi-
nées d'après les contes des ›conteurs‹ bretons, gallois ou anglo-normands, qui fréquentaient sans
doute avant tout la grande cour d'Henri II et les petites cours de ses vassaux«. – An einen möglichen Aufenthalt Chrétiens in England scheint auch Levi zu glauben, der die Verse 11–17 aus dem
Guillaume d'Angleterre als Erinnerung des Romanciers an einen Besuch in der Abtei von Sankt
Edmund auffaßt; vgl. Sulla cronologia delle opere die Maria di Francia, Nuovi Studi medievali,
I, 1923, p. 69. Angesichts all dieser Überlegungen scheint uns Rychners Formulierung »on ne relève
chez Marie aucune trace certaine de la lecture de Chrétien de Troyes« (*Lais*-Ausgabe, p. XI und
Anm. 4) doch etwas zu apodiktisch.

[160] Frappier, Chrétien de Troyes, Paris 1963², p. 71 ist dieser Meinung, während Hofer, Chrétien de
Troyes, Graz-Köln 1954, pp. 50 ff. der gegenteiligen Ansicht ist.

[161] Vgl. Baum, op. cit., pp. 77–80.

[162] Zit. bei Ezio Levi, I lais brettoni e la leggenda di Tristano, StR 14, 1917, p. 199, Anm. 2.

[163] In seinem Aufsatz Monde brittonique et matière de Bretagne, ECelt. 10 (jetzt auch im Band

28

nentalen These befehden die Anhänger der Insularen; zahlreiche Theorien sind
aufgestellt, erörtert, verworfen und erbittert weiter verteidigt worden; für viele
kam – und kommt noch immer – eine Stellungnahme in dieser Angelegenheit
einem Glaubensbekenntnis gleich: Keltomanie einerseits und Keltophobie andererseits haben nicht wenig zur Verunklärung von an und für sich schon mehr
als verwickelt undurchsichtigen Sachverhalten geführt[164]. Denn es liegt auf der
Hand, daß sich durch voreingenommene Interpretation aus jedem Text genau
das herausholen läßt, was man herausholen möchte[165]. Einmal wird den Dich-
tern des Mittelalters die ausgeklügeltste textvergleichende Methodik eines po-
sitivistischen Quellenforschers zugemutet[166], ein andermal kann derselbe Autor
nicht für naiv und inkonsequent genug gehalten werden: »Nel Medio Evo non
erano rari i matti, ma non per questo dovremo credere che tutti gli uomini nel
Medio Evo fossero dei pazzi«[167], ruft Ezio Levi mitten in der Erörterung einer
Argumentation Foulets in Bezug auf das Verhältnis zwischen Maries *Lais*-Pro-
log und der *Tyolet*-Einleitung ärgerlich aus. Indem man sich in die Lais-For-
schung hineinwagt, dringt man in ein unwegsames Gebiet vor, das so undurch-
dringlich scheint, wie das Feld der *chanson de geste*-Forschung; und Foulet –
wie immer man sich zu seinen Ansichten über den Lai stellen mag – dürfte
schon Recht haben, wenn er diese Lais, welche »firent li Bretun« (*Deus Amanz*,
5), *mutatis mutandis* mit jenen phantomatischen episch-lyrischen Kantilenen
vergleicht, nach welchen die *chanson de geste*-Forscher so lange vergeblich ge-
hascht haben[168]. Selbst ein Romanist wie Gaston Paris leitet den Bericht über
seine *Etudes sur les romans de la Table Ronde* mit der verzagten Feststellung
ein: »Je m'aperçois que je suis perdu dans un dédale inextricable«[169].

Nouvelles recherches sur la littérature arthurienne, Paris 1965, pp. 77–84) schreibt Jean Marx: »Ce
que nous voudrions ici, c'est présenter sous un jour quelque peu nouveau le problème et en le
dégageant de certaines équivoques d'une part, d'autre part en acceptant dans les deux thèses certaines affirmations dont certaines sont incontestables et dont d'autres ont récemment été confirmées,
d'esquisser une nouvelle position de la question«, p. 78.

[164] In seinem *Spielmannsbuch*, Stuttgart 1900², p. 46, spricht Herz nicht unironisch vom »Berserker-
grimm«, mit welchem zuweilen der Streit geführt wurde. Vgl. auch Frappier, Le roman breton
I, Paris, 1951, p. 17. Eine übersichtliche Zusammenfassung der Standpunkte bietet Horst Baader,
op. cit., pp. 81 ff.

[165] In diesem Zusammenhang sagt Frappier, op. cit., p. 17: »la dialectique joue souvent un rôle aussi
grand, sinon plus grand, que l'érudition et les données positives«. Vgl. dazu auch Robert Guiette, Li conte de Bretaigne sont si vain et plaisant, BBSArthur. 18, 1966, pp. 177–178.

[166] Noch Horst Baader sieht Marie so: »Neben sich auf dem Pult ein Manuskript des *Eneas*, schreibt
und liest sie zu gleicher Zeit, wie eine Philologin«, op. cit., p. 168.

[167] Ezio Levi, StR 14, 1917, p. 188.

[168] *Le roman de Renard*, Bibliothèque de l'Ecole des Hautes Etudes, CCXI, Paris, 1914, p. 59.
Vgl. auch Spitzer, Marie de France – Dichterin von Problemmärchen, ZrP 50, 1930, p. 40.

[169] R 10, 1881, p. 465. Eine klare Übersicht über den gesamten Problemkreis bietet Bezzola, Origines,
II/2, pp. 527 ff.

b) Der Mariesche Lai

Im Hinblick auf den Gegenstand dieser Arbeit haben wir auf einem Gang über das literaturgeschichtliche Vorfeld des Marieschen Lais weder etwas zu verlieren noch etwas zu gewinnen: denn Maries *Lais* bleiben Maries *Lais*, was und wie auch immer jene Lais sein mochten, die sie zu den ihren angeregt haben. Es sei der Versuch unternommen, diesen Lais, welche »firent li Bretun«, kühl und sachlich nachzugehen. Am besten wird sich dieses Ziel erreichen lassen, wenn wir – wie beim Problem der Identität Maries und ihrer Gönner – die einschlägigen Belege aus der Zeit zusammenstellen.

> Des *lais* pensai, k'oïz aveie.
> Ne dutai pas, bien le saveie,
> Ke pur remambrance les firent
> Des *aventures* k'il oïrent
> Cil ki primes les comencierent
> E ki avant les enveierent.
> Plusurs en ai oï conter,
> Nes voil laissier ne oblier.
> Rimé en ai e fait ditié,
> Soventes fiez en ai veillié!
> En l'honur de vus, nobles reis,
> Ki tant estes pruz e curteis,
> A ki tute joie s'encline,
> E en ki quoer tuz biens racine,
> M'entremis des *lais* assembler,
> Par rime faire e reconter.
> En mun quoer pensoe e diseie,
> Sire, kes vos presentereie.
> Si vos les plaist a receveir,
> Mult me ferez grant joie aveir,
> A tuz jurz mais en serrai liee.
> Ne me tenez a surquidiee,
> Se vos os faire icest present.
> Ore oëz le commencement!
> (*Prologue*, 33–56)

> Les *contes* ke jo sai verrais,
> Dunt li Bretun unt fait les *lais*,
> Vos conterai assez briefment.
> El chief de cest comencement,
> Sulunc la lettre e l'escriture,
> Vos mosterai une *aventure*,
> Ki en Bretaigne la Menur
> Avint al tens anciënur.
> (*Guigemar*, 19–26)

> De cest *cunte* k'oï avez
> Fu Guigemar li *lais* trovez,
> Que hum fait en harpe e en rote;
> Bone en est a oïr la note.
> (*Guigemar*, 883–886)

Mut unt esté noble barun
Cil de Bretaine, li Bretun!
Jadis suleient par pruësce,
Par curteisie e par noblesce,
Des *aventures* que oeient,
Ki a plusurs genz aveneient,
Faire les *lais* pur remembrance,
Qu'um nes meïst en ubliance.
Un ent firent, k'oï cunter,
Ki ne fet mie a ublier,
D'Equitan, ki mut fu curteis,
Sire des Nauns, jostise e reis.
(*Equitan*, 1–12)

Li Bretun en firent un *lai*,
D'Equitan cument il fina,
E la dame ki tant l'ama.
(*Equitan*, 312–314)

Le *lai* del Freisne vus dirai,
Sulunc le *cunte* que jeo sai.
(*Fresne*, 1–2)

Quant l'*aventure* fu seüe,
Coment ele esteit avenue,
Le *lai* del Freisne en unt trové:
Pur la dame l'unt si numé.
(*Fresne*, 515–518)

Quant des *lais* faire m'entremet,
Ne voil ublier Bisclavret;
Bisclavret ad nun en bretan,
Garwaf l'apelent li Norman.
(*Bisclavret*, 1–4)

L'*aventure* k'avez oïe
Veraie fu, n'en dutez mie.
De Bisclavret fu fez li *lais*
Pur remembrance a tuz dis mais.
(*Bisclavret*, 315–318)

L'*aventure* d'un autre *lai*,
Cum ele avint, vus cunterai.
Faiz fu d'un mut gentil vassal:
En bretans l'apelent Lanval.
(*Lanval*, 1–4)

Od li s'en vait en Avalun,
Ceo nus recuntent li Bretun,
En un isle ki mut est beaus.
La fu raviz li dameiseaus!
Nuls hum n'en oï plus parler
Ne jeo n'en sai avant cunter.
(*Lanval*, 641–646)

Jadis avint en Normendie
Une *aventure* mut oïe
De deus enfanz ki s'entreamerent;
Par amur ambedui finerent.
Un *lai* en firent li Bretun:
De Deus Amanz reçuit le nun.
(*Deus Amanz*, 1–6)

Pur l'*aventure* des enfaunz
Ad nun li munz »des Deus Amanz«.
Issi avint cum dit vus ai;
Li Bretun en firent un *lai*.
(*Deus Amanz*, 251–254)

Puis que des *lais* ai comencié,
Ja n'iert pur mun travail laissié;
Les *aventures* que j'en sai,
Tut par rime les cunterai.
(*Yonec*, 1–4)

Cil ki ceste *aventure* oïrent
Lunc tens aprés un *lai* en firent
De la pitié de la dolur,
Que cil suffrirent pur amur.
(*Yonec*, 555–558)

Une *aventure* vus dirai
Dunt li Bretun firent un *lai*.
(*Laüstic*, 1–2)

Cele *aventure* fu cuntee,
Ne pot estre lunges celee.
Un *lai* en firent li Bretun:
Le Laüstic l'apelë hum.
(*Laüstic*, 157–160)

Ki divers *cuntes* veut traitier
Diversement deit comencier
E parler si rainablement
K'il seit pleisibles a la gent.
Ici comencerai Milun
E musterai par brief sermun
Pur quei e coment fu trovez
Li *lais* ki issi est numez.
(*Milun*, 1–8)

De lur amur e de lur bien
Firent un *lai* li auncïen,
E jeo, ki l'ai mis en escrit,
Al recunter mut me delit.
(*Milun*, 531–534)

Talent me prist de remembrer
Un *lai* dunt jo oï parler.
L'*aventure* vus en dirai
E la cité vus numerai
U il fu nez e cum ot nun:
Le Chaitivel l'apelet hum,
E si i ad plusurs de ceus
Ki l'apelent Les Quatre Deuls
(*Chaitivel*, 1–8)

»Pur ceo que tant vus ai amez,
Voil que mis doels seit remembrez;
De vus quatre ferai un *lai*
E Quatre Dols le numerai«.
Li chevaliers li respundi
Hastivement, quant il l'oï:
»Dame, fetes le *lai* novel,
Si l'apelez Le Chaitivel!
E jeo vus voil mustrer reisun
Que il deit issi aveir nun.
Li altre sunt pieça finé
E tut le sieclë unt usé
La grant peine k'il suffreient
De l'amur k'il vers vus aveient.«
(*Chaitivel*, 201–214)

»Pur c'ert li *lais* de mei nomez:
Le Chaitivel iert apelez.
Ki Quatre Dols le numera,
Sun propre nun li changera.«
»Par fei«, fet ele, »ceo m'est bel:
Or l'apelum Le Chaitivel!«
Issi fu li *lais* comenciez
E puis parfaiz e anunciez.
Icil kil porterent avant,
Quatre Dols l'apelent alquant;
Chescuns des nuns bien i afiert,
Kar la matire le requiert;
Le Chaitivel a nun en us.
Ici finist, n'en i ad plus,
Plus n'en oï ne plus n'en sai
Ne plus ne vus en cunterai.
(*Chaitivel*, 225–240)

Asez me plest e bien le voil,
Del *lai* qu'hum nume Chievrefoil,
Que la verité vus en cunt
Pur quei fu fez e dunt.
Plusur le m'unt cunté e dit
E jeo l'ai trové en escrit
De Tristram e de la reïne,
De lur amur ki tant fu fine,
Dunt il eurent meinte dolur,

Puis en mururent en un jur.
(*Chievrefueil*, 1-10)

Pur la joie qu'il ot eüe
De s'amie qu'il ot veüe
E pur ceo k'il aveit escrit
Si cum la reïne l'ot dit,
Pur les paroles remembrer,
Tristram, ki bien saveit harper,
En aveit fet un nuvel *lai*;
Asez briefment le numerai:
Gotelef l'apelent Engleis,
Chievrefoil le nument Franceis.
Dit vus en ai la verité
Del *lai* que j'ai ici cunté.
(*Chievrefueil*, 107-118)

D'un mut ancïen *lai* bretun
Le *cunte* e tute la reisun
Vus dirai, si cum jeo entent
La verité, mun esciënt.
(*Eliduc*, 1-4)

La femme resteit apelee
Guildeluëc en sa cuntree.
D'eles deus ad li *lais* a nun
Guildeleüc ha Guilliadun.
Elidus fu primes nomez,
Mes ore est li nuns remuez,
Kar des dames est avenu
L'*aventure* dunt li *lais* fu
Si cum avint vus cunterai,
La verité vus en dirrai.
(*Eliduc*, 19-28)

De l'*aventure* de ces treis
Li auncïen Bretun curteis
Firent le *lai* pur remembrer,
Qu'hum nel deüst pas oblier.
(*Eliduc*, 1181-1184)

Geht man nunmehr an die Auswertung dieser Belege, so ist es nicht unheilsam, sich zuvor über einige Grundsätze Rechenschaft abzulegen. Als erstes, scheint mir, ist es unumgänglich, daß man versucht, das, was die Autorin sagt, als das zu nehmen, was sie vernünftigerweise gemeint haben mag. Mit andern Worten: Wenn Marie schreibt, sie habe Lais gehört (»oïz aveie«, *Pr.*, 33), so berechtigt uns zunächst nichts, an dieser Mitteilung zu zweifeln oder sie gar umzudeuten; und wenn sie sagt, sie habe Lais erzählen hören (»Plusurs en ai oï conter«, *Pr.*, 39), so hat der Literaturhistoriker diese Mitteilung als das entgegenzunehmen, was sie ist, ob sie nun in sein allgemeines Konzept passe oder nicht[170].

---

[170] Vgl. Hoepffner, Aux origines de la nouvelle française, Oxford, 1939, p. 7.

34

Gefährlich ist es auch, eine einmal ausgearbeitete Theorie durch eine allzuweit getriebene linguistische Ausdeutung von Stellen zu stützen, die sich möglicherweise schlecht in das bereits entworfene Bild fügen. So dürfte es kaum zu verantworten sein, im *Prolog* das *en* in den Versen 39 und 41 auf »aventure« statt auf »lais« zu beziehen, wo doch offensichtlich dieser ganze Textabschnitt von den *Lais* spricht[171].

Noch weniger geht es an, allzusehr auf zweifelhafte Lesungen in den Handschriften abzustellen. Wenn in Hs H im ersten Vers von *Fresne* «*le* lai« steht, dagegen in S «*du* lai«, so geht es meines Erachtens doch etwas weit, wenn diese Variante dazu dienen soll, ein ganzes Auslegungsgerüst zu stützen[172].

Schließlich muß der Interpret sich davor hüten, in den mittelalterlichen Dichter die Gedankengänge des modernen Philologen zu projizieren[173]: wenn zwar der Wissenschaftler bemüht ist, den Sprachgebrauch zu normieren und unter einem bestimmten Wort stets dasselbe zu verstehen, so heißt das noch lange nicht, daß beim Dichter – aus welcher Epoche auch immer er stammen mag – dieselbe Einstellung vorausgesetzt werden darf.

Betrachtet man vor dem Hintergrund dieser Überlegungen die Belege für den Ausdruck *lai* bei Marie de France, so stellt man zunächst fest, daß die Dichterin den Terminus *lai* in Verbindung mit *cunte* und *aventure* braucht. Im übrigen gehören zum Lai der Begriff der *remembrance* und – als Ausführende – die *Bretun*.

Zum *lai*: Marie hat Lais gehört (»oïz aveie«, *Pr.*, 33); sie hat sie auch erzählen hören (»en ai oï conter«, *Pr.*, 39; »Plusur le m'unt cunté e dit«, *Chievr.*, 5)[174]; sie hat davon sprechen hören (»Un lai dunt jo oï parler«, *Chaitivel*, 2); und endlich weiß sie von einer musikalischen Form ihrer Darbietung (»Fu Guigemar li lais trovez, / Que hum fait en harpe e en rote; / Bone en est a oïr la note«, *Guig.*, 884–886). Von sich selbst teilt die Dichterin mit, daß sie Lais gemacht – das heißt sicher der *Bisclavret*-Anfang (»Quant des lais faire m'entremet«, *Biscl.*, 1) und wohl auch der *Yonec*-Beginn (»Puis que des lais ai comencié«, *Yonec*, 1) – und Lais erzählt hat (»Dit vus en ai la verité, / Del lai que j'ai ici cunté«, *Chevr.*, 117–118). Ob man ›lai‹ im ersten *Fresne*-Vers (»Le lai del Freisne vus dirai«) und in den Versen 532 bis 534 im *Milun* (»Firent un lai li ancïen, / E jeo, ki l'ai mis en escrit, / Al recunter mut me delit«) als Lai, den Marie macht und erzählt, auffassen darf, möchte ich nicht entscheiden[175], jedoch

---

[171] Vgl. Foulet, Marie de France et les lais bretons, ZrP 29, 1905, pp. 304–305, und Warnke, *Lais*, p. 259 und p. 260.

[172] Vgl. Martin de Riquer, La *aventure*, el *lai* y el *conte* en Maria de Francia, FRom 2, 1955, p. 5.

[173] »On ne peut demander à une poétesse du XIIe siècle d'appliquer à l'interprétation des textes les règles de la critique moderne«, schreibt sehr vernünftig Lucien Foulet, Marie de France et la légende du *Purgatoire de Saint Patrice*, RF 22, 1908, p. 623.

[174] Hierher gehört auch die Lesung der Hs S in *Equitan*, V. 9: »Un [gemeint ist *lai*] ent firent, k'oï cunter«, vgl. darüber Rychner, *Lais*-Ausgabe, p. XIV, Anm. 1 und p. 247. – In *Chievrefoil*, V. 5, scheint mir das *le* in einem gewissen Sinne zweiwertig: es bezieht sich zwar grammatisch auf »De Tristram et de la reïne« (vgl. Rychner, a.a.O., p. 276), mag aber dennoch innerlich das »lai« von V. 2 wieder aufnehmen; Warnke läßt diese Interpretation immerhin als Möglichkeit offen, vgl. *Lais*-Ausgabe, p. LIX.

[175] Für *Fresne* ist Foulet ganz dieser Ansicht, Marie de France et les lais bretons, ZrP 29, 1905, p. 304; Riquer, op. cit., p. 5, der hier der Hs S folgt, natürlich nicht.

scheint mir, wenigstens teilweise entgegen der Auffassung Warnkes[176], daß Marie im Prolog (»Rimé en ai e fait ditié«, 41) tatsächlich meint, sie habe Lais gereimt[177]. Aus dieser Analyse folgt einerseits, daß Marie das, was sie schreibt, auf – wie und was auch immer – Gehörtes bezieht, das sie Lai nennt, und anderseits, daß sie selbst das, was sie dichtet, gleichfalls als Lai bezeichnet[178].

Ihre eigenen Geschichten nennt Marie indessen nicht nur ›lai‹ sondern auch *cunte*. Ganz sicher auf Maries Erzählungen bezogen scheint mir der Ausdruck ›cunte‹ im *Milun*-Eingang (1, ff.): hier spricht nämlich die Dichterin allgemein über das Vorgehen des Erzählers. Eine Mittelstellung nehmen die Verse 1–3 und 883–884 im *Guigemar* sowie die ersten vier *Eliduc*-Verse ein, wo ›cunte‹ sowohl auf das bezogen werden kann, was Marie selbst schreibt, als auch auf die Produktion ihrer Gewährsleute, während eindeutig auf Erzeugnisse der ›Bretun‹ die Stellen in *Fresne* (»Le lai del Freisne vus dirai, / Sulunc le cunte que jeo sai. / En Bretaine jadis [. . .]«, 1–3) und im *Eliduc* (»D'un mut ancïen lai bretun / Le cunte e tute la reisun / Vus dirai [. . .]«, 1–3) hinweisen. Die Auswertung dieser Belege ergibt, daß Marie den Ausdruck ›cunte‹ sowohl in Bezug auf ihre eigenen Schöpfungen verwendet als auch im Zusammenhang mit den Werken, auf welche sie sich bezieht.

Damit zeichnet sich eine erste Antwort auf die Frage ab, was die Lais seien. Nämlich: in Bezug auf Maries eigene Werke ist der Terminus ›lai‹ gleichbedeutend mit ›cunte‹ und bezeichnet die von Marie de France gepflegte Gattung der Versnovelle[179]; Maries ›lais‹ sind ›cuntes‹; sie selbst nennt sie auch *ditié* (*Pr.*, 41).

---

[176] *Lais*, p. LVII; in seiner Anmerkung zum Prolog scheint er etwas anderer Meinung zu sein, ibid., p. 259; denn er bezieht das *en* (V. 39) auf »lais« (V. 33), was auch für *en* in Vers 41 gilt.

[177] Vgl. Foulet, op. cit., p. 305; das ergibt sich aus Vv. 47–48, vgl. Rychner, *Lais*-Ausgabe, p. 238.

[178] Das eben bestreitet Riquer, op. cit., pp. 13 ff.: »Maria de Francia jamás afirma que ella haya hecho lais ni da el nombre de lais a sus narraciones«, indem er allerdings die Belege, die ihm schlecht ins Konzept passen, kurzerhand umdeutet (vgl. ibid., p. 8). Unserer Ansicht ist dagegen Hoepffner, Les *Lais* de Marie de France, Paris 1935, p. 47: »Dans le *Prologue* de son recueil, elle parle sans hésiter des lais qu'elle a ›entendu conter‹ et qu'elle a mis en rimes«. – Für eine erneute Diskussion der Riquerschen Auslegung vgl. Horst Baader, Die Lais, Zur Geschichte einer Gattung der altfranzösischen Kurzerzählungen, Analecta romanica, Heft 16, Frankfurt a.M. 1966, pp. 46 ff.: obgleich der Verfasser Riquers Lesart des ersten *Fresne*-Verses akzeptiert, äußert er deutliche Zweifel an der Schlüssigkeit seiner Argumentationen. Frappier, Remarques sur la structure du lai. Essai de définition et de classement. La littérature narrative d'imagination: des genres littéraires aux techniques d'expression, Colloque de Strasbourg 1959, Paris 1961, scheint Riquer zuzustimmen, fügt aber bei: »Il n'en reste pas moins qu'après Marie de France, ou de son vivant déjà, on n'a pas dû tarder beaucoup à nommer ›lai‹ le type de conte qu'elle avait mis à la mode«, p. 28.

[179] Vgl. Hoepffner, Aux origines de la nouvelle française, Oxford 1939, p. 8 und Les *Lais* de Marie de France, Paris 1935, p. 48, sowie Battaglias Einleitung zu seiner Ausgabe der *Lais*, pp. XIV ff.

36

c) *Lai, Cunte, Aventure*

Da – wie wir gesehen haben – die Dichterin der *Lais* sich auf ›lais‹ und ›cuntes‹ bezieht, erhebt sich sogleich die weitere Frage, was denn nun unter diesen ›lais‹ und ›cuntes‹ zu verstehen sei? Wenn wir im *Guigemar*-Prolog lesen: »Les contes ke jo sai verrais, / Dunt li Bretun unt fait les lais, / Vos conterai assez briefment« (19–21), so läßt sich daraus einmal mit Gewißheit folgern, daß für Maries Gewährsleute – wer auch immer sie gewesen sein mochten – ›lai‹ und ›cunte‹ nicht gleichbedeutend waren; im Gegenteil: aus ›contes‹ wurden ›lais‹ hergestellt. Dieser Zusammenhang ergibt sich ebenfalls aus den Versen 883–884 im *Guigemar* (»De cest cunte k'oï avez / Fu Guigemar li lais trovez«).

Indessen verwendet Marie noch einen weiteren Terminus; immer wieder ist in Verbindung mit ›lai‹ und ›cunte‹ von ›aventure‹ die Rede: »Cil ki ceste aventure oïrent / Lunc tens après un lai en firent« (*Yonec*, 555–556). Dieselbe Aussage findet sich in *Equitan* (2–7), *Fresne* (515–518), *Bisclavret* (315–317), *Deus Amanz* (1–5 und 251–254), *Laüstic* 1–2 und 157–159) und *Eliduc* (1181–1183). Mit andern Worten: die ›aventure‹ ist die Voraussetzung zum ›lai‹; zu einem ›lai‹ gehört eine ›aventure‹[180]. Der ›lai‹ wurde bei Maries Gewährsleuten zur Erinnerung – »en remembrance« – an ein Ereignis – ›aventure‹ genannt – gedichtet: »De l'aventure de ces treis / Li auncïen Bretun curteis / Firent le lai pur remembrer, / Qu'hum nel deüst pas oblier« (*Eliduc*, 1181–1184). Genau das sagt Marie auch in den ersten paar Prolog-Versen: in diesen ›lais‹ hatte sie Material zu ihren *Lais* gesehen. Man kann also die ›aventure‹, welche der Anlaß zu einem ›lai‹ geworden ist, erzählen: »L'aventure d'un autre lai, / Cum ele avint, vus cunterai« (*Lanval*, 1–2); derselbe Gedanke liegt auch den Versen im *Chaitivel*-Anfang (1–3)[181] und den Schlußversen des *Eliduc*-Einganges (23–28) zu Grunde[182].

---

[180] Vgl. darüber auch A. Jeanroy, Lais et descorts français du XIIIᵉ siècle, Paris 1901.

[181] Die diskutierte *Erec*-Stelle (Vv. 6183–6189) – vgl. diese Arbeit p. 8 – ist übrigens, wie Foulet betont, »en dehors de Marie, la première fois qu'un auteur du XIIᵉ siècle met en rapport le terme de ›lai‹ avec le récit d'une ›aventure‹, la première fois qu'on nous parle d'un lai portant un nom. Le passage est trop bref pour se suffire à lui-même. Il renvoie presque nécessairement à un ouvrage antérieur où on ait expliqué cette curieuse association du ›lai‹ et de l'aventure. Or, qui à cette époque nous a donné une explication de ce genre, sinon Marie?«, vgl. R 49, 1923, p. 133.

[182] Elena Eberwein, Zur Deutung mittelalterlicher Existenz (nach einigen altromanischen Dichtungen), Kölner romanistische Arbeiten, Bd. 7, Bonn und Köln 1933, p. 34 definiert – wohl im Anschluß an Jeanroys Auffassung – ›aventure‹ als Fabel eines ›lai‹. Vgl. dazu auch Ewerts Kommentar zur zitierten *Lanval*-Stelle, *Lais*-Ausg., p. 173: »Marie distinguishes between a Breton (musical) *lai* and the story *(aventure)* which it commemorates, and that her own lay is to reproduce the latter.«

d) Der bretonische Lai

Welches Verhältnis besteht nun zwischen ›cunte‹, ›lai‹ und ›aventure‹[183] bei Maries Gewährsleuten, diesen ›Bretun‹, auf die sie sich ständig bezieht? Was hat man unter einem ›lai bretun‹ (*Eliduc*, 1) zu verstehen? Die Dichterin selbst erklärt es nicht, weil das Publikum, an das sie sich wandte, es ohnehin wußte[184]. Immerhin lassen sich schon aus den Belegen aus Maries *Lais* zum mindesten zwei Schlüsse ziehen: Diese ›lais bretun‹ hatten eine Beziehung zur Musik:»De cest cunte k'oï avez / Fu Guigemar li lais trovez, / Que hum fait en harpe en rote; / Bone en est a oïr la note« (883–886). Und im *Chievrefoil* erzählt die Dichterin, vor lauter Freude über sein Zusammentreffen mit Isolde und um die Erinnerung an dieses Erlebnis zu bewahren, habe»Tristram, ki bien saveit harper, / En aveit fet un nuvel lai« (112–113), den man eben *Chievrefoil* nenne (*Chievr.*, 107–118). Der bretonische *Guigemar*-Lai und Tristans *Chievrefoil*-Lai sind nun aber folglich – wie wir schon einmal betont haben – etwas völlig anderes als Maries *Lais*, in welchen sie davon berichtet[185]. Der zweite Schluß bezieht sich auf das Alter dieser ›lais bretuns‹. Nachdem Marie selbst einmal von einem »ancïen lai Bretun« (*Eliduc*, 1), ein andermal von »li auncïen Bretun« (*Eliduc*, 1182) gesprochen hat und zum dritten offensichtlich ›li Bretun‹ und ›li auncïen‹ überhaupt gleichsetzt – »Firent un lai li ancien«, heißt es im *Milun* (532) –, liegt ihr offenbar daran, die Altertümlichkeit ihrer Stoffe zu unterstreichen[186].

Bretun: das konnte in dem Zeitpunkt, da Marie de France ihre *Lais* zu dichten begann, nur auf die alten Bretonen König Arthurs aus dem sechsten Jahrhundert bezogen werden, auf jene geheimnisvolle keltische Sagenwelt der *matière de Bretagne*, die Geoffroi de Monmouth – diese Meinung vertreten die einen – in seiner zwischen 1135 und 1136 auf Wunsch Alexandre de Blois', des Bischofs von Lincoln, abgefaßten *Historia regum Britanniae*, in welcher erstmals auch jene »insula Avallonis« auftaucht[187], so gut wie erfunden hätte[188], und die nicht nur durch die genialen Mystifikationen der Mönche von Glastonbury, welche schließlich 1191 in ihrer Abtei sogar das Grab Arthurs und seiner

---

[183] Vgl. dazu Martin de Riquer, La *aventure*, el *lai* y el *conte* en Maria de Francia, FRom 2, 1955, pp. 3–19.

[184] Vgl. Levi, I lais brettoni e la leggenda di Tristano, StR 14, 1917, pp. 198–199. Darauf weist auch Riquer hin, op. cit., p. 15.

[185] »Il ›lai‹ narrativo non ha nulla a che fare con quello brettone, è un nuovo tipo di composizione, un poemetto breve e concentrato, che coglie i momenti più acuti e le situazioni dominanti d'una vicenda passionale e li sviluppa con sobrietà e delicatezza di motivi. È la geniale creazione di una poetessa che visse quasi certamente alla corte di Enrico II Plantageneto in Inghilterra: Maria di Francia«, C. Guerrieri Crocetti, La leggenda di Tristano nei più antichi poemi francesi, Genova-Milano, 1950, p. 67.

[186] Vgl. darüber auch R.N. Illingworth, La chronologie des *Lais* de Marie de France, R 87, 1966, p. 435, der ein Mittel dazu in der bretonischen Nomenklatur der *Lais* sieht.

[187] Vgl. darüber zusammenfassend Battaglias *Lais*-Ausgabe p. XXXII, Anm. 1.

[188] Dieser Ansicht sind Viscardi, Letterature d'oc e d'oil, Milano, 1952, Faral, La légende arthurienne, Paris 1929, Hofer, Chrétien de Troyes, Graz-Köln, 1954, pp. 38–39 und Bezzola, Origines, II/2, pp. 536–537.

beiden Gemahlinnen ›entdeckten‹, sondern auch durch die französischen Übertragungen Geffrei Gaimars (*Estoire des Engleis*, 1147–1151)[189] und namentlich Waces – in seinem *Roman de Brut* (1155) wird zum ersten Mal überhaupt die *Table Ronde* erwähnt (V. 9751, ed. Arnold) – von der Mitte des zwölften Jahrhunderts an eine zentrale Stellung im Rahmen der höfischen Gesellschaft und ihrer Literatur einnehmen sollte[190].

Was für Stoffe gestalteten die alten bretonischen Lais? Diese zweite Frage, die sich mit derjenigen verbindet, was diese Lais gewesen seien, darf in unserem Zusammenhang vorerst ausgeklammert werden. Obschon zwar nach Ansicht der Keltologen heute nichts der Annahme entgegen steht, daß die Bretonen, welche – wie Wace selbst in einer eigens von ihm in die Übersetzung eingefügten Stelle (V. 10555) bezeugt – als Spielleute neben Lais auch »des contes et des fables«[191] vortrugen, ihre Themen – was bedeutet, daß der Sagenkreis um König Arthur, der als »dux bellorum« in Nennius' *Historia Britonum* (9. Jh.) erwähnt wird, nicht *ab ovo* eine Erfindung Geoffroi de Monmouths wäre – aus älterem keltischem Sagengut schöpften, das keine Beziehung zu Geoffrois Materialien hatte, so läßt sich nämlich gleichwohl darüber nichts Verbindliches aussagen, weil kein einziger unbestritten gesicherter schriftlicher Originalbeleg solch mythischer Arthursagen überliefert ist[192]. Dennoch dürfte Foulets Ansicht, Maries Berufung auf bretonische Lais sei oft eine bloße literarische Konvention[193], im Interesse der Erhärtung seiner eigenen Theorie doch zu weit gehen.

Zurück zum *lai*. Über die Etymologie des Wortes bestehen kaum Zweifel. Es stammt vom irischen *lôid*, *laid* ab, dürfte mit lateinisch *laus/laudis* und deutsch *Leich* urverwandt sein und bedeutet ursprünglich ›Vogelgesang‹. Der

---

[189] Diese Datierung nach Frappier, Chrétien de Troyes, p. 30; A. Bell verlegt die Entstehung der *Estoire des Engleis* gegen das Jahr 1140, vgl. seine Ausgabe in der Anglo-Norman Text Society, Oxford, 1960, pp. LI-LII. Bells Ansicht vertritt auch Ph.A. Becker, ZrP 1936, 56, p. 264.

[190] »Quand l'oeuvre de Geoffroi de Monmouth vint révéler au public courtois l'existence et les exploits des antiques possesseurs de l'île de Bretagne, le mot ›breton‹ s'entendit au sens archaïque, rétrospectif. Tous les exploits des héros celtiques furent reportés au temps des ›ancien Breton courtois‹. Il n'est point douteux que Marie de France en particulier n'entende rapporter ses récits à un passé très lointain«, Ferdinand Lot, Nouveaux essais sur la provenance du cycle arthurien, II, La patrie des ›Lais bretons‹, R 28, 1899, pp. 44–45.

[191] Cit. Hoepffner, Les *Lais* de Marie de France, Paris, 1935, p. 39. Vgl. Foulet, Marie de France et la légende de Tristan, ZrP 32, 1908, p. 163.

[192] Immerhin erwähnt Guillaume de Malmesbury in seinen *Gesta regum Anglorum* (1125) bereits kleine Geschichten (Britonum nugae), welche die Bretonen angeblich über Arthur erzählten, vgl. Frappier, op. cit., p. 38. Für diese gesamte Problematik vgl. den von R.S. Loomis herausgegebenen Band Arthurian Literature in the Middle Ages, Oxford 1959. – In diesem Zusammenhang muß auch noch auf jenen geheimnisvollen und berühmten »formosus ille fabulator Bledhericus« aus Giraud de Barris *Descriptio Cambriae* (Ed. Dimock, VI, 17) aufmerksam gemacht werden, vgl. Bezzola, Origines, III/1, pp. 163 ff. Für zusammenfassende Literaturangaben über das Bleheris-Problem vgl. R.S. Loomis, Arthurian Literature, Oxford 1959, pp. 57 ff., pp. 132–133 und p. 208. Eine übersichtliche Zusammenstellung aller Arthur-Belege vor Geoffroi de Monmouth findet sich bei Karl Otto Brogsitter, Artusepik, Stuttgart 1965, pp. 20–28, und bei Frappier, Le roman breton, I, pp. 28 ff. – Grundlegend bleibt E. Faral, La légende arthurienne, 3 Bde, Paris 1929, der die ganze ›matière de Bretagne‹ auf Geoffroi de Monmouth zurückführt.

[193] Marie de France et les lais bretons, ZrP 29, 1905, p. 308.

erste Beleg stammt aus einem Vierzeiler im Priscian von Sankt Gallen[194], wo von Amselgezwitscher die Rede ist; und im viel jüngeren *Lai de l'Oiselet* (frühes 13. Jh.) heißt es in Vers 132 ss. »Et li oiseaus a haute alaine / Qui ert sor le pint, li chanta / Un *lai* ou deliteus chant a [...]«[195].

Diese Bedeutung hat sich bis hinunter zu Dante erhalten (»E come i gru van cantando lor *lai*«, *Inf.*, V/46, und »Ne l'ora che comincia i tristi *lai* / La rondinella [...]«, *Purg.*, IX/13): zwei Stellen, welche schon die ersten Kommentatoren mit *suni, lamenti, canti* und *versi* erläutern[196].

Doch bereits der älteste italienische Beleg aus der anonymen *Intelligenza* (um 1300)[197] lautet:

> Quiv' era una donzella ch'organava
> Ismisurate, dolzi melodie,
> Co le squillanti boci che sonava
> Angelicali, dilettose e pie;
> Audi' sonar d'un'arpa, e smisurava,
> Cantand' un *lai* onde Tristan morie [...][198]

Hier ist nun ganz eindeutig von einem Lied die Rede, das zur Harfe gesungen wird, wie das von Marie de France ›lai‹ genannte Lied, das Tristan im *Chievrefoil* dichtet und wie der Lai von *Guigemar*, zu welchem ›harpe‹ und ›rote‹ gehören, und dessen ›note‹ – was doch wohl Melodie heißt – »bone en est a oïr« (Vv. 884–886). Die beiden ältesten Belege für ›lai‹ in der Bedeutung ›Lied‹, auf die schon Gervais de la Rue hingewiesen hatte, stammen aus dem sechsten Jahrhundert und stehen bei Venantius Fortunatus[199]:

> Romanus lyra, plaudat tibi barbarus harpa
> Graecus Achilliaca, crotta Britanna canat.
> Illi te fortem referant, hi jure potentem
> illi armis agilem praedicent, iste libris
> et quia rite regis quod pax et bella requirunt,
> judicis ille decus concinat, iste ducis.
> Nos tibi versiculos, dent barbara carmina *leudos*;
> sic variante tropo *laus* sonet una viro.

---

[194] Vgl. A. d'Arbois de Jubainville, R 8, 1878, p. 422 und Anm. 1, sowie REW 4854; dazu den Artikel *Leich* in Merker-Stammler, Reallexikon der dt. Literaturgeschichte, Bd. 2, Berlin 1965², pp. 39–42.

[195] Vgl. darüber F. Wolf, Über die Lais, Sequenzen und Leiche, Heidelberg 1841, pp. 4 ff. Im Anschluß an Georg Braun, Der Einfluß des südfranzösischen Minnesangs und Ritterwesens auf die nordfranzösische Sprache bis zum 13. Jahrhundert, RF 43, 1929, neigt Richard Baum dazu, den Terminus ›lai‹, der über das Provenzalische ins Französische gedrungen wäre, aus dem Lateinischen abzuleiten, Les troubadours et les lais, ZrP 85, 1969, pp. 1–44.

[196] Vgl. Neris *Lais*-Ausgabe, pp. 409 ff.

[197] Die *Intelligenza* wird von einzelnen Autoren Dino Compagni zugeschrieben; vgl. darüber: Giulio Bertoni, Il Duecento, Storia letteraria d'Italia, Milano (Vallardi) 1947³, pp. 349–350 und Giorgio Petrocchi, Cultura e poesia del Trecento, in Il Trecento, Storia della letteratura italiana, Milano (Garzanti) 1965.

[198] Cit. Neri, op. cit., p. 399.

[199] Cit. Levi, I lais brettoni e la leggenda di Tristano, StR 14, 1917, p. 217, Anm. 1. – Schon Bédier, Les *Lais* de Marie de France, Revue des deux mondes, t. 107, 1891, p. 844 hatte, wohl auf Grund von Roqueforts Einleitung, Bd. 1, p. 28, Anm. 1 und p. 32, Anm. 1, auf Venantius Fortunatus hingewiesen.

40

(Opera Poetica, in Monum. Germ. Histor.,
Auct. Antiq. IV, I, Berlin, 1901, p. 163).

Und:

Ubi [gemeint ist in Gallien] tantundem valebat raucum gemere quod cantare apud
quos nichil disparat aut stridor anseris aut canor oloris, sola saepe bombicans barba-
ros *leudos* harpa relidens. (Ed. Leo, p. 2).

Damit stecken wir bereits wieder mitten in einem andern Problem drin: waren
die bretonischen Lais Lieder – was in der *Intelligenza*-Stelle und bei Venantius
eindeutig gemeint ist – oder bloße Melodien – was aus den Marie de Fran-
ce-Versen nicht eindeutig abzulesen ist?

Darüber können Belege aus der Literatur unmittelbar vor und nach Marie
ergänzend Auskunft geben. Zuerst drei Belege aus Waces *Brut* (1155 abgeschlossen)[200]:

      Cist sout de nature de chant,
3696 Unches hom plus n'en sout, ne tant;
      De tuz estrumenz sout maistrie
      Si sout de tute chanterie,
      Mult sout de *lais*, mult sout de note,
3700 De vïele sout e de rote,
      De harpe sout e de chorum,
      De lire e de psalterium.

      Al siege ala cume juglere
      Si feinst que il esteit harpere;
      Il aveit apris a chanter
9104 E *lais* e notes a harper.

      Mult out a la curt jugleürs,
10544 Chanteürs, estrumenteürs;
      Mult peüssiez oïr chançuns,
      Rotruenges e novels suns,
      Vïeleüres, *lais* de notes,
10548 *Lais* de vïeles, *lais* de rotes,
      Lais des harpes, lais de frestels,
      Lires, tympes e chalemels,
      Symphonies, psalteriuns,
10552 Monacordes, timbes, coruns. (Ed. Arnold)

Dann eine Stelle aus dem *Fabliau de Richeut* (um 1159), wo zum ersten Mal
der Ausdruck *lai bretun* vorkommt[201], wobei immerhin betont sei, daß um 1159
Marie de France selbst schon vollendete Lais wenn nicht veröffentlicht so doch

---

[200] Cit. Foulet, Marie de France et la légende de Tristan, ZrP 32, 1908, p. 163. Diese Stellen aus *Brut*,
Richeut, *Sept Sages* und dem *Roman de Troie* gibt schon Ferdinand Wolf in seiner grundlegenden
Studie Über die Lais, Sequenzen und Leiche, Heidelberg 1841, pp. 3 ff.

[201] Vgl. Warnke, *Lais*, p. XX, und Ph.A. Becker, Von den Erzählern neben und nach Chrestien de
Troyes, ZrP 56, 1936, p. 247. – Die Datierung des *Richeut* ist immer noch umstritten, vgl. H. Tiemann, Bemerkungen zur Entstehungsgeschichte der Fabliaux, RF 72, 1960, pp. 415 ff. Alberto
Varvaro, Due note su *Richeut*, SMV 9, 1961, pp. 227–233 setzt ihn neuerdings zwischen 1157 und
1174 an.

>in ihrer Schublade< haben konnte[202]:

> 794 Soz ciel n'en a cel instrumant
> Don Sansons ne sache grantmant.
> Plus set Sansons
> Rotruange, conduiz et sons;
> 798 Bien set faire les *lais Bretons.*

Aus der Zeit um 1165 stammen die beiden Belege aus dem *Roman de Troie*[203], beziehungsweise aus dem *Roman des Sept Sages*[204]:

> Haut s'escriënt a l'avenir,
> Mais soz ciel n'est rien a oïr
> Avers eles: *lais* de Bretons,
> 23600 Harpe, viële, n'autre sons
> N'est se plors non avers lor criz.
> (Ed. Constans)

> Assés avés oï chançons,
> Et lons respis et nouviaus sons,
> Dire fables et rotruenges,
> 24 Bieles paroles et losenges
> *Lais* de rotes et *lais* de vïeles
> Et autres melodies bieles.
> (Ed. Jean Misrahi)

Wir fügen noch einige zusätzliche Belege hinzu. In Thomas' *Tristan*, der jetzt, nach Bartina Winds Ausgabe, zwischen 1180 und 1190 anzusetzen wäre[205], sehen wir einmal Isolde allein in ihrem Gemach, nach Tristan sich sehnend, der seit zwei Jahren bereits abwesend ist:

> 781 En sa chambre se set un jor
> E fait un *lai* pitus d'amur:
> Coment dan Guirun fu supris,
> Pur l'amur de la dame ocis
> 785 Qu'il sur tute rien ama,
> E coment li cuns puis li dona
> Le cuer Guirun a sa moillier
> Par engin un jor a mangier,
> E la dolur que la dame out
> 790 Quant la mort de sun ami sout.

---

[202] Cit. Foulet, ibid., p. 164.

[203] Cit. Foulet, ibid., p. 165.

[204] Cit. Foulet, ibid., p. 165. – Die Datierung des *Roman des Sept Sages* schwankt zwischen 1135 und 1180, vgl. Tiemann, Die Datierungen der altfranzösischen Literatur, RJb 8, 1957, p. 110.

[205] Vgl. Les fragments du *Tristan* de Thomas, éd. par Bartina Wind, Leiden, 1950, p. 16. Fourrier, op. cit., setzt indessen den Beginn der Niederschrift Thomas' Mitte 1172 an (p. 109) und B. Wind scheint sich anzuschließen, denn in dem Aufsatz über L'idéologie courtoise de Marie de France. Mélanges Delbouille, Bd. 2, p. 745, ist sogar von der Zeit zwischen 1150 und 1160 die Rede, was indessen zu früh ist; vgl. Félix Lecoy, L'épisode du harpeur d'Irlande et la date des *Tristan* de Béroul et de Thomas, R 86, 1965, p. 544, Anm. 1, dem 1175 ein annehmbarer Kompromiß erscheint. Nach M. Delbouille, Le premier *Roman de Tristan*, CCM V, 1962, pp. 433–435, wäre ja der erste französische *Tristan* – die Vorlage Eilharts, Bérouls und Thomas' (und damit auch Maries) – kurz nach 1165 entstanden.

42

La reine chante dulcement,
La voix acorde a l'estrument.
(ed. Wind, Fr. Sneyd', pp. 93–94)

Von Bedeutung in unserem Zusammenhang ist gleichfalls eine Stelle aus Jean Renarts zwischen 1210 und 1224 entstandenem *Galeran de Bretagne*[206], auf die schon Ahlström hingewiesen hatte[207]. Um Galeran zu trösten, greift Fresne zur ›harpe‹; und dann heißt es:

Si l'escoutent toutes et tuit;
Des moz n'entent nulz le deduit
Fors que dui; mais li chans est doulx,
Si les fait entendre a li tous.
Que que Galeren ot le *lay*,
Li sancs li mue sans delay [...]
(Vv. 7001–7006)

Haben wir neben französischen Belegen die *Intelligenza*-Stelle zitiert, so seien noch vier Partien aus Gottfried von Strassburgs *Tristan* beigefügt, in denen ebenfalls von Lais die Rede ist. Der erste stellt die Wiedergabe der Gurun-Stelle bei Thomas dar, von den andern dreien ist Thomas' Text nicht überliefert, doch gibt Gottfried innerhalb seines deutschen Textes sogar einmal das französische Zitat aus der Vorlage, nach der er gestaltete:

›meister‹ sprach er ›ir harpfet wol:
die noten sint rehte vür braht,
seneliche und alse ir wart gedaht.
3525 die macheten Britune
von minem hern Gurune
und von siner vriundinne.‹

hie mite wart ime ze muote
umb sine *leiche von Britun.*
sus nam er sinen plectrun:
nagel unde seiten zoher,
3560 dise niderer, jene hoher,
rehte als er si wolte han.
nu diz was schiere getan:
Tristan, der niuwe spilman,
sin niuwez ambet huober an
3565 mit vlizeclichem ruoche.
sine noten und sine ursuoche,
sine seltsaene grüeze
die harpfet er so süeze
und machete si schoene
3570 mit schoenem seitgedoene,
daz ieglicher da zuo lief,
dirre jenem dar naher rief.

Nu Tristan der begunde
3585 einen *leich* do lazen clingen in

---

[206] Ed. L. Foulet, CFMA, Paris 1925.
[207] Op. cit., p. 22.

von der vil stolzen vriundin
Gralandes des schoenen.
do begunde er suoze doenen
und harpfen so ze prise
3590 in britunischer wise,
daz maneger da stuont unde saz,
der sin selbes namen vergaz [...]

Nu dirre *leich* der was getan:
3610 nu hiez der guote künec dar gan
und sprach, daz man in baete,
daz er noch einen taete.
›mu voluntiers‹ sprach Tristan.
riliche huober aber an
3615 einen senelichen *leich* als e
de la curtoise Tispe
von der alten Babilone.

er sanc diu *leichnotelin*
britunsche und galoise,
latinsche und franzoise
so suoze mit dem munde,
3630 daz nieman wizzen kunde,
wederez süezer waere
oder baz lobebaere,
sin harpfen oder sin singen.

Tristan er machete unde vant
an iegelichem seitspiel
leiche unde guoter noten vil,
die wol geminnet sint ie sit.
19200 er vant ouch zuo der selben zit
den edelen *leich Tristanden*,
den man in allen landen
so lieben und so werden hat,
die wile und disiu werlt gestat.
19205 oft unde dicke ergieng ouch daz:
so daz gesinde in ein gesaz,
er unde Isot und Kaedin,
der herzog und diu herzogin,
vrouwen und barune,
19210 so tihteter schanzune,
rundate und höfschiu liedelin
und sang ie diz refloit dar in:
›Isot ma drue, Isot ma mamie,
en vus ma mort, en vus ma vie!‹
19215 und wan er daz so gerne sanc,
so was ir aller gedanc'
und wanden ie genote,
er meinde ir Isote [...][208]

---

[208] Diese und weitere Belege finden sich bei Levi, StR 14, 1917, zusammengestellt und erörtert. Zit. nach Gottfried von Strassburg, *Tristan und Isold*, ed. Gottfried Weber, Wissenschaftl. Buchges. Darmstadt 1967.

44

Analysiert man diese Texte gründlich, so wird man zugeben müssen, daß sich aus den drei Wace-Belegen, dem *Richeut*-Beleg, dem *Troie*- und dem *Sept Sages*-Beleg nicht mit absoluter Gewißheit ermitteln läßt, ob unter ›lai‹ ein Lied oder eine bloße Melodie zu verstehen sei; immerhin möchten wir das erstere nicht mit der Bestimmtheit ausschließen, mit der Foulet [209] es tut. Bei Thomas hingegen, bei Jean Renart und bei Gottfried von Strassburg handelt es sich zweifellos um eine Verbindung von Musik und gesungenem Wort, also um Lieder[210]: »La reine chante dulcement, / La voiz acorde a l'estrument« (Vv. 791–792); Thomas' Isolde singt ein Lied, und das tut auch Fresne. Daß den Worten eines Liedes – und sei es noch so lyrisch (bei Thomas aber scheinen sogar erzählende Elemente vorzuliegen) – ein diskursiver Inhalt innewohnt, darum kommt man nicht herum[211]; nur Absicht kann hier Unklarheit sehen[212]. Noch eindeutiger sind die Jean Renart-Verse und die Gottfried-Zitate: im *Galeran de Bretagne* wird sogar bretonisch gesungen, nur Fresne und Galeran verstehen den Text. Wir ziehen an dieser Stelle einen ersten Schluß: die bretonischen Lais, auf die Marie sich bezieht, waren Lieder, welche mit Musikinstrumenten – namentlich Harfe und Rote – begleitet wurden[213].

---

[209] Marie de France et la légende de Tristan, ZrP 32, 1908, p. 165, und Marie de France et les lais bretons, ZrP 29, 1905, pp. 308 ss.

[210] Vgl. auch Warnke, *Lais*, p. LIV.

[211] »Del resto il canto non può essere pura melodia, come vuole il Foulet, ma richiede sempre l'accompagnamento di parole modulate«, Ezio Levi, StR 14, 1917, p. 217. Und ibid., Anm. 1 schreibt der Verfasser: »Del resto che i lais fossero liriche con un loro proprio contenuto intellettuale o sentimentale, e non pure melodie, ci è provato dall'antica testimonanza di Venanzio Fortunato, che è stata spesso citata, ma poche volte meditata e valutata come la sua importanza richiede. Il primo a richiamare l'attenzione su di essa fu l'abate De la Rue, *Essais sur les Bardes*, Caen, I, 45«. Es handelt sich um die beiden bereits *in extenso* abgedruckten Fortunatus-Zitate.

[212] Vgl. Foulet, op. cit., pp. 161–162,

[213] Bei der Darstellung dieser ganzen Frage folgen wir insbesondere den beiden Foulet-Aufsätzen in ZrP 29 und 32, Warnkes *Lais*-Ausgabe und Levis Aufsatz in den Studi romanzi 14. Diese Arbeiten enthalten noch weiteres Belegmaterial. Vgl. dazu auch Ernest Hoepffner, The Breton Lais, in Arthurian Literature in the Middle Ages, ed. R.S. Loomis, Oxford 1959, pp. 112–113. – Daß der Ausdruck ›lai bretun‹ – wie F. Lot feststellt (Nouveaux essais sur la provenance du cycle arthurien, II, La patrie des ›lais bretons‹, R 28, 1899, p. 42) – im Verlauf der zweiten Hälfte des zwölften Jahrhunderts schon bald einen »caractère conventionnel« annahm, beweist nicht nur der Umstand, daß auch Lais so bezeichnet wurden, die auf ersten Anhieb für das zeitgenössische Publikum als nichtbretonisch erkennbar waren – wie der *Lai de Narcisse*, der *Lai de Didon*, der *Lai d'Aristote* (für weitere Beispiele vgl. auch Georgine E. Brereton, A thirteenth-century List of French Lays and other Narrative Poems, RoR 45, 1950, pp. 40–45) –, sondern auch der – wie Gaston Paris betont – leicht mokante Ton, mit dem der Autor des *Lai de l'Epervier* das obligate Vokabular handhabt:

> Li lays de l'espervier a non,
> Qui trés bien fait a remembrer.
> Le conte en ai oi conter,
> Mès onques n'en ai oi la note
> En harpe fère ne en rote.

Der Text ist von Paris in R 7, 1878, pp. 1–21 herausgegeben und kommentiert worden. – Geradezu als Parodie des Lais als Gattung faßt Mortimer J. Donovan den *Lai du lecheor* aus dem frühen 13. Jh. auf, vgl. RoR 43, 1952, pp. 81–86; vgl. dazu auch Horst Baaders Kapitel »Der historische Wandel der Lais als Gattung«, op. cit., pp. 265 ff. und Richard Baum, Les troubadours et les lais, ZrP 85, 1969, pp. 1–44.

Wenn nun die bretonischen Lais Lieder sind, was ist unter den *cuntes* zu verstehen und wie soll man Maries Äußerung auffassen, sie habe solche Lais »oï conter« (*Pr.*, 39), erzählen hören?

Daß im Mittelalter die Bretonen – mochte es sich nun um Insel- oder Klein-bretonen handeln – als Spielleute berühmt und beliebt waren, braucht nicht besonders hervorgehoben zu werden: auch bei Gottfried von Strassburg ist ja der ›harpfer‹ ein ›Galois‹ (Vv. 3510–3513). Wenn wir uns zudem vergegenwär-tigen, wie diese Spielleute auftraten – und daß sie um die Mitte des zwölften Jahrhunderts mit bretonischen Stoffen auftraten, steht, trotz Foulet, durch die vielzitierte Stelle aus Pierre de Blois' *Liber de Confessione* absolut fest[214] –, so fällt vielleicht von da ein Licht auf unsere Frage. Darüber, wie sie auftraten, gibt uns nämlich eine vielbesprochene Partie im *Flamenca*-Roman (um 1234) Auskunft: Anläßlich der Hochzeit Gui de Nemours' mit Flamenca sind Spielleu-te von überall her ins Schloß von Bourbon herbeigeeilt, um ihre Nummern – un-ter andern wohl auch Lais der Marie de France – zum Besten zu geben:

> L'uns viola[-l] lais del Cabrefoil,
> 600 E l'autre cel de Tintagoil;
> L'us cantet cel dels Fins amanz,
> E l'autre cel que fes Ivans.
> L'us menet arpa, l'autre viula;
> 604 L'us flaütella, l'autre siula;
> L'us mena giga, l'autre rota,
> L'us diz los motz e l'autre-ls nota.[215]
> (ed. R. Lavaud / R. Nelli)

»L'us diz los motz e l'autrels nota«: der eine spricht und der andere begleitet ihn spielend oder – singt? Damit wäre man, Foulet und Hoepffner verlassend, wieder bei Bédiers Vorstellung angelangt, die ebenfalls von Wilhelm Hertz in seinem *Spielmannsbuch* vertreten wird[216]. Die bretonischen Spielleute hätten in

---

[214] Für Foulet, vgl. op. cit., R 32, 1908, p. 289. – Die Stelle aus Pierre de Blois findet sich schon bei Faral zitiert, Les jongleurs en France au Moyen Âge, Paris 1910, p. 287, und dann bei Bezzola, Origines, III/1, pp. 38–39, Anm. 2: »Nulla etiam affectio pia meritoria est ad salutem, nisi ex Chri-sti dilectione procedat. Saepe in tragoediis et aliis carminibus poetarum, in ioculatorum cantilenis describitur aliquis vir prudens, decorus, fortis, amabilis et per omnia gratiosus. Recitantur etiam pressurae vel injuriae eidem crudeliter irrogatae, sicut de Arturo et Gangano et Tristanno, fabulosa quaedam referunt histriones, quorum auditu concutiuntur ad compassionem audientium corda, et usque ad lacrymas compunguntur.« Vgl. über diese Frage auch Horst Baader, op. cit., pp. 79 ff., der allerdings, obgleich er mit Loomis vom Vorhandensein eines *conteur*-Standes überzeugt ist, ausgerechnet die Stelle aus Pierre de Blois unerwähnt läßt. Weitere Textbelege bei Hoepffner, Les *Lais* de Marie de France, Paris 1935, pp. 39 ff. Ganz in diesem Sinne äußert sich auch Jean Marx, Nouvelles recherches sur la littérature arthurienne, Paris 1965, pp. 32 und 82.

[215] Cit. Warnke, *Lais*, p. XXXII; Ed. R. Lavaud und R. Nelli, Les troubadours, l'oeuvre épique: *Jaufré, Flamenca, Barlaam et Josaphat*, Paris 1960, sowie Marion E. Porter, The Romance of *Flamenca*, Princeton 1962. – Über die Datierung der *Flamenca* ist man sich indessen keineswegs einig; La-vaud und Nelli setzen den Roman nach 1234 an, vgl. ed. cit., p. 621; Guido Favati verschiebt ihn zwischen 1272 und 1300, vgl. Studio su *Flamenca*, SMV VIII, 1960, pp. 69–136; vgl. auch Ulrich Gschwind, Vorstudien zu einer Neuausgabe der *Flamenca*, Diss., Zürich 1971, pp. III-V.

[216] Vgl. Bédier, Revue des deux mondes, t. 107, 1891, pp. 849–850 und Hertz, *Spielmannsbuch*, Stutt-gart 1900², pp. 48–49, sowie Ezio Levi, *Eliduc*-Ausgabe, pp. LXXVII-LXXVIII. Zu apr. und afr. *notar* bzw. *noter* vgl. Lévy und Godefroy: die Interpretation der *Flamenca*-Stelle dürfte indessen auf jeden Fall kontrovers bleiben.

ihrem Repertoire eine Art von ›chantefables‹ über *aventures* gehabt und diese ›chantefables‹ hätten aus dem *cunte* – der Erzählung der Handlung – bestanden und aus dem *lai* – einem lyrischen Konzentrat in Gesangsform, ähnlich vielleicht der Opernarie, die ja auch als lyrische Fermate innerhalb des Handlungsablaufs steht[217].

Besonders bekannte Lais – wie etwa der von Tristan – konnten ohne den erklärenden ›cunte‹ vorgetragen werden, weil jedermann den Zusammenhang kannte. Andere hingegen blieben von einer erzählenden Einleitung abhängig. Daß es solche Gebilde tatsächlich gab, belegt immerhin die irische Erzählung – sollen wir sie ›chantefable‹ nennen? –, die uns unter dem Titel *Seirglige Chonchunlain* in einer Handschrift überliefert ist, die ums Jahr 1100 geschrieben worden sein dürfte: hier werden in den erzählenden Prosatext vier vom Text selbst als ›laid‹ bezeichnete gereimte Vierzeiler-Einlagen eingeschoben[218].

e) Maries Lai als literarische Gattung

Der Mariesche Lai unterscheidet sich dadurch vom ›lai bretun‹, daß er eine unabhängige Struktur darstellt: unabhängig sowohl von einem erzählerischen Rahmen als auch von einer musikalischen Begleitung oder Ausführung. Diese rein literarische Struktur epischer Prägung ist eine Schöpfung Marie de Frances, die sich durch die Darbietungen bretonischer Spielleute dazu inspirieren ließ[219]. Sie hat als erste diese Erzählform gepflegt[220] und dafür – neben dem

[217] Diese Lösung scheint auch Warnke (*Lais*, p. XXVIII und p. XXXVI) im Auge zu haben; ganz entschieden befürwortet sie Frappier, Chrétien de Troyes, pp. 36–37: »Suivant une hypothèse vraisemblable, une courte explication, sans doute en prose, précédait leurs lais musicaux ou lyriques: ce résumé, qui rapportait toujours une aventure merveilleuse ou sentimentale, aurait été le germe aussi bien des contes oraux des conteurs professionnels que des ›lais narratifs‹ composés par Marie de France et par d'autres auteurs. Ces jongleurs gallois et peut-être aussi armoricains, trilingues, ou du moins capables d'annoncer leurs lais dans les trois langues qui étaient alors parlées en Angleterre, le français anglo-normand, l'anglais et le breton, comme permettent de le supposer les doubles ou les triples titres que Marie de France a donnés à quelques-uns de ses lais, étaient plus ou moins les continuateurs et les émules des ›filid‹, poètes et récitateurs d'Irlande«. – Aus dem ›lai‹-Teil der bretonischen ›chantefables‹ hat sich der ›descort‹ entwickelt, vgl. Warnke, *Lais*, p. XXI, der mit dem ›lai lyrique‹ des ausgehenden 12. und frühen 13. Jahrhunderts identisch ist: vgl. Jeanroy, Lais et descorts français du XIII⁰ siècle, Paris 1901.

[218] Vgl. H. d'Arbois de Jubainville, Lai, R 8, 1879, pp. 423–425. Dazu Bezzola, Origines, II/1, p. 143: »Quant aux fameux ›lais bretons‹ de caractère lyrique-musical, qui inspirèrent si souvent les lais narratifs français au XII⁰ siècle, il faut sans doute en attribuer l'origine autant à la Grande-Bretagne, c'est-à-dire au Pays de Galles, qu'à l'Armorique. Ils devaient d'ailleurs ressembler à ces pièces lyriques irlandaises et galloises qui nous sont parvenues, soit isolées, soit intercalées dans des légendes en prose.«

[219] Ob sie solche bretonische Vorlagen auch in schriftlicher Form benutzt hat, ist schwer auszumachen. Von den beiden einzigen Stellen, die in diesem Sinne interpretiert werden könnten (*Guigemar*, V. 23 und *Chievrefoil*, V. 6), ist die Bedeutung der ersten sehr umstritten (vgl. Warnke, *Lais*, p. XLII) und die zweite bezieht sich auf eine der Tristanversionen, die Marie sicher gekannt hat (vgl. Stefan Hofer, Zur Beurteilung der *Lais* der Marie de France, ZrP 66, 1950, pp. 409–421). Vgl. dazu auch Winkler, op. cit., pp. 53 ff. und neuerdings Horst Baader, op. cit., pp. 56 ff., der indessen auch bloß eine Diskussion der Belege und der Literatur durchführt, ohne neue Ergebnisse zu liefern. – In diesem Zusammenhang müßte auch die Frage erörtert werden, ob die bretonischen Spielleute, die Marie hörte, französisch, englisch, bretonisch oder walisisch vortrugen und ob die

47

Ausdruck ›cunte‹ – das Wort ›lai‹ verwendet[221]. Unter dem Signet *Lais* sind diese ihre Versnovellen – denn um solche handelt es sich – bereits nach der Mitte des zwölften Jahrhunderts ins Bewußtsein des gebildeten Publikums eingedrungen, wie einerseits die Denis Piramus-Stelle deutlich belegt, von der wir im ersten Teil dieser Arbeit gehandelt haben[222], wie anderseits ihre Nachahmer bis hinunter zum *Sir Orfeo* und zu Chaucer[223] bekunden[224] – »Rois fu et ele fu roine. / De Tyolet le lai ci fine« heißen die beiden letzten Verse des *Tyolet* – und wie endlich auch die Handschriften aus dem dreizehnten Jahrhundert bezeugen, in welchen die Sammlungen von Lais sowohl im Stil derjenigen Maries als auch von solchen, die eher der Gattung des ›fabliau‹ angehören[225], mit der Formel eingeleitet werden: »Ci commencent les lais de Bretaigne«[226].

Dichterin diese Sprachen alle beherrschte. Diese Frage ist indessen im Rahmen unserer Untersuchung nicht von Bedeutung und dürfte überdies stets strittig bleiben. Vgl. darüber Bédier, op. cit., Revue des deux mondes, t. 107, 1891, pp. 850 ff., G. Paris, R 7, 1878, p. 1 und 14, 1885, pp. 604 ff., Foulet, ZrP 29, 1905, pp. 317–318, Winkler, op. cit., pp. 57 ff., Warnke, *Lais* (2. Aufl.), pp. XXIX ff. und p. XXXIII. Eine gewisse Vorstellung von den tatsächlichen Verhältnissen vermittelt wohl das Kauderwelsch, das in der oft zitierten Stelle aus dem *Roman de Renard* Renard spricht, als er sich als bretonischer Spielmann verkleidet, Isengrin anerbietet, bretonische Lais vorzutragen, vgl. Ed. Martin, I, Vv. 2370 ff; in M. Roques Ausgabe, CFMA, Paris 1970, sind es die Verse 2418 ff.

[220] Was den *Lai du Cor* des Robert Biket betrifft, dessen Abfassungsdatum oft vor dasjenige der Marieschen *Lais* angesetzt wurde (vgl. Levi, StR 14, 1917, p. 222), so hat zuletzt Hofer bewiesen, daß er »in die siebziger Jahre des zwölften Jahrhunderts« zu verweisen ist, vgl. Stefan Hofer, Bemerkungen zur Beurteilung des Horn- und des Mantellai, RF 65, 1954, pp. 38 ff. – Vgl. auch Battaglias Einführung zu seiner Ausgabe der *Lais*, pp. VII ff., und Ph.Aug. Becker, Von den Erzählern neben und nach Chrestien de Troyes, ZrP 56, 1936, pp. 250–251. H. Tiemann, Bemerkungen zur Entstehungsgeschichte der Fabliaux, RF 72, 1960, pp. 413 ff. schließt sich Hofer an. In seiner letzten Arbeit, The Breton Lais, stellt zudem Hoepffner fest, Biket habe zwar den *Erec* nicht gekannt, aber »he must have known Wace«, womit ein sicherer *terminus a quo* gewonnen ist; vgl. Arthurian Literature in the Middle Ages, ed. R.S. Loomis, Oxford 1959, p. 114.

[221] Wir schließen uns in dieser Beziehung – nicht aber in Bezug auf die Interpretation der Marieschen Vorbilder – Ahlström an, op. cit., p. 27. Im späten *Lai du lecheor*, den Mortimer J. Donovan, RoR 43, 1952, pp. 81–86, als Parodie der Gattung auffaßt, erscheinen die beiden Bedeutungen des Wortes deutlich. Die bretonischen Damen machen einen ›lai‹ (Lied), der Dichter erzählt den ›conte‹ (V. 123), der schildert, wie der ›lai‹ entstand, und nennt diesen ›conte‹ dann selbst wieder ›lai‹ (Novelle). Für den *Lai du lecheor* vgl. G. Paris' Ausgabe, R 8, 1879, pp. 65–66. – Vgl. auch Rychners *Lais*-Ausgabe, pp. XII-XIX. – Zu Maries Lai als Gattung vgl. Spitzer, ZrP 50, 1930, p. 64, Anm. 2, und Schürr, ibid., p. 567.

[222] Vgl. den ersten Teil dieser Arbeit, pp. 7 ff.

[223] Vgl. dazu Foulet, Le prologue du *Franklin's Tale* et les lais bretons, ZrP 30, 1906, pp. 698–711.

[224] Vgl. darüber Warnke, *Lais*, pp. XXXVIII-XXXIX. – In diesem Zusammenhang muß erwähnt werden, daß Gautier d'Arras seinen Roman *Ille et Galeron* ebenfalls als ›lai‹ bezeichnet, was einen sehr deutlichen Beweis dafür darstellt, daß die neue Erzählgattung und die dazugehörige Bezeichnung dem gebildeten Publikum im letzten Drittel des zwölften Jahrhunderts zum Begriff geworden waren. Die Stelle lautet:

> Servir le voel si com jo sai,
> Car a s'onor voel faire un *lai*
> De Galeron, seror le duc,
> Et d'Ille, le fil Eliduc.

Es handelt sich dabei um die Verse 71-74 der von Cowper publizierten Hs Wollaton, die nicht in der von Foerster edierten Pariser Hs stehen. Vgl. dazu Frederik A.G. Cowper, The new manuscript of *Ille et Galeron*, MP 18, 1921, pp. 601–608. Von den in dieser Arbeit zitierten Versen 928–936 (p. 9) der Hs P sagt Cowper, ibid., p. 603: »The lais which Gautier is criticizing are those of Marie de France, which were probably then enjoying great popularity in the French courts.« Vgl. dazu auch Ahlström, op. cit., pp. 6–10 und Gautier d'Arras, *Ille et Galeron*, ed. Fr.A.G. Cowper, SATF, Paris 1956.

[225] Zur Gattungsbestimmung des ›lai‹ und zur geschichtlichen Entwicklung des Genres vgl. Horst

48

2. Die Übertragungen

Mögen auch Analysen von Übertragungen und Bearbeitungen aus einleuchtenden Gründen nur weniges zur Darstellung einer dichterischen Einbildungskraft beizutragen imstande sein, so ergeben sich doch mitunter aus einem Vergleich mit den Vorlagen gewisse Feststellungen, welche wiederum Rückschlüsse im Hinblick auf die literarhistorische Stellung des Übersetzers oder Bearbeiters erlauben.

a) Der *Esope*

Unter den zahlreichen aus dem Mittelalter in einer Vulgärsprache überlieferten *Ysopets* gibt der älteste[227], als dessen Verfasserin im Epilog eine Marie zeichnet, der Forschung noch immer einige Rätsel auf. Abgesehen vom Problem der Identifizierung der Autorin und des Grafen, dem sie den *Esope* widmet – zwei Punkte, auf die wir ja bereits kurz eingegangen sind –, bleibt auch die Frage nach der Vorlage, jener umstrittenen altenglischen Fabelsammlung des »rei Alvrez«, letztlich ungelöst. Wenn Hans Robert Jauss schreibt, der quellenkritische Befund Warnkes, welcher im Anschluß an Mall[228] Maries *Esope* auf drei Quellen zurückführt – nämlich auf den *Romulus Nilanti*, auf den sogenannten gewöhnlichen *Romulus* und auf mündliche Überlieferungen verschiedenster Provenienz –[229], sei von keiner Seite in Frage gestellt worden[230], so müßte immerhin beigefügt werden, daß Mall und Warnke an das Vorhandensein einer verlorengegangenen englischen Zwischenstufe zu glauben scheinen, welche aber

---

Baader, op. cit., pp. 265 ff., aber schon vorher pp. 149–151. Ansätze finden sich ebenfalls bei Benkt Wennberg, op. cit., pp. 11–30, dessen Schlußfolgerungen zum Teil den unsern entsprechen, op. cit., pp. 29–30.

[226] Vgl. R 8, 1879, wo G. Paris von pp. 29–40 die Hs beschreibt, aus welcher er eine Reihe von Lais anschließend veröffentlicht. – Hat man einmal das gesamte Material durchgearbeitet, so kann man sich nicht ganz des Eindrucks erwehren, daß – wie Ferdinand Lot schreibt (Nouveaux essais sur la provenance du cycle arthurien, II, La patrie des ›lais bretons‹, R 28, 1899, p. 25, Anm. 5) – »ces discussions sont, je le crains, un peu vaines« und daß verhärtete Positionen mehr zur Trübung als zur Klärung der Verhältnisse führen. Jedenfalls hat man dann eine gewisse Mühe zu verstehen, was Jeanne Lods in der Einleitung zu ihrer *Lais*-Ausgabe eigentlich meint, wenn sie zuerst kategorisch betont: »Il faut renoncer à voir dans les *Lais* de Marie de France des adaptations dont les origines seraient des pièces populaires celtiques transposées en vers français« und gleich anschließend weiterfährt: »ce qu'elle affirme [Marie], c'est qu'elle a fait passer dans la littérature des thèmes de légende qui appartenaient jusque-là à la tradition orale« (p. X).

[227] Vgl. Karl Warnke, Die Quellen des *Esope* der Marie de France, Festgabe für H. Suchier, Halle (Saale) 1900, pp. 161–284.

[228] Zur Geschichte der mittelalterlichen Fabelliteratur und insbesondere des *Esope* der Marie de France, ZrP 9, 1885, pp. 161–203.

[229] Vgl. Warnkes *Esope*-Ausgabe, pp. XLIV-LXXX sowie Festgabe für H. Suchier, pp. 161–284.

[230] Untersuchungen zur mittelalterlichen Tierdichtung, Beih. z. ZrP 100, 1959, p. 25.

Emil Winkler auf Grund einer allerdings nicht unforcierten Interpretation der Prolog- und Epilogverse zum *Esope* zu Gunsten einer anglolateinischen Vorlage so gut wie ausschaltet[231].

So wenig auf ersten Anhieb über die Person der Übersetzerin zu sagen ist, so viel läßt sich über den Charakter ihres *Esope* anmerken. Trotzdem ist bei diesem Geschäft höchste Vorsicht am Platz: es erhebt sich nämlich dabei das beim heutigen Handschriftenbestand nur annäherungsweise lösbare Problem, was nun von den Resultaten, die sich aus einem Vergleich dieses *Esope* mit seinen lateinischen Quellen ergeben, Marie und was ihrer wie auch immer gearteten Vorlage zuzuschreiben ist. Wenn Warnke von seinem Befund die veranschaulichenden Erweiterungen der Fabeleinleitungen, die energischere Motivierung, die präzipitierende Handlungsanlage, die Pointierung des Schlußgedankens, die Anschaulichkeit der Darstellung, die Milderung von Anstößigkeiten und Grausamkeiten als Alfreds Leistungen bucht[232] und dabei bloß die Konkretisierung der Moral sowie deren Aktualisierung als Maries Beitrag auffaßt[233], so neigt Erich Nagel[234] – nicht zuletzt der Feststellung wegen, es handle sich um analoge Abweichungen von der Vorlage, wie sie sich beim *Espurgatoire* nachweisen lassen – entschieden dazu, »alle oder sehr viele Abweichungen« als Maries Werk zu erklären[235]. E.A. Francis sieht – wenn auch nicht vorbehaltlos[236] – Maries Einfluß, wie er sich in der französischen Fassung niederschlägt, in der Formulierung der »problèmes du mal et du bien, de la sagesse et da la folie, en termes applicables à la réalité contempraine«[237]; Jauss hingegen betont nachdrücklich, die Abweichungen zwischen den Moralitäten des *Romulus Nilanti* und denjenigen der Fabeln des *Esope* seien »nur als Momente einer durchgängigen und bewußten Umstilisierung zu verstehen«, welche »mit größerer Wahrscheinlichkeit der anglonormannischen Dichterin als ihrem unbekannten Vorgänger Alfred zuzuschreiben ist«[238]. Wie nun Jauss im ersten Kapitel seines Buches über die mittelalterliche Tierdichtung zeigt, besteht diese Umstilisierung wesentlich in einer Auffassung der Fabel als Fürstenspiegel[239] und in ihrer Auslegung als Spiegelung des feudalen Ethos[240].

Im Zusammenhang mit diesen Gedankengängen ergeben sich im Verlauf der Jauss'schen Erörterung des *Esope* einige Gesichtspunkte, die den Leser

---

[231] Vgl. op. cit., pp. 18 ff. und 35–42, sowie E.A. Francis, Marie de France et son temps, R 72, 1951, p. 80 und J. Bastin, Recueil général des *Isopets*, I, SATF, Paris 1929, pp. VI-VII.

[232] Festgabe für H. Suchier, pp. 256–259.

[233] Festgabe für H. Suchier, pp. 259–260.

[234] Marie de France als dichterische Persönlichkeit, RF 44, 1930, pp. 58–60.

[235] Ibid., p. 63.

[236] »Mais il est prudent de penser que nous pourrions n'avoir, ici encore, qu'une traduction faite par Marie et que l'innovation en revient au texte original«, op. cit., R 72, 1951, p. 81.

[237] Op. cit., R 72, 1951, p. 81.

[238] Op. cit., p. 26.

[239] Op. cit., pp. 29 ff., p. 52.

[240] Op. cit., p. 43: »Der Gegensatz, auf den Marie de France in erster Linie die traditionsgebundenen Situationen ausgelegt hat, ist das Gut und Böse des feudalen Ethos, Treue (fei) und Treulosigkeit (felunie), demzufolge sich bei ihr die herkömmlichen Charaktere der Tiere in Beispielfiguren des ›leial‹, ›felun‹, ›produme‹, ›frans huem‹ usw. aufgliedern.«

der *Lais* aufmerken lassen. Da ist einmal jener Ausgang von Fabel LXXIII, in der das Mäusemännchen, welches einzig die Tochter des Mächtigsten auf Erden heiraten will, nachdem es von der Sonne zur Wolke, von der Wolke zum Wind und vom Wind an den Turm gewiesen worden ist, wo es endlich ein passendes Mäuschen fand, zur späten Einsicht kommt:

> »Jeo quidoue si halt munter:
> or me covient a returner
> e rencliner a ma nature.«
> »Tels est«, dist la turs, »t'aventure.
> Va a maisun, e si retien
> que ne vueilles pur nule rien
> ta nature mes desprisier [...]«
> (79–85)

Indem Marie hier den Weg, welcher ihre Lehre von der natürlichen Wesensungleichheit der Geschöpfe und von der Unveränderlichkeit ihrer ›nature‹ als Erfahrung einer Kreatur illustriert, mit dem Ausdruck *aventure* bezeichnet[241], füllt sie jenes Schlüsselwort der *Lais* mit einer Bedeutung, die es auch dort prägt: was in den Fabeln als Unentrinnbarkeit der Kreatur aus der ihr zubestimmten Natur und Rangordnung erscheint[242], kommt in den *Lais* als schicksalhafte Fügung und Bewährungsprobe zur Darstellung[243].

Die wahnhafte Selbstüberhebung der Tiere – damit wenden wir uns einem zweiten Punkt zu, auf den Jauss hinweist –, wie sie bei der Maus (Fabel LXXIII) zum Ausdruck kommt, beim Affen (Fabel XXVIII), beim Esel (Fabel XXXV) und beim Käfer (Fabel LXXIV), heißt im *Esope* ›orgueil‹[244]. Es kann nicht unbemerkt bleiben, daß das, was der *Esope* unter ›orgueil‹ versteht, zugleich das ist, was so mancher Gestalt aus der Welt der *Lais* zum Verhängnis wird: die *desmesure*. Jean-Charles Payen prägt für *Equitan*, *Chaitivel* und *Deus Amanz* geradezu den Begriff des »lai de la démesure«[245].

Ein weiterer von Jauss erörterter Aspekt betrifft das Verhältnis des *Romulus Nilanti* beziehungsweise der Marieschen Fabeln zur christlichen Ethik. Jauss kommt zum Schluß, daß »der *Esope* der Marie de France einer christlich-moralischen Nutzanwendung der Fabel, wie sie der oben zitierte Prolog zum II. Buch des *RN* formuliert, letztlich keinen Raum läßt«[246]. Die Tatsache, daß diese Feststellung, welche eine Betrachtung jener Schwankfabeln zusätzlich untermauert, die Per Nykrog »fabliaux avant la lettre« nennt[247], sich ohne weiteres auf den – aus christlicher Sicht – moralisch indifferenten ›univers poétique‹ der *Lais* anwenden läßt[248], verdient es, im Rahmen eines Vergleichs zwischen *Lais*

---

[241] Für weitere Beispiele vgl. Jauss, op. cit., pp. 35 ff.

[242] Vgl. Jauss, op. cit., pp. 41–42 und 204–205.

[243] Vgl. diese Arbeit, pp. 74 ff.

[244] Für Belege vgl. Jauss, op. cit., p. 37 Anm. 2.

[245] Le motif du repentir dans la littérature française médiévale, Publ. rom. et franç., XCVIII, Genève 1967, pp. 320–325.

[246] Op. cit., pp. 39–40.

[247] Les Fabliaux, Kopenhagen 1957, p. 253, Vgl. die Fabeln XLI, XLII, XLIII, XLIV, XLV, XLVII, XLVIII, LIII, LIV, LV, LVI, LXIII, LXIV, XC, XCIV, XCV, XCIX, C.

[248] Vgl. diese Arbeit, p. 72, Anm. 339.

und *Esope* als bedeutsam festgehalten zu werden. Hier wie dort wirkt ›nature‹ machtvoll und bestimmend:

> Amur est plaie dedenz cors
> E si ne piert nïent defors;
> Ceo est un mal ki lunges tient,
> Pur ceo que de Nature vient.
> (*Guigemar*, 483–486)

verkündet Marie im *Guigemar*, und wie ein Echo tönt es aus dem *Esope* herüber:

> Jeo quidoue si halt munter:
> or me covient a returner
> e rencliner a ma nature.
> (Fabel LXXIII, 79–81)[249].

Darauf, daß der Prolog des *Esope* auf Grund seines Gehaltes demjenigen der *Lais* nahesteht, hatte schon Spitzer in einer eingehenden Studie hingewiesen[250]. Daß zudem der *Esope*-Epilog auch hinsichtlich der sprachlichen Erscheinungsform bemerkenswerte Parallelismen sowohl zum *Lais*-Prolog als auch zum *Guigemar*-Eingang aufweist, ergibt bereits ein oberflächlicher Vergleich der Texte. Leitet die Bearbeiterin den *Esope*-Epilog mit dem Hinweis ein, sie werde sich nun »pur remembrance« (V. 3) nennen, so betont die Dichterin im *Lais*-Prolog, die Bretonen hätten ihre Lais »pur remambrance« (V. 35) verfertigt – ein Hinweis, der im *Equitan*-Eingang wiederholt wird (V. 7); heißt es im *Esope* »cil uevre mal ki sei ublie« (V. 8), so liest man zu Beginn des *Guigemar* »Oëz, seignus, ke dit Marie, / Ki en sun tens pas ne s'oblie« (Vv. 3–4), während im *Lais*-Prolog betont wird, derjenige, dem Gott ›escïence‹ und ›bone eloquence‹ verliehen habe, der »Ne s'en deit taisir ne celer« (Vv. 1–3); ihren Vorsatz umreißt die Schriftstellerin einerseits rückblickend im *Esope*-Epilog mit folgendem Couplet: »M'entremis de cest livre faire / E de l'Engleis en Romanz traire« (Vv. 11–12), anderseits programmatisch im *Lais*-Prolog auf diese Art und Weise: »Pur ceo començai a penser / D'aukune bone estoire faire / E de latin en romaunz traire« (Vv. 28–30); ihre Tätigkeit hingegen definiert sie hier mit »Rimé en ai e fait ditié« (V. 41), dort mit »[...] jeo l'ai rimé en Franceis« (V. 18).

Was sich aber im Rahmen eines Vergleichs der beiden Werke als besonders bedeutsam enthüllt, ist eine kompositionstechnische Beobachtung Jauss': »Im *Esope* leitet keine vorweg gegebene Nutzanwendung mehr den Leser von vorneherein zu einem eindeutigen Verständnis an, wie auch daraus erhellt, daß Marie in ihrer Wiedergabe der Fabeln kein Promythium voranstellt, das im *RN* den Sinn vorzeichnet. Doch hat sie dafür gesorgt, daß die Lehre ihrer Fabeln nicht übersehen werden konnte, und sie an bedeutsamer Stelle, im ersten und letzten Stück ihrer Sammlung, formuliert«[251].

---

[249] Über den Begriff ›nature‹ im *Esope* vgl. Jauss, op. cit., pp. 34 ff. und 34 Anm. 2.
[250] The Prologue to the *Lais* of Marie de France and Medieval Poetics, MP 41, 1943, pp. 96–102.
[251] Op. cit., p. 30.

Viel ist über den Tatbestand gerätselt worden, daß die zwölf Harley-Lais streng genommen von zwei Prologen eingeleitet würden: vom eigentlichen Prolog und vom *Guigemar*-Eingang; man ging sogar soweit, zu behaupten, die beiden Texte schlössen sich gegenseitig aus[252]. Und nun zeigt sich, daß auch der *Esope* mit zwei Prologen versehen ist; denn Jauss erbringt den schlüssigen Beweis für das, was er den »prologartigen Charakter« von *De gallo et gemma*, der ersten Fabel der Marieschen Sammlung, nennt[253]. Man mag diesen Umstand als Zufall abtun, oder darauf hinweisen, die *Lais* klängen dafür – im Gegensatz zum *Esope* (und zum *Espurgatoire*) – ohne Epilog aus[254]: vor dem Hintergrund der eben an diesen beiden Texten entwickelten Beobachtungen scheint sich aber doch darin eine wesentliche Übereinstimmung zu spiegeln. Wieso denn sollte die Einbildungskraft, welche schon das folkloristisch bretonische Material systematisch im Hinblick auf die »adaptation of ›matiere‹ for some specific ›sen‹«[255] umgestaltete[256], nicht mit derjenigen identisch sein, welche – wie Jauss zeigt – unter demselben Namen genau dasselbe mit der Tierfabel vornimmt? Diese Auffassung untermauern zudem sprachliche und stilistische Tatbestände. Bekanntlich stellt der Verweis auf eine schriftliche Quelle seit der ›chanson de geste‹ eine Art *Topos* in der mittelalterlichen Literatur dar[257]; was die Fabeln des *Esope* betrifft, so fußt er sogar auf einer Realität. Schon Foulet – freilich in einem ganz anderen Zusammenhang – hat bemerkt, daß diese Verweise, was ihre Formulierung betrifft, in den *Lais* und im *Esope* mitunter so gut wie wörtlich übereinstimmen[258]:

El chief de cest comencement,
Sulunc la lettre e l'escriture,
Vos mosterai une aventure [...]
(*Guigemar*, 22–24)

Sulunc la letre des escriz
vus musterrai d'une suriz [...]
(Fabel III, 1–2)

Plusur le m'unt *cunté e dit*
E jeo l'ai trové en escrit [...]
(*Chievrefoil*, 5–6)

D'un escharbot nus *cunte e dit,*
e jeo l'ai trové en escrit [...]
(Fabel LXXIV, 1–2)

E jeo, ki l'ai *mis en escrit* [...]
(*Milun*, 533)

Pur ceo nus *mustre par escrit,*
meinte feiz est *trové e dit* [...]
(Fabel LXXXIII, 43–44)

Ceo fu la summe de l'escrit
Qu'il li aveit *mandé e dit* [...]
(*Chievrefoil*, 61–62)

Par vieil essample truis escrit
e Esopes le *cunte e dit* [...]
(Fabel XCIII, 1–2)

---

[252] Vgl. Baum, Recherches, pp. 32–41 und 169–171.
[253] Op. cit., pp. 30–33.
[254] Vgl. Baum, Recherches, p. 41.
[255] Vgl. Mary H. Ferguson, Folklore in the *Lais* of Marie de France, RoR 57, 1966, p. 11.
[256] Mary H. Ferguson schreibt: »Marie manipulated her material to achieve a unified work of art«, ibid., p. 12.
[257] Vgl. Rychner, *Lais*-Ausgabe, p. 239.
[258] Marie de France et les lais bretons, ZrP 29, 1905, pp. 316–317.

> Ci comencerai la premiere
> des fables qu'Esopes escrist,
> qu'a sun mestre *manda e dist.*
> (*Esope, Prol.*, 38–40)

Was die thematische Anlage der *Esope*-Fabeln im Vergleich zu denjenigen des *Romulus Nilanti* angeht, so wies bereits Warnke auf deren pointierten Zug hin[259]. Eine Untersuchung des *Esope*-Textes zeigt, daß dieser Zug auch im Sprachlichen zum Ausdruck kommt. Vom Hund, der von der Brücke ins Wasser springt, heißt es:

> e umbre vit, e umbre fu,
> e sun furmage ot il perdu.
> (Fabel V, 11–12)

Die Reaktion der Landmaus auf die verlockenden Beschreibungen, welche die Stadtmaus gibt, wird folgendermaßen vermittelt:

> Cele la creit; od li s'en va.
> (Fabel IX, 23)

Vom Hirsch, der am Trinken ist, berichtet die Erzählerin:

> Guarda dedenz, ses cornes vit.
> (Fabel XXIV, 3)

Vom Mäusemännchen liest man, nachdem es die Tochter des Windes ausgeschlagen hat, um diejenige des Turmes zu freien:

> Alez i est, sa fille quist.
> (Fabel LXXIII, 59)

Das Verhalten des Raben, als er den Käse erblickt, schildert die Autorin mit folgenden Worten:

> Un en a pris, od tut s'en va.
> Uns gupiz vint, si l'encuntra.
> (Fabel XIII, 7–8)

In diesem letztzitierten Couplet erscheint nun jene Struktur der pointierenden Verbindung zweier Handlungen, welche dem Leser im *Esope* auf Schritt und Tritt begegnet: in derselben Fabel XIII formuliert Marie die entscheidende Phase des Geschehens mit folgendem Vers:

> Le bec ovri, si comença [...]
> (Fabel XIII, 23)

Nachdem der Hahn den Edelstein gefunden hat, heißt es von ihm:

> clere la vit, si l'esguarda;
> (Fabel I, 6)

---

[259] Festgabe für H. Suchier, p. 257.

das Ende des Lamms wird so berichtet:

> Dunc prist li lous l'aignel petit,
> as denz l'estrangle, si l'ocit;
> (Fabel II, 29–30)

die Verblendung der von der Einladung des Frosches bestrickten Maus spiegelt sich dergestalt:

> [...] ele la creit, si fist que fole;
> (Fabel III, 46)

vom erjagten Hirsch erzählt Marie:

> quant prist l'orent, si l'escorchierent;
> (Fabel XI, 10)

und dieselbe Fabel schildert in gleicher Art und Weise die Flucht der Gefährten des Löwen:

> Sï cumpaignun, quant il l'oïrent,
> tut li laissierent, si fuïrent.[260]
> (Fabel XI, 39–40)

Diese Form der Pointierung prägt indessen auch die Diktion der *Lais* mit[261]. Hier der Vers, in den Guigemar die Erzählung seines Entschlusses faßt, das Schiff zu besteigen:

> Dedenz entrai, si fis folie!
> (*Guigemar*, 329)

In folgenden zwei Versen konzentriert sich Meriaducs Entschluß, die Geliebte zu verteidigen:

> Jeo la trovai, si la tendrai
> E cuntre vus la defendrai!
> (*Guigemar*, 851–852)

Ein einziger Vers spiegelt Eliducs Meerfahrt:

> A la mer vient, si est passez [...];
> (*Eliduc*, 87)

und einer drückt die schicksalhafte Zündung in Lanvals Begegnung mit der Fee aus:

> Il l'esgarda, si la vit bele.
> (*Lanval*, 117)

Eine derart auffällige Kongruenz in der Diktion dürfte im Rahmen der dargelegten Beobachtungen denn doch ein ernstzunehmendes Argument für die

---

[260] Für weitere Belege vgl. *Esope*, die Fabeln XXIII, 28; XXXV, 24; XXXVII, 48; LI, 24; LXV, 5; LXXXIX, 11.
[261] Vgl. darüber diese Arbeit, pp. 128–131.

Identität der beiden je den *Esope* beziehungsweise die *Lais* signierenden Marien darstellen. Überdies hatte Erich Nagel längst festgestellt, daß die Abneigung gegen allzu allgemein gehaltene Formulierungen zu den Eigentümlichkeiten des Marieschen Stils in den *Lais* gehört: mehr oder weniger bestimmte Größen- beziehungsweise Mengenangaben werden da meist in konkreten Zahlen ausgedrückt[262]. Eine analoge Tendenz wies Mall für die Bearbeiterin der Fabeln nach, indem er zeigte, wie sie die zahlreichen Erweiterungen ihrer auf dem *Romulus Nilanti* fußenden Vorlage im Sinne einer Motivations- oder Milieupräzisierung vornimmt[263]. Nicht zu vernachlässigen ist endlich der von E.A. Francis betonte Parallelismus, der sich – als zeit- und gesellschaftskritischer Ansatz – zwischen den Moralitäten gewisser Fabeln und bestimmten Aspekten in den *Lais* nachweisen läßt[264].

Indem nun aber Richard Baum auf Grund eines zwar nicht unbekannten, bisher indessen seines Erachtens zu wenig ausgewerteten Textes – es handelt sich um einen dem dritten Buch von Thomas de Cantimprés *De natura rerum*[265] verpflichteten und zwischen 1290 und 1315 verfaßten *Traité des monstres*[266] – Maries *Esope* in die erste Hälfte des dreizehnten Jahrhunderts verlegt[267], findet sich die Identität der beiden Marien abermals grundsätzlich in Frage gestellt. Die auf das Problem bezügliche Stelle – die Verse 1751–1755 des *Traité des monstres* – lautet:

> Desormés voel finer cest livre,
> Car je le voel rendre delivre
> A çaus ki amerent le conte,
> Por cui j'ai mis cest livre en conte
> Aprés les *fables d'Ysopet* [. . .][268].

Obgleich Baum, gestützt auf sprachliche und stilistische Erwägungen, zunächst zögert, La Serna Santanders Ansicht zur seinen zu machen, welcher – auf Grund dieser Verse – den *Traité des monstres* Marie de France, der Autorin des *Esope* zuschreibt[269], neigt er schließlich doch dazu, ihm zuzustimmen[270].

---

[262] Vgl. op. cit., pp. 75–77, wo sich auch die entsprechenden Belege finden.

[263] Vgl. ZrP 9, 1885, pp. 173–174, wo Mall auch zahlreiche Belege aufführt.

[264] Vgl. R 72, 1951, pp. 83–84; für die Belege vgl. ibid., p. 84 Anm. 2.

[265] Die Abfassung von Cantimprés *De natura rerum* wird zwischen 1228 und 1244 angesetzt, vgl. Alfred Foulet, *Le couronnement de Renard*, Elliott Monographs 24, Princeton-Paris 1929, p. XLVI.

[266] Der volle Titel der altfranzösischen Übertragung lautet: *La maniere et les faitures des monstres des homes qui sont en Orient et le plus en Inde*; sie wurde von Alfons Hilka unter dem Titel Eine altfranzösische moralisierende Bearbeitung des *Liber de monstruosis hominibus orientis* aus Thomas von Cantimpré, *De naturis rerum* herausgegeben, Abh. d. Ges. d. Wiss. zu Göttingen, Berlin 1933. Für die Datierung vgl. ibid., pp. 4–5.

[267] Op. cit., p. 217. – Wenn Hilkas Datierung der Wirklichkeit entspricht, so müßte der *Esope* – folgt man Baums Argumentation konsequent – in die zweite Hälfte des dreizehnten Jahrhunderts, wenn nicht gar in die erste des vierzehnten verlegt werden!

[268] Ed. Hilka, p. 69; bei Baum, Recherches, p. 214.

[269] Vgl. Carlos Antonio La Serna Santander, Mémoires historiques sur la Bibliothèque dite de Bourgogne, présentement Bibliothèque Publique de Bruxelles, Bruxelles 1809, zit. bei Foulet, *Couronnement*, p. XLIX Anm. 7, und Baum, Recherches, p. 214.

[270] Vgl. op. cit., p. 216.

Eines steht fest: die Handschrift, welche den *Traité* überliefert, wurde gegen Ende des dreizehnten oder zu Beginn des vierzehnten Jahrhunderts für die Bibliothek der Grafen von Flandern angefertigt[271]. Gerade dieser Umstand aber ist es, welcher bei der Auslegung der zitierten Verse zu höchster Vorsicht ermahnen müßte. Was beinhalten denn diese Verse? Der Verfasser spricht von einem Grafen, für den er dies Buch – also den *Traité* – »mis en conte« habe, und zwar »aprés les fables d'Ysopet«. Wenn man bedenkt, daß der Verfasser des *Couronnement de Renard* in der irrtümlichen Annahme, die Marieschen Fabeln – eine der in »massenhaften Handschriften«[272] verbreiteten Lieblinglektüren zwischen dem dreizehnten und dem fünfzehnten Jahrhundert[273] – seien demselben Grafen Wilhelm gewidmet, dem er sein Werk bestimmt, mit Hilfe einiger verbündeten Verse eben diese Fabeln an seine Dichtung anknüpft[274], so kann keine Rede mehr davon sein, daß »j'ai mis cest livre en conte / aprés les fables d'Ysopet« unbedingt heißen muß, der Autor des *Traité* habe seine Cantimpré-Bearbeitung im Anschluß an die Abfassung des *Ysopet* vorgenommen. »Aprés« kann vielmehr auch bloß andeuten, dieses Werk, das der Dichter für den Grafen habe »mis en conte«, folge in der Abschrift auf den *Ysopet*, wie in Hs 1446 des Fonds français der Pariser Nationalbibliothek der *Esope* auf den *Couronnement*. Durch diesen Umstand irregeführt, hatte man ja – wie Foulet in seiner *Couronnement*-Ausgabe anmerkt[275] – auch schon in Marie, der Verfasserin der Fabeln, zugleich den Autor des *Couronnement de Renard* sehen wollen. Sollte man indessen aus syntaktischen Erwägungen daran festhalten, daß »mis en conte« zwei Objekte habe – nämlich »cest livre« und »les fables d'Ysopet« –, so ist immerhin darauf aufmerksam zu machen, daß uns zunächst nichts dazu berechtigt, die »fables d'Ysopet« mit dem *Esope* Maries gleichzusetzen: das dreizehnte Jahrhundert kennt zahlreiche französische Fabelsammlungen, die man als *Ysopets* bezeichnete – beispielsweise die Übertragungen nach Alexander Neckams *Novus Aesopus*, nach dem anonymen Vers-Romulus, nach dem Avian, sowie die Bearbeitungen nach Maries *Esope* selbst[276] –, und deren Autoren weder sich selbst nennen noch den Urheber ihrer Vorlage erwähnen[277]. Es ist zudem sehr unwahrscheinlich, daß Hilka als Herausgeber des *Traité* nicht auch an Marie gedacht haben mochte. Sie kommt jedoch schon allein dadurch als Autorin nicht in Frage, daß der Übersetzer Thomas de Cantimprés – wie

[271] Vgl. Baum, op. cit., p. 216; Hilka, op. cit., gibt an: »aus dem XIV. Jahrh.«, p. 3.

[272] Mall, ZrP 9, 1885, p. 184.

[273] Vgl. Warnkes *Esope*-Ausgabe, p. III, und Arno Schirokauer, Die Stellung Aesops in der Literatur des Mittelalters, Festschrift für Wolfgang Stammler, Berlin-Bielefeld 1953, p. 184.

[274] Vgl. Warnkes *Esope*-Ausgabe, p. CXVII und 329 sowie Foulets *Couronnement*-Ausgabe, p. XXIII und 103.

[275] Op. cit., p. XXVII.

[276] Vgl. dazu Warnke, Festgabe für H. Suchier, p. 280. A. Schirokauer, loc. cit., erwähnt ein für den Predigtgebrauch zusammengestelltes Pariser *Promptuarium Exemplorum* aus dem Jahr 1322, worin sich 33 Exempla befinden, »deren Identität mit Fabeln nachgewiesen ist; 26 stammen aus Marie de France [. . .]«, p. 188. Vgl. auch Warnkes *Esope*-Ausg., pp. LX ff.

[277] Vgl. Julia Bastin, Recueil général des *Isopets*, I, p. XV. – Genau diese Überlegung muß auch der Herausgeber des *Traité*, Hilka, angestellt haben, wenn er, die Verse 1754 bis 1755 kommentierend, erklärt, der Verfasser habe »sich bereits vorher an einer Fabelübertragung geübt«, p. 4.

aus einem Vergleich mit dem lateinischen Original hervorgeht – sich »mehrere Fehler« zuschulden kommen läßt und folglich »kein gelehrter *clerc*« war[278]. Gerade das aber war Marie, sowohl die Dichterin der *Lais* als auch die Bearbeiterin der Fabeln.

Beim gegenwärtigen Bestand an Dokumenten – so ließe sich dieser knappe Lagebericht über den *Esope* zusammenfassen – kann einem Versuch, der Dichterin der *Lais* die Autorschaft an der »ältesten aller Fabelsammlungen, die in einer der Vulgärsprachen Europas überliefert sind«[279], abzusprechen, der Vorwurf der Voreiligkeit kaum erspart bleiben; umso weniger, als jener Text des Denis Piramus, worin vom Vergnügen die Rede ist, das die höfische Gesellschaft beim Lesen von »dame Marie«'s »vers de lais« empfand, im Anschluß an Vers 48 – hier bricht das Zitat fast in der gesamten Marie de France-Forschung seit Thomas Tyrwhitt jeweils spätestens ab – folgendermaßen weiterlautet:

> Li rei, li prince e li courtur,
> 50 cunte barun e vavasur
>   aiment cuntes, chanceuns e *fables*
>   e bons diz, qui sunt dilitables [. . .][280]

»Il est vrai [schreibt dazu Per Nykrog][281] qu'il n'est pas dit dans ces vers que l'auteur pense à l'*Isopet* de Marie«: immerhin werden aber doch nach ›lais‹ und ›cuntes‹ neben ›chanceuns‹ und ›bons diz‹ auch – das scheint selbst Warnke übersehen zu haben[282] – ›fables‹ erwähnt. Und welche französischen Fabeln – Denis Piramus dürfte kaum an lateinische Fassungen gedacht haben – sollten im ausgehenden zwölften Jahrhundert den Damen und Herren zur Kurzweil gedient haben, wenn nicht diejenigen jener mit ihren *Lais* so erfolgreichen »dame Marie«, welche eine Sammlung solcher Tiererzählungen nach ihrer Weise pointiert mit dem Vers »Marie ai num, si sui de France« signiert?

b) Das *Espurgatoire Seint Patriz*

Im bereits erwähnten Artikel[283] ist es F.W. Locke vermittels Urkunden gelungen, die Zeitspanne schlüssig einzugabeln, während welcher jener »abbas de Sartis«, der bei Heinrich von Saltrey den schriftlichen Bericht über die vom Iren Owein dem Mönch Gilbert erzählten Purgatoriumserlebnisse bestellt hatte, in Bedfordshire als Abt von Wardon wirkte. Mit der Angabe »sometime after 1208 and before 8 April 1215« liefert er einen für die Abfassung des *Tractatus* hieb-

---

[278] Hilka, ibid., p. 4.
[279] Warnke, Festgabe für H. Suchier, p. 161.
[280] Ed. Kjellman, p. 5.
[281] Les Fabliaux, p. 7.
[282] In seiner Fabelausgabe betont er, daß »Denis Pyramus in der bekannten Stelle im Leben des hl. Edmund, in der er mit sauersüßer Miene Marie lobt, nur die *Lais*, nicht aber die Fabeln erwähnt«, p. CXIV.
[283] Speculum 40, 1965, pp. 641–646.

und stichfesten *terminus a quo*, welcher all denen Recht gibt, die Maries *Espurgatoire* möglichst spät anzusetzen trachteten. Freilich ergibt sich dadurch – auch darauf wurde bereits hingewiesen – für Marie, sollte die Übersetzerin des *Tractatus* mit der Bearbeiterin der Fabeln und der Autorin der *Lais* identisch sein, eine vergleichsweise lange Schaffenszeit.

Das Original des Heinrichschen *Tractatus* bleibt zwar verschollen[284]; aus einem Vergleich der überlieferten Fassungen mit dem Text des *Espurgatoire* läßt sich trotzdem feststellen, daß die Übersetzerin, selbst dornige Stellen treu wiedergebend[285], mit Umsicht und Sachkenntnis zu Werk gegangen ist; Foulet charakterisiert die Übertragung zu Recht als »très fidèle«[286]. Lautet beispielsweise der lateinische Text:

> Et, tacentibus aliis, unus cum eo loquebatur [. . .],
> (Ed. Warnke, p. 50)

so steht bei Marie:

> Tuit se turent; li uns parla [. . .];
> (713)

für die sentenziöse Formulierung

> [. . .] uitam bonam mors mala non sequitur.
> (Ed. Warnke, p. 10)

findet sie eine treffliche französische Entsprechung:

> Mais male mors, n'en dutum mie,
> ne vient pas aprés bone vie.[287]
> (109–110)

Gerade dieser Vorzug erschwert aber die Lösung des Identifizierungsproblems: was auf Grund der Chronologie noch im Bereich des Möglichen liegt, läßt sich mit Hilfe der Stilkritik weder bestätigen noch in Abrede stellen; denn als gewissenhafte Übersetzung spiegelt der *Espurgatoire*-Text die persönliche Diktion der Verfasserin in noch gebrochenerem Maße, als dies im Rahmen einer bloßen Bearbeitung der Fall ist, wie der *Esope* sie darstellt.

Zwar beobachtet Foulet, die Übersetzerin scheine die theologischen Anliegen des *Tractatus* nur bedingt erfaßt zu haben, indem sich »un certain vague et beaucoup de décousu dans cette partie de sa traduction« nachweisen lasse[288], während sie sich im Owein-Bericht – im ›novellistischen‹ Teil ihrer Vorlage – so recht »dans son élément« fühle[289]; zwar finden sich im altfranzösischen Text jene auch für die *Lais* wie für die Fabeln charakteristischen Steigerungen und Pointierungen[290]; zwar ist im Vergleich zur Vorlage in der Übertragung eine

---

[284] Warnke, *Espurgatoire*-Ausgabe, Halle (Saale) 1938, pp. XXVI, XXIX, XXXIV.
[285] Warnke, *Espurgatoire*-Ausgabe, p. XLIX.
[286] Marie de France et la Légende du *Purgatoire de Saint Patrice*, RF 22, 1908, p. 622.
[287] Für zusätzliche Maries Texttreue spiegelnde Passagen vgl. Erich Nagel, op. cit., p. 59.
[288] RF 22, 1908, pp. 623–624.
[289] Ibid., p. 625.
[290] Belege:

Els veient ewe e punz levez,
feu e maisuns e bois e prez
e humes de divers semblanz,
e neirs u blans aparissanz [...]
(79–82)

Nuit e jur fu en oreisuns,
en veilles, en afflicciüns,
en jeünes e en tristur [...]
(277–279)

[...] e quinze jurs les i tendreit
en jeünes, en oreisuns,
en veilles, en afflicciüns.
(460–462)

[...] or s'ert armez en tel mesure
dunt de diables n'eüst cure,
de fei e de bone esperance
e de justice e de creance.
(655–658)

se par manace u par turment
u par malvais blandissement [...]
(747–749)

[...] e les granz joies altresi
e les repos e la dulçur [...]
(766–768)

Des armes Dieu s'est bien armez
e bien guarniz e aturnez [...]
(797–798)

Plusurs i vit ki erent ceint
e, de serpenz ardanz, estreint
e par les cols e par les braz [...]
(999–1001)

[...] plein de miseire e de dolur
e de criëment e de plur.
(1035–1036)

Li un pendeient cruëlment
a cros ardanz diversement:
par ueilz, par nes e par oreilles,
– de cels i aveit il merveilles –
par col, par buche e par mentun
e par mameles, ço trovun,
par genitailles, par aillurs,
e par les joues les plusurs.
(1083–1090)

[...] e mustrent ço que unt veü
u de turment u de salu [...]
(73–74)

Ici ai jo peine e dolurs
joie e deliz avrai aillurs.
(405–406)

En grant miseire, en grant tristesce
furent icil ki la esteient [...]
(1160–1161)

[...] en liu ardant e en puur
e en tristesce e en dolur.
(1273–1274)

cum il plus va, plus est oscur [...]
(676)

Tuit se turent; li uns parla [...]
(713)

[...] u par manace u par blandir.
(878)

En pais se sist, n'out poür d'els [...]
(883)
Il s'arestut. Cil le hasterent.
(1179)

[...] huntus erent, si s'en fuieient.
(1874)

[...] chevaliers seit, si cum il fu.
(1928)

Matin e ving, si la trovai,
en une fosse la jetai [...]
(2177–2178)

Femele fu, il la perneit;
nurrice quist, si li bailla.
Cume sa fille la guarda.
(2222–2224)

Li prestre vint, si l'esguarda [...]
(2263)

Hors s'en eissi, cele i laissa.
(2270)

[291] Vgl. darüber Warnke, *Espurgatoire*-Ausgabe, pp. XLVIII-XLIX, und Erich Nagel, op. cit., pp. 58 und 60.

gatoire jene Textpräsenz der Autorin, welche die *Lais* mitprägt[292]: – ob dies alles aber genügt, um Legrand d'Aussys These von der Identität der Fabelbearbeiterin und der Laisdichterin mit der *Tractatus*-Übersetzerin aufrecht zu erhalten?

Auf einen Aspekt ist allerdings in diesem Zusammenhang nachdrücklich aufmerksam zu machen. Vom Begriff des ›merveilleux‹ und des ›surnaturel‹ ausgehend, vergleicht Foulet Guigemars Erlebnisse mit Oweins Prüfungen[293] und kommt zum Ergenis: »Appelons donc les contes de Marie – et pourquoi en exclure celui du *Purgatoire de Saint Patrice*? – des nouvelles«[294]. In dieser Überlegung zeichnet sich jene unitarische Auffassung des Marieschen Oeuvres – *Lais, Esope, Espurgatoire* –, die Jeanne Wathelet-Willem in drei Erscheinungsformen des Wunderbaren artikuliert sieht: das ›merveilleux féerique‹, das ›mer-

---

[292] Dazu gehören die Einleitung und der Epilog:

> El nun de Deu, ki od nus seit
> e ki sa grace nus enveit,
> vueil en Romanz metre en escrit,
> si cum li livre le nus dit,
> en remembrance e en memoire,
> *Des Peines de l'Espurgatoire* [. . .]
> (1–6)

> Jo, Marie, ai mis, en memoire,
> le livre de l'*Espurgatoire*
> en Romanz, qu'il seit entendables
> a laie gent e covenables.
> (2297–2300)

und kommentierende Einschübe wie »n'en dutez mie«, »cum vus di«, »ço me semble«, »cum jo l'ai vus dit«, »dunt ai parlé« (über das Problem, das sich der Übersetzerin stellte, im Gebrauch der ersten Person Singular sich selbst vom Mönch von Saltrey abzuheben, vgl. Foulet, RF 22, 1908, pp. 619 ff. und Warnkes *Espurgatoire*-Ausgabe, p. XLVII). In die Augen springt eine wörtliche Übereinstimmung zwischen *Lanval* (V. 39) und Vers 670 im *Espurgatoire*: »li« – bzw. »del« – »chevaliers dunt jeo vus di«; in diese Rubrik gehören auch die nicht seltenen Anrufungen des Lesers:

> Seignur, entendez la raisun!
> (189)

> Seignur, si cum dit li escriz [. . .]
> (421)

> Or oëz cum ovra li prestre!
> (2256)

sowie die Ausdrücke der affektiven Teilnahme am erzählten Geschehen:

> Chaitis est cil ki en tel peine
> pur ses pechiez se trait e meine!
> (1019–1020)

> A las, se nuls deit deservir
> que tel peine deie sufrir!
> (1053–1054)

Zu dieser letzterwähnten Kategorie vgl. auch Nagel, op. cit., pp. 52–53 und 59, sowie Warnkes *Espurgatoire*-Ausgabe, p. XLIX. Zur ganzen Anm. 292 vgl. auch diese Arbeit, pp. 135 ff.

[293] Vgl. RF 22, 1908, pp. 625–627. Für Uda Ebel stellt Maries *Espurgatoire* ein »christliches Heldenepos« dar; vgl. Die literarischen Formen der Jenseits- und Endzeitvisionen, Grundriß der romanischen Literaturen des Mittelalters, vol. VI, La littérature didactique, allégorique et satirique, t. 1, Heidelberg 1968, p. 205.

[294] Ibid., p. 626.

61

veilleux animal‹ und das ›merveilleux chrétien‹[295]. Obschon diese Konzeption bestechend wirkt, vermag sie im Grunde genommen nichts Wesentliches über eine dichterische Einbildungskraft auszusagen, weil sie auf einer äußerlichen Kategorie der Wirklichkeitsbestimmung beruht.

Anderseits bleibt es eine Tatsache, daß Marie nicht nur die Purgatoriumsfahrt als ›aventure‹ bezeichnet[296]:

> Puis contereit de s'*aventure*,
> ki serreit mise en escripture.
> (*Espurgatoire*, 499–500),

sondern auch den ›miles‹ Owein als ›chevaliers‹ einführt:

> El tens le rei Estefne dit,
> si cum nus trovum en escrit,
> qu'en Yrlande esteit uns prozdum
> - *chevaliers* fu, Oweins out nun –,
> de qui nus voluns ci parler [...]
> (*Espurgatoire*, 503–507)

Es versteht sich von selbst, daß diese ›aventure‹ nicht bloß – wie immer häufiger bei den Chrétien-Epigonen – eine außerordentliche Begebenheit darstellt[297], sondern jene Bewährungsprobe bedeutet, von der Marie in Bezug auf Guigemar sagt:

> Suffrir li estuet l'aventure.
> (*Guigemar*, 199)

Im *Espurgatoire* erscheint sie in christlicher Transposition. Als Owein nach seiner Rückkehr aus Jerusalem den König fragt, ob er Mönch werden solle, antwortet ihm der Monarch:

> E li reis li a respondu,
> chevaliers seit, si cum il fu;
> ço li loa il a tenir,
> en ço poeit Deu bien servir.
> (*Espurgatoire*, 1927–1930)

Als Ritter will Owein denn auch sterben:

> Mais ne voleit changier sun estre,
> moignes ne convers ne volt estre:
> en nun de chevalier morra,

---

[295] Le mystère chez Marie de France, Rbph 39, 1961, p. 678.
[296] Im Bereich der überlieferten altfranzösischen Verspurgatorien findet sich dieser Terminus als Bezeichnung der Jenseitsfahrt Oweins außer bei Marie bloß noch formelhaft in der von C.M. van der Zanden publizierten anonymen Cambridger Hs Ee. 6.11 in Vers 3: »Un aventure voil cunter«, vgl. Ed. van der Zanden, Paris-Amsterdam 1927, p. 90. Er steht überdies bei Marie de France nicht als französische Übersetzung eines lateinischen Ausdrucks, sondern findet sich in einer hinzugefügten originalen Passage.
[297] Vgl. dazu Rossana Locatelli, L'avventura nei romanzi di Chrétien de Troyes e nei suoi imitatori, ACME IV, 1951, pp. 3–22. Zur Bedeutungsgeschichte von ›miles‹ vgl. P. van Luyn, Les ›milites‹ dans la France du XIe siècle, MA 77, 1971, pp. 5–51 und 193–238.

62

ja altre habit n'en recevra.
(*Espurgatoire*, 1973–1976)

Nicht das Wunderbare ist es, was die Welt des *Espurgatoire* mit derjenigen der *Lais* verbindet; es ist vielmehr die Konzeption der Fahrt als *aventure* und des Protagonisten als *chevaliers*.

Im Verlauf dieses Exkurses sind wir freilich an den Rand dessen gelangt, was die Analyse des *Espurgatoire*-Textes liefern kann. Vielleicht müßte ein völlig neuer Ansatzpunkt gefunden werden. Auf einen Text – die gleichfalls von einer Marie im dreizehnten Jahrhundert übersetzte *Vie Seinte Audree* – weist Richard Baum hin[298]. Was indessen wohl allein diesen gordischen Knoten in der Marie de France-Philologie aufzulösen vermöchte, ist – wir wiederholen es, und F.W. Locke hat es mit seinem in den publizierten Archiven von Old Warden Abbey entdeckten Hinweis auf den Abt Henricus de Sartis bewiesen – ein Dokumentenfund.

---

[298] Vgl. op. cit., p. 196. – Der Text ist von Östen Södergård ediert, *La Vie Seinte Audree*, poème anglo-normand du XIIIᵉ siècle, Acta Universitatis Upsaliensis 11, 1955. Allerdings besteht auch hinsichtlich der genauen Datierung dieses Textes keine Einigkeit: Södergård setzt ihn zu Beginn des dreizehnten Jahrhunderts an (p. 55); M. Dominica Legge verweist ihn »to the first half of the thirteenth century«, vgl. Anglo-Norman in the Cloisters, Edinburgh 1950, p. 75, und Anglo-Norman Literature and its Background, Oxford 1963, pp. 264–266.

III. MARIE DE FRANCE ALS POETISCHE PERSÖNLICHKEIT

DIE *LAIS*

Viel bewundert, zu viel, meinen die einen, und viel gescholten, zu Unrecht nach Ansicht der anderen, so tritt uns Marie de France im Spiegel der Literaturgeschichte entgegen: Verfasserin von Kompilationen und Plagiaten einerseits[299], erstaunliche Gestalterin neuer Motive anderseits[300].

Bartina H. Wind hat recht, wenn sie schreibt: »Peu d'oeuvres de la littérature française du moyen âge ont été interprétées de façon aussi divergente que celle de Marie de France. Des vues diamétralement opposées séparent les premiers médiévistes qui ont loué le charme de sa poésie naïve, sans profondeur ni psychologie [...] de la génération des Spitzer et Foster Damon«[301].

Die folgenden Ausführungen stellen den Versuch dar, Marie de France vor dem Hintergrund der Literaturgeschichte mit literaturwissenschaftlichen Kriterien als poetische Persönlichkeit zu erfassen; es geht also nicht darum, woher die Dichterin - beispielsweise - ein Motiv hat, sondern darum, was sie - steht einmal fest, daß sie es übernommen haben könnte - daraus innerhalb ihres Werkes machte[302].

---

[299] Vgl. darüber namentlich Wilmotte, Marie de France et Chrétien de Troyes, R 52, 1926, pp. 353-355. In ähnlichem Sinne äußerten sich bereits früher William Henry Schofield, The lays of Graelent and Lanval and the story of Wayland, PMLA 15, 1900, pp. 121-180, und O.M. Johnston, Sources of the lay of the Two Lovers, MLN 21, 1906, pp. 34-39.

[300] So sieht sie Foulet. Vgl. aber auch Winkler, op. cit., p. 69 und, neuerdings, Moshé Lazar, Amour courtois et fin'amors dans la littérature du XIIᵉ siècle, Paris 1964, das Kapitel II, 2 ist Maries *Lais* gewidmet.

[301] L'idéologie courtoise dans les *Lais* de Marie de France, Mélanges de linguistique romane et de philologie médiévale offerts à M. Maurice Delbouille, Bd. II, Gembloux 1964, p. 741.

[302] »L'emprunt vraisemblable de sujets et de thèmes - schreibt Frappier in seinem Chrétien-Buch, p. 210 - importe beaucoup moins que la façon de les traiter.« Vgl. darüber auch Spitzer in seinem Aufsatz über Marie de France, Dichterin von Problemmärchen, ZrP 50, 1930, pp. 29 ff.

1. MARIES DICHTERISCHE EINBILDUNGSKRAFT

Das zentrale und umfassende Motiv in den *Lais* der Marie de France ist die
Liebe. Der verliebte Mensch steht im Mittelpunkt dieser Erzählungen[303]. Damit weist sich die Autorin als Zeitgenossin einer Gesellschaft aus, in welcher
man – seit ungefähr 1120[304] – damit beschäftigt war, das, was man den Kanon
der höfischen Liebe nennen könnte, mehr und mehr auszuarbeiten und zu ver-
feinern. Der höfische Ritter, so wie ihn die anglonormannisch-französische
Aristokratie nach der Jahrhundertmitte sich vorstellte und verstand, war nicht
nur verliebt, er mußte geradezu verliebt sein[305]. Guigemar, der »n'aveit de ceo
talent« (V. 64), verfällt denn auch sogleich deswegen der Isolierung: »Pur ceo
le tienent a peri / E li estrange e si ami« (Vv. 67–68).

So finden sich bei Marie de France auch bereits jene Vorstellungen, die sich
seit der Verbreitung der antikisierenden Romane, spätestens aber nach dem Erscheinen des *Erec* zu wahren Topoi der höfischen Literatur entwickeln[306]: als
Reminiszenz klassischer Lektüren erwähnt die Dichterin Ovid[307] und läßt im
Equitan die Liebe personifiziert als Amor mit Pfeil auftreten; den Spielregeln
des *amour courtois* widmet sie ein langes Gespräch, in dessen Verlauf Equitan
der Gattin des Seneschals geradezu eine Lektion über diesen Gegenstand er-
teilt[308]; selbst das Motiv des *amor de lonh* wird eingesetzt[309]; endlich bleibt –

---

[303] Was die Interpretation der Liebe bei Marie angeht, so scheinen mir sowohl S. Foster Damon,
PMLA 44, 1929, pp. 968 ff., als auch Spitzer, ZrP 50, 1930, die Termini zugunsten eines Systems
zu sehr zu forcieren.

[304] Vgl. Reto R. Bezzola, Le sens de l'aventure et de l'amour (Chrétien de Troyes), Paris 1947, p. 78.
Im *langue d'oil*-Gebiet »dès avant 1150«, vgl. Frappier, Chrétien de Troyes, p. 15; man denke an
Geoffrois *Historia regum Britanniae* und ihr »coloris courtois«, Frappier, ibid., p. 25.

[305] »Entendons-nous bien: non seulement il est amoureux, mais il doit être amoureux. Sans amour,
il est inutile de prétendre à la perfection courtoise«, Jean Frappier, Le roman breton, I, Paris, 1951,
p. 91. Vgl. dazu auch Jeanne Wathelet-Willem, La conception de l'amour chez Marie de France,
BBSArthur. 21, 1969, pp. 144–145.

[306] Vgl. dazu Camilla Conigliani, L'amore e l'avventura nei *Lais* di Maria di Francia, ARom II, 1918,
p. 286, sowie Helen C.R. Laurie, *Enéas* and the doctrine of courtly Love, MLR 64, 1969,
pp. 283–294.

[307] *Guigemar*, V. 239. Zusammenfassend über diese Stelle vgl. Neri, *Lais*-Ausgabe, p. 378, der im »livre
Ovide« die *Remedia amoris* sieht; dieser Ansicht sind auch Rychner, *Lais*-Ausgabe, p. 244, und
Spitzer, Marie de France – Dichterin von Problemmärchen, ZrP 50, 1930, p. 30, Anm. 1. – Eine
andere Deutung schlägt Sidney Painter in seinem angenehm nüchternen Buch French Chivalry,
Baltimore 1951², vor: pp. 115–117. Ovid wäre demnach im Mittelalter oft mißverstanden worden,
indem nicht bemerkt worden wäre, daß »love to him meant sexual intercourse not mere admiration
of a loveley and virtuous lady«. Dieser Umstand nun »seems to have been recognized by some
medieval writers«. Die Wandgemälde im *Guigemar* wären folglich als orthodox höfische Darstellung zu lesen, indem dies unhöfische Buch – die *Ars amatoria* natürlich – von Venus verbrannt
wird, welche somit als Vertreterin des *amour courtois* aufträte. Im Anschluß an Monteverdi, An-
eddoti per la storia della fortuna di Ovidio nel medio evo, Atti del Convegno internazionale Ovi-
diano, II, pp. 181–192, ist auch Leo Pollmann, op. cit., p. 319, Anm. 149, der Ansicht, es handle
sich um die *Ars amatoria*. Obschon das durch Maries Text aufgeworfene Problem an und für
sich natürlich interessant ist, verzichten wir darauf, uns der einen oder andern Deutung anzuschließen, da die Art der Lösung in unserem Zusammenhang irrelevant bleibt.

[308] *Equitan*, Vv. 117–176. Vgl. dazu C. Conigliani, op. cit., p. 291 und Anm. 3. – Eine ähnliche Stelle
im *Guigemar*, Vv. 493–495.

[309] Vgl. *Yonec*, Vv. 129 ff., *Equitan*, V. 41, *Fresne*, Vv. 247–248 und *Milun*, Vv. 25 ff. Was *Equitan*
betrifft, so lehnt Payen diese Färbung der Liebe des Königs ab, ohne indessen seine Auffassung

neben dem Motiv des Frühlingseingangs[310] und der Technik der Personen-beschreibung[311] – ein Motiv zu erwähnen, welches dank seiner exemplarischen Durchführung in Chrétiens erstem Artusroman zum Motor aller höfischen Epik werden sollte: der Auszug des Ritters »pur sun pris quere«[312].

Maries Werk spiegelt – und gerade das beweist, daß jene naive Weltschau, die man mitunter bei ihr festzustellen glaubte[313], nichts als eine Projektion des Lesers darstellt[314] – selbst jene zuweilen recht spitzfindige und den Charakter des Gesellschaftsspiels nur schwer verleugnende Liebeskasuistik, an der man sich in den Kreisen um Marie de Champagne ergötzte; die Gräfin war es ja, welche Chrétien »matiere et san« zum *Lancelot* lieferte: ein Roman, in welchem Bezzola »la transposition narrative en langue d'oil des conceptions de l'amour courtois développées depuis presque trois quarts de siècle dans les chansons lyriques des troubadours du Midi«[315] sieht. Neben der *Equitan*-Problematik (Ist die Liebe zwischen einem König und der Frau eines seiner Vassallen mög-lich?)[316] läßt sich der vielleicht erstaunlichste Niederschlag dieser Art im *Chai-tivel* finden, einem Lai, der schon durch den Doppeltitel – *Chaitivel* oder *Quatre Dols* – die Frage zur Diskussion stellt, ob die Dame, die an einem einzigen Tag vier Verehrer verliert, indem drei sterben und der letzte verkrüppelt überlebt, mehr zu bedauern sei, oder ob der davongekommene Krüppel, dem ihre Zu-neigung versagt bleibt, mehr leide. Gerade im *Chaitivel* wird ein Schimmer von Ironie faßbar, mit welcher die Dichterin mitunter diesen höfischen Formalis-men begegnet[317]. Ganz ähnlicher Art ist die Stelle, wo es im *Guigemar* darum

---

mit Textstellen belegen zu können, vgl. op. cit., p. 318. – Dazu Spitzer, L'amour lointain de Jaufre Rudel et le sens de la poésie des troubadours, Romanische Literaturstudien, Tübingen 1959, pp. 363–417, und Herbert Kolb, Der Begriff der Minne und das Entstehen der höfischen Lyrik, Tübingen 1958, pp. 73 ff. – Auch in Bezug auf dieses Motiv nimmt Lazar polemisch gegen Spit-zers Interpretation Stellung, vgl. op. cit., pp. 86–102, indem er sich gegen jegliche spiritualistische Auslegung verwahrt.

[310] *Lanval*, V. 11, *Yonec*, V. 51.

[311] Vgl. dazu Winkler, op. cit., pp. 64–66, und Werner Ross, Über den sogenannten Natureingang der Trobadors, RF 65, 1953, pp. 49–68, wo Scheludkos diesbezügliche Aufsätze berichtigt und er-gänzt werden.

[312] *Guigemar*, V. 51; *Milun*, V. 122 und V. 336. Miluns Sohn erscheint überhaupt als der ideale Ritter, vgl. Vv. 321–340. – In diesem Zusammenhang ist zu beachten, daß »pris« in seinem vollen höfi-schen Sinn nicht bloß ›Ruhm‹ meint, sondern ›Zuwachs an Rittertugend‹; vgl. dazu Elena Eber-wein, Zur Deutung mittelalterlicher Existenz (nach einigen altromanischen Dichtungen), Kölner romanistische Arbeiten, Bd. 7, Bonn und Köln 1933, p. 47, Anm. 29. Camilla Conigliani, op. cit., p. 294, dissoziiert – wie bereits Elena Eberwein bemerkt hat – fälschlicherweise den Begriff der ›aventure‹ von dem ›pris querre‹. Vgl. auch Auerbach, Der Auszug des höfischen Ritters, in Mimesis, Bern 1959², pp. 120–138.

[313] In neuerer Zeit wieder Conigliani, op. cit., pp. 282 und 295.

[314] Zugegebenermaßen bei Conigliani, op. cit., welche in den *Lais* einen »soffio della nostra sensibilità moderna« spürt, p. 282.

[315] Origines, III/2, p. 375.

[316] Hoepffner, Les *Lais* de Marie de France, Paris 1935, p. 155.

[317] Vgl. S. Foster Damon, Marie de France: Psychologist of Courtly Love, PMLA 44, 1929, p. 968. Auch D.W. Robertson, Love Convention in Marie's *Equitan*, RoR 44, 1953, findet Spuren von »her ironic treatment of the ›chivalry‹ and ›courtesy‹«, p. 245. S. Painter stellt freilich mit Recht fest: »Few scholarly pastimes are more dangerous than that of attempting to say when writers of an age long past were being ironical. Unless the irony was hopelessly bald and clumsy, it is impossible to prove its existence«, French Chivalry, Baltimore 1951², pp. 162–163. Immerhin, wenn er vermu-

geht – diesmal allerdings ohne einen Schatten ironischer Tönung –, festzustellen, ob eine Dame dem Werben des Mannes, so sie ihn wirklich liebt, nachgeben darf, oder ob sie sich lange bitten lassen soll (Vv. 515 ff.). Eines der schwerwiegendsten Vergehen im Rahmen der Gepflogenheiten des ›amour courtois‹ ist die Verletzung des Geheimnisses, die Preisgabe des ›bien celer‹; diese Situation tritt bei Marie de France öfters ein: am spektakulärsten im *Lanval*, wo der Ritter, von der Königin herausgefordert, seine Liebe zur wunderschönen Fee ausplaudert, die ihm gerade das strengstens verboten hatte: »A tuz jurs m'avrïez perdue, / Si ceste amur esteit seüe« (Vv. 147–148). Auch in *Deus Amanz* liegt den beiden Verliebten daran, ihre Liebe möglichst geheim zu halten (Vv. 73–74), und im *Milun* heißt es, die Antwort Miluns an die Dame, die ihm ihre Liebe kundgetan hatte, sei eine »curteis respuns« (V. 33) gewesen, denn es ging ihm darum, »de nostre cunseil celer« (V. 38).

Indessen spielen alle diese Gesichtspunkte in den *Lais* nur eine nebensächliche Rolle[318], gleichsam als Reflexe der in Ausbildung begriffenen literarischen Konvention der Epoche sowie der Lektüren[319] und Kenntnisse der Verfasserin. Was Marie de France beschäftigt, ist ein ganz anderer Aspekt der Liebe.

> Puis si li dit: »Beus, duz amis,
> Mis quors me dit que jeo vus pert:
> Seü serum e descovert.
> Se vus murez, jeo voil murir [...]
> (*Guigemar*, 546–549)

Mit diesen Worten wendet sich Guigemars Geliebte, von dunkeln Vorahnungen gepeinigt, eines schönen Morgens an den Ritter. Im *Equitan* schaltet sich die Erzählerin unvermittelt in den Gang der Ereignisse ein, indem sie, nachdem die Gattin des Seneschals dem Drängen des von Gewissensskrupeln gepeinigten Königs – »E si jo l'aim, jeo ferai mal: / Ceo est la femme al seneschal« (Vv. 71–72) – nachgegeben hat, knapp und pointiert festhält:

> [...] mut s'entramerent,
> Puis en mururent e finerent.
> (*Equitan*, 183–184)

Während Lanval allein in seinem Zimmer klagt, nachdem er, vor die Entscheidung gestellt, zwischen seiner »gloire« und »amour« zu wählen[320], seine Liebe

---

tet, es liege im *Eliduc*-Schluß, wo die Gattin zugunsten der Geliebten entsagt, Ironie vor, so dürfte er sich offensichtlich täuschen, vgl. p. 163. Für *Milun* bemerkt Spitzer, ZrP 50, 1930, der vom Sohn ausgesagte Satz »La mere a sun pere dona« (V. 528) klinge »fast wie ein Witz«, p. 59.

[318] Zu diesem Schluß kommt auch Conigliani, op. cit., p. 292. Rita Schober, Kompositionsfragen in den *Lais* der Marie de France, WZBln 1954/1955, p. 46, spricht von der Minne-Kasuistik bei Marie de France als nur »literarischem Aufputz«. Im Anschluß an Ewert und Lazar schreibt Bartina H. Wind: »Les influences courtoises présentes restent en surface, se rapportent donc à des caractéristiques extérieures de présentation. C'est pour Marie une façon peut-être inconsciente de suivre la mode du jour. C'est aussi le point de vue que développe M. Ewert. Nulle part elle ne formule une vraie éthique de l'amour courtois, le côté humain de l'›aventure‹ la touche bien plus que l'observance des lois de la casuistique amoureuse«, Mélanges Delbouille, II, pp. 741–742.

[319] Vgl. dazu die ausführlichen Erörterungen Hoepffners, Pour la chronologie des *Lais* de Marie de France, R 60, 1934, pp. 36–66.

[320] Vgl. dazu diese Arbeit, III. Teil, Anm. 329, p. 70.

verraten und somit auf immer verscherzt hat, weint er und fällt ohnmächtig
vor Schmerz hin; dann heißt es:

> Sun quor e sa buche maudit;
> C'est merveille k'il ne s'ocit!
> (*Lanval*, 345–346)

Etwas später wird von seinen Freunden berichtet, daß sie »Mut dotouent k'il
s'afolast« (V. 414). In *Deus Amanz* schildert die Autorin, wie das junge Mädchen sich neben den toten Geliebten legt, den leblosen Körper an sich drückt
und ihn auf die Augen und den Mund küßt; dann fährt die Dichterin fort, indem sie sagt:

> Li dols de lui al quor la tuche:
> Ilec murut la dameisele,
> Ki tant ert pruz e sage e bele.
> (*Deus Amanz*, 236–238)

Yonec – wir sind im Zimmer der Dame; der durch die perfide Falle des »vielz
gelus« verwundete und blutüberströmte Yonec nimmt von der geliebten Frau
Abschied:

> Il li ad dit: »Ma duce amie,
> Pur vostre amur perc jeo la vie.
> Bien le vus dis qu'en avendreit:
> Vostre semblanz nus ocireit.«
> (*Yonec*, 319–322)

Nachdem die Dame die beklommenen Worte vernommen hat, fällt sie, vom
Schmerz überwältigt, in Ohnmacht. Yonec entfernt sich; sie indessen kommt
wieder zu sich, folgt ihm laut schreiend und stürzt sich zwanzig Fuß tief zum
Fenster hinaus. Im sehr langen *Eliduc*-Lai endlich schildert Marie de France
eindringlich den Gewissenskonflikt des Helden, der zwischen der Pflicht, dem
Ruf seines Lehensherrn zu folgen, und der Neigung, bei der geliebten Guilliadun zu weilen, grausam hin und her gerissen wird:

> Quant si de li m'estuet partir,
> Un de nus deus estuet murir,
> U ambedeus, estre ceo peot.
> (*Eliduc*, 591–593)

Dann folgt die große Abschiedsszene, während welcher Guilliadun ausruft:

> »Od vus«, fet el, »m'en amenez,
> Puis que remaneir ne volez,
> U si ceo nun, jeo m'ocirai.
> Jamés joie ne bien n'avrai.«
> (*Eliduc*, 679–682)

Liebe und Tod: dies ist das Leitmotiv, welches in all den zitierten Passagen
machtvoll aufklingt: hier kommt eine Möglichkeit der Liebe zum Ausdruck, die
weit von jener reflektierten Konzeption des ›amour courtois‹ – »une des créa-

tions les plus originales et les plus audacieuses du moyen âge«, nennt Frappier dieses Phänomen[321] – entfernt ist[322], aber auch weit von jener der Liebe als »physical attraction exerted by youth and beauty«[323]. Denn die höfische Form der Liebe »comporte une part de volonté et de raison«[324]; als erotisch-mystische Überhöhung des Lebens, wo die Frau, das Streben des Mannes veredelnd, in unnahbarer Ferne thront, kommt sie bei den Troubadours und später bei Chrétien de Troyes und seinen Epigonen zu dichterischer Gestaltung[325].

Was aber bei Marie de France sogleich in die Augen sticht, ist die Heftigkeit des Gefühlsausdrucks, der weit über die bei den Troubadours von Ovid übernommene Symptomatik der Liebe hinausgeht. Ihre Menschen schreien (»Ele le siut a mut granz criz«, *Yonec*, 336), sie verfluchen sich und ihr Geschick (»Sun quor e sa buche maudit«, *Lanval*, 345), sie weinen bitterlich (»Durement plure«, *Laüstic*, 122), sie verbringen nicht nur schlaflose Nächte (»Li reis veilla tant que jur fu«, *Equitan*, 101), sondern drohen mit Selbstmord (»jeo m'ocirai«, *Eliduc*, 681; »[. . .] en mer / Me neierai«, *Guigemar*, 672–673), sie fallen, von Gram übermannt, in Ohnmacht[326] und sterben vor Liebesschmerz (»Ilec murut la dameisele«, *Deus Amanz*, 237)[327]. Von Wille und Vernunft ist hier keine Rede mehr[328]. Im Gegenteil: »Tels est la mesure d'amer / Que nuls n'i deit reisun garder«[329], sagt Marie de France selbst in der Einleitung zum *Equitan*, indem sie

---

[321] Le roman breton, I, p. 91 und Chrétien de Troyes, pp. 14 ff.

[322] Emil Schiött, L'amour et les amoureux dans les *Lais* de Marie de France, Diss., Lund 1889, p. 28, erklärt kategorisch: »L'amour dans les lais de Marie n'offre aucun des caractères de l'amour courtois.« Vgl. dazu auch Rita Schober, op. cit., p. 46, die den gleichen Gedanken ausdrückt. »L'amour courtois – schreibt Jean Frappier in seinem Chrétien de Troyes, p. 14 – n'est pas une passion aveugle ni fatale«; vgl. auch ibid., p. 218.

[323] S. Painter vereinfacht allzusehr, wenn er schreibt: »Marie de France accepted the doctrines of courtly love as a matter of course and wove them deftly into her tales. Her conception of love was simple – it was physical attraction exerted by youth and beauty«, French Chivalry, Baltimore 1951², pp. 131–132.

[324] Frappier, Le roman breton, I, p. 92, und Chrétien de Troyes, p. 14.

[325] Vgl. darüber Reto R. Bezzola, Le sens de l'aventure et de l'amour, pp. 78–79. Eine diametral entgegengesetzte Auslegung entwickelt Moshé Lazar, indem er streng zwischen ›amour courtois‹, ›courtoisie‹ und ›fin'amors‹ unterscheidet, vgl. Amour courtois et fin'amors dans la littérature du XIIᵉ siècle, Paris 1964. Zusammenfassend vgl. Frappier, R 93, 1972, pp. 145–193.

[326] Vgl. *Guigemar*, 768, *Fresne*, 452, *Lanval*, 342, *Deus Amanz*, 242, *Yonec*, 323, 396, 450, 540, *Chaitivel*, 144, *Eliduc*, 661, 853. Dabei handelt es sich allerdings um einen Schmerz-Topos in der Literatur des 11. und 12. Jahrhunderts; man denke bloß an die zwanzigtausend Ritter, die im *Rolandslied* im Anblick des Gemetzels von Roncevaux ohnmächtig zu Boden fallen, vgl. Bédiers Ausgabe, Paris 1955¹⁸⁸, Vv. 2415–2416.

[327] Zu diesem Problemkreis vgl. Erhard Lommatzsch, Darstellung von Trauer und Schmerz in der altfranzösischen Literatur, ZrP 43, 1923, pp. 20–67, und Ruth Hoppe, Die romanische Geste im *Rolandslied*, Schriften der Albertus-Universität, Bd. 10, Königsberg-Berlin 1937.

[328] In seinem Buch Ideal und Wirklichkeit in der höfischen Epik, Tübingen 1956, bemerkt Erich Köhler, Maries Menschen erlebten »die Liebe als unbeeinflußbare Schicksalsmacht, die andern Gesetzen folgt, als denen der Vernunft«, p. 158.

[329] *Equitan*, Vv. 19–20. Warnke, *Lais*-Ausgabe, p. 262, kommentiert die Verse 17 ff. mit folgenden Worten: »Der Sinn der Stelle ist: Diejenigen schlagen ihr Leben in die Schanze, welche im Lieben nicht Sinn noch Maß beachten; aber das ist eben die Art des Liebens, daß keiner dabei seine Vernunft bewahrt.« Und Neri, op. cit., p. 65, übersetzt: »E' questa la legge d'amore, che nessuno vi è ligio alla ragione.« – Auch dieser Gedankengang war schon den Troubadours geläufig, vgl. Conigliani, op. cit., p. 287. Er war – wie D.W. Robertson bemerkt – durch Aelred de Rievaulx' *De spirituali amicitia*, Pierre de Blois' und André le Chapelains *Tractatus de amore* zu einem »com-

damit geradezu eine Definition ihrer Auffassung der Liebe formuliert; eine Definition, die – wie schon Bédier in seinem in der *Revue des Deux Mondes* erschienenen Aufsatz über Marie de France betont[330] – allerdings diametral derjenigen des höfischen Codex entgegensteht, in welchem der Begriff der ›mesure‹ eine zentrale Rolle spielt. Maries Menschen sind Opfer einer Liebe, die als naturhaftes Ereignis über sie hereinbricht, sie verletzt und krank macht[331]:

> Amur est plaie dedenz cors
> E si ne piert nïent defors;
> Ceo est un mal ki lunges tient,
> Pur ceo que de Nature vient.
> (*Guigemar*, 483–486)

In Maries *Lais* kommt die Liebe als Leidenschaft zur Gestaltung[332], als knechtende Macht – »Amurs l'ad mis en sa maisniee« heißt es vom König im *Equitan* (V. 54[333]) –, welche, alles verzehrend, sich über jede Schranke hinwegsetzt und zu einer Vereinigung der Liebenden führt, die nicht selten durch den Tod besiegelt wird[334]. Es ist jene Form der Liebe, die ihre weltliterarische Erfüllung im Schicksal Tristans und Isoldes gefunden hat. Und es ist vielleicht mehr als ein Zufall, wenn Tristans Botschaft an Isolde in Maries *Chievrefoil* – »Bele amie, si est de nus: / Ne vus sanz mei, ne jeo sanz vus« (Vv. 77–78) – in Form und Gehalt fast mit dem von ihm bei Gottfried von Strassburg französisch gesungenen Lied »Isot ma drue, Isot mamie, / en vus ma mort, en vus ma vie!« (Vv. 19409–19410, Ed. Ranke, Zürich/Berlin 1964⁸) übereinstimmt[335]. Ob Thomas' Text, auf welchem ja Gottfried von Strassburgs Version fußt, in diesem Fall Maries Formulierung zugrunde liegt oder umgekehrt, oder ob beide Auto-

---

monplace in clerical circles at the time Marie wrote« geworden, vgl. RoR 44, 1953, p. 243. – Dazu ist immerhin zu bemerken, daß zwar Aelred de Rievaulx 1167 starb, daß aber der *Tractatus de amore* erst zwischen 1184 und 1186 abgefaßt wurde: ein Zeitpunkt, da Maries *Lais* längst vorlagen; vgl. dazu Reto R. Bezzola, Origines, III/1, p. 143, Anm. 2 und p. 264, Anm. 3. – In diesem Zusammenhang ist auch zu beachten, was Hoepffner, Les *Lais* de Marie de France, pp. 170 ff., schreibt . – Für Marie de France bezeichnend ist, scheint mir, daß sie den Dualismus ›raisun‹ ›amur‹ nicht auf der höheren Ebene des höfischen Weltbildes positiv aufhebt, sondern von ihren Gestalten bis zum tragischen Untergang austragen läßt. Darin unterscheidet sich Maries dichterische Einbildungskraft wesentlich von derjenigen Chrétiens, dessen Held »doit fournir sa mesure entière, mais en gardant le sens de la modération [. . .]. A cet équilibre dans l'audace correspond l'optimisme des dénouements qui réalisent et concilient toutes les virtualités, toutes les chances d'un Erec et d'un Yvain. Sans renoncement de leur part, sans qu'ils aient besoin de sacrifier l'amour à la gloire ni la gloire à l'amour, ils parviennent à une vie plus belle, un bonheur terrestre conquis dans sa plénitude«, Frappier, Chrétien de Troyes, p. 215.

[330] Rddm 107, 1891, p. 855.

[331] In diesem Zusammenhang darf nicht vergessen werden, daß die höfische Lyrik seit Guillaume IX die »Physiologie der Minne, d.h. die gesamte Auffassung der Liebe als Krankheit und Verwundung des Herzens und damit zugleich die formenreiche Metaphorik, die sprachlich aus dieser Auffassung herauswächst«, Ovid verdankt, Herbert Kolb, op. cit., pp. 293 ff. Vgl. dazu auch Stefan Hofer, Chrétien de Troyes, pp. 118 ff.

[332] Vgl. Hoepffner, Les *Lais* de Marie de France, pp. 170–171.

[333] Freilich darf nicht vergessen werden, daß auch dies bereits ein Topos in der Literatur der Epoche war, vgl. Conigliani, op. cit., p. 286 und Anm. 1.

[334] Vgl. *Equitan, Deus Amanz, Yonec*.

[335] Vgl. darüber Ezio Levi, I lai brettoni e la leggenda di Tristano, StR 14, 1917, pp. 131–133.

ren diesen Refrain aus einem, wie immer gearteten, Ur–*Tristan* übernommen hatten[336], ist in unserem Zusammenhang bedeutungslos: entscheidend bleibt lediglich die Tatsache, daß in diesen Stellen eine verwandte dichterische Einbildungskraft zum Ausdruck kommt[337].

Zwar ist das Liebesmotiv bei Marie de France nicht überall notwendig mit dem Untergang des Paares verbunden, wie dies im *Equitan, Yonec* und *Deus Amanz* der Fall ist. Die Begegnung kann auch – wie im *Laüstic*, im *Chievrefoil*[338] und im *Chaitivel* – in Trennung ausgehen – was indessen nur eine äußere Milderung und Abwandlung des Todesmotivs darstellt –, oder in Entsagung wie im *Eliduc*, wo die Gattin Guildeluëc als erste verzichtet, um sich ins Kloster zurückzuziehen: ein Weg, auf dem ihr Eliduc und Guilliadun schließlich folgen werden. Im *Bisclavret*, jenem Lai, der mit einer merkwürdig archaisch legendenhaft anmutenden Bestrafung der schuldigen Gattin endet, wird die Anstifterin vom Königshof verstoßen und des Landes verwiesen, wobei der verbrecherische Geliebte ihr ins Exil folgt[339].

[336] So legt es Levi aus, indem er sich auf die Verse 121–122 des Turiner Fragments bezieht (vgl. die Ausgabe Bartina H. Winds, Leiden 1950, p. 102). – Wie ein fernes Echo dieser Verse klingt auch der Satz, den die verzweifelte Gattin des Seneschals Equitan entgegenschleudert: »Pur vus m'estuet aveir la mort« (*Equitan*, 219). Auf diese Zusammenhänge weist auch Riquer, op. cit., p. 16, Anm. 2 hin, indem er den *Eliduc*-Vers »Vus estes ma vie e ma morz« (V. 671) in dieses Beziehungsnetz verflicht. Ein Maßstab für dichterische Qualität ergibt sich aus einem Vergleich dieser Zitate mit der Stelle aus dem im *Donnei des Amantz* enthaltenen *Tristan et le Rossignol*-Lai:

Ostez! Pur Deu, ma bele amie!
Ne estes vus ma mort, ma vie?
(Vv. 383–384)

Der Gedanke ist zwar derselbe; der abgehackte Rhythmus der *Rossignol*-Verse zerstört aber den Zauber, der bei Marie und Gottfried aus der Verbindung von Liebe und Tod entsteht.

[337] Bezzola spricht von »la passion fatale de Tristan et Iseut et des héros de Marie de France«, Le sens de l'aventure et de l'amour, p. 79. – Spitzer bezeichnet diese Verse als »Herzensschrei« und lehnt Levis Zitat-Theorie ab, vgl. ZrP 50, 1930, p. 45, Anm. 1. Schürr, Das altfranzösische Epos, München 1926, p. 385, schreibt: »Das Erleben der Liebe als einer Schicksalsmacht teilt in dieser Weise in der französischen Literatur nur noch der *Tristanroman* mit den *Lais* der Marie de France.«

[338] Dieser Lai ist anderseits natürlich als Episode innerhalb der Tristan-Legende doch wieder in deren tragische Struktur eingebettet.

[339] Irrelevant ist für unsere Untersuchung das an dieser Stelle auftretende Problem der moralischen Wertung seitens der Dichterin. Viele Interpreten haben sich damit beschäftigt. Man braucht sich indessen bloß vorzustellen versuchen, zu was für absonderlichen Gedankengängen etwa eine Untersuchung Mozartscher Opern im Hinblick auf Mozarts Konzeption der Ehe führen müßte, um die Unergiebigkeit derartiger Fragestellungen in Bezug auf den kritischen Nachvollzug einer dichterischen Struktur zu ermessen. Aus gewissen *Lais*-Stellen eine Verherrlichung der Gattenliebe und Gattentreue herauszulesen – wie dies Hoepffner, Aux origines de la nouvelle française, Oxford 1939, p. 36 tut –, steht zunächst einmal im Widerspruch zu allem, was man im zwölften Jahrhundert über die Liebe dachte; vgl. Bezzola, Le sens de l'aventure et de l'amour, p. 78. Selbst im *Eliduc* spielt die Liebe Eliducs zu Guilliadun weitaus die bedeutsamere Rolle und auch die aktivere in Bezug auf die Entwicklung des Geschehens, als das Motiv der treuen Gattin; und der Umstand, daß letztlich alle drei entsagen, ist doch eher ein poetisches als ein moralisches Motiv. Überdies gibt es zwei bezeichnende Stellen, wo Marie sich in den Gang der Ereignisse einschaltet, gleichsam um die bedrohten Liebenden zu warnen: vgl. *Yonec*, Vv. 258–260 und Vv. 299–300. Endlich könnte man hinzufügen, daß der Umstand, daß die Geschichten überhaupt erzählt werden, ja selbst schon seine Bedeutung hat, denn in acht von zwölf Lais »le bonheur dont jouissent les amants est basé plus ou moins sur l'adultère«, vgl. Emil Schiött, op. cit., p. 15 und pp. 26 ff. Vgl. darüber auch Battaglias *Lais*-Ausgabe, p. XXXVII: »Tranne i *Due amanti* tutti gli altri celebrano l'amore extraconiugale; soltanto in *Bisclavret* e *Equitan* la poetessa conclude con una condanna morale,

72

Angesichts dieser Struktur ihres Liebesbegriffes ist es erstaunlich, daß Marie de France auch die Darstellung glücklicher Erfüllung der Liebe gelingt; allerdings erst nach überstandenen Prüfungen und wiederholten Schicksalsschlägen: diese Lösungen gestaltet sie in *Guigemar*, *Fresne*, *Milun* und in *Lanval*.

Maries Menschen erleben das, was ihnen zustößt, als Verhängnis: »E dit que suffrir li estoet, / Kar issi fait ki mes ne poet«, so klagt Guigemar (*Guigemar*, 409–410). Die vom »vielz gelus« im Turm gefangen gehaltene junge Frau stöhnt bitterlich: « ›Lasse‹, fait ele, ›mar fui nee! / Mut est dure ma destinee!«« (*Yonec*, 67–68).

> »Allas!«, fet il, »queils destinee
> M'amenat en ceste cuntree?
> Pur ceste dame qu'ai veüe
> M'est une anguisse al quor ferue,
> Ki tut le cors me fet trembler:
> Jeo quit que mei l'esteut amer.«
> (*Equitan*, 65–70)

Mit diesen Worten gibt Marie den nächtlichen Gedanken des Königs Ausdruck, welcher, auf seinem Zimmer im Schlosse des Seneschals wachend, über die auswegslose Lage nachdenkt, in die er hineingeraten ist. Gerade *Equitan* stellt ein bezeichnendes Beispiel für die enge Verknüpfung dar, welche bei Marie de France zwischen dem Motiv der Liebe und demjenigen der s c h i c k s a l h a f t e n F ü g u n g besteht[340]: wenn gewisse Umstände einmal eingetreten sind und die Konfiguration der Personen ganz bestimmte Spannungsverhältnisse hervorgerufen hat, so ist der Lauf der Dinge nicht mehr aufzuhalten:

> Bele amie, si est de nus:
> Ne vus sanz mei, ne jeo sanz vus.
> (*Chievrefoil*, 77–78)

Dieses Ausgeliefertsein an das Geschick, das besonders eindrücklich in der Gestalt Eliducs zum Ausdruck kommt – er spricht selbst von dem, was ihm noch »deivë avenir« (V. 678)[341] –, formuliert die Dichterin einmal auch mit dem alle-

---

che però non vuole colpire l'infedeltà delle due rispettive mogli, ma si ferma a giudicare la loro condotta delittuosa.« Auch für Lazar ist das, was in Maries *Lais* überwiegt, »l'amour considéré comme une passion et la fin'amors des troubadours«, op. cit., p. 197; er stellt fest, daß sie sich oft gegen »l'intransigeance de certaines règles du code courtois« wende, op. cit., p. 191: alles in allem hätte Marie zwar die Theorien der »fin'amors« gekannt, aber stets »l'indépendance de ses jugements à l'égard de l'idéologie amoureuse de son temps« bewahrt. Für Payen »il y a un univers poétique du lai où règne l'immoralisme spontané des contes et des légendes«, op. cit., p. 305; denn »la passion que décrit le lai« sei »comme au-delà du bien et du mal«, ibid., p. 306.

[340] Darauf hatten schon Spitzer und Schürr hingewiesen. »Marie de France« – schreibt Spitzer, ZrP 50, 1930, p. 41 – »zeigt notwendige und geheimnisvolle Konsequenzen eines Unabänderlichen.« Vgl. auch Schürr, Komposition und Symbolik in den *Lais* der Marie de France, ZrP 50, 1930, p. 558; dazu Köhler, op. cit., vgl. diese Arbeit Anm. 328, p. 70.

[341] Vgl. darüber F. Schürr, Komposition und Symbolik in den *Lais* der Marie de France, ZrP 50, 1930, pp. 565–566.

gorischen Bild des Fortuna-Rades, das ja dem Mittelalter vornehmlich durch Boethius vermittelt worden war[342]:

> Mes Fortune, ki ne s'oblie,
> Sa roe turnë en poi d'hure:
> L'un met desuz, l'autre desure.
> (*Guigemar*, 538–540)

»Suffrir li estuet l'aventure« (V. 199), heißt es dann auch von Guigemar, dem die verwundete weiße Hindin im Wald zugerufen hatte: »Tel seit la tue destinee!« (V. 108). Gerade diese beiden Zitate aus demselben Lai zeigen, wie nahe verwandt sich bei Marie de France die Begriffe *aventure* und *destinee* sind.

Die *aventure* stellt einen zentralen Begriff im Bereich der höfischen Dichtung und namentlich der Artusepik dar. Für den höfischen Ritter bedeutet die ›aventure‹ »l'événement qui lui ad-vient (advenire – adventura) à lui personnellement«[343]. Wenn im *Yonec* der verletzte Held zur Dame sagt:

> Ma duce amie,
> Pur vostre amur perc jeo la vie.
> Bien le vus dis qu'en avendreit:
> Vostre semblanz nus ocireit.
> (*Yonec*, 319–322)

so scheint sich diese verbale Formulierung genau mit Köhlers Definition des höfischen ›aventure‹-Begriffes zu decken. Eine systematische Erörterung der Marieschen Verwendung des Ausdrucks ›aventure‹ im Rahmen des Sinnzusammenhanges ihrer *Lais* drängt sich auf, denn eine auch nur flüchtige Durchsicht dieser Texte zeigt, daß der ›aventure‹-Begriff bei Marie de France mehrdeutig ist.

Rossana Locatelli hat nachgewiesen[344], daß ›aventure‹ beim ersten Auftreten im *Alexius*-Lied, in den *chansons de geste* der zweiten Hälfte des 12. Jahr-

---

[342] Vgl. die diesbezüglichen Arbeiten von H.R. Patch, zit. bei Battaglia, *Lais*-Ausgabe, p. LI, Anm. 1. Über den Fortuna-Begriff in der Epik des 12. und frühen 13. Jahrhunderts vgl. die kapitalen Bemerkungen bei Köhler, op. cit., pp. 196–205. – Über das Fortuna-Motiv in der altfrz. Lit. vgl. Gunnar Biller, Etude sur le style des premiers romans français en vers, Göteborg 1916, pp. 128–129. Über die Literatur zu ›Fortuna‹ vgl. K. Heitmann, Fortuna und Virtus, Köln/Graz 1958, dazu auch F.P. Pickering, Notes on fate and fortune, in Mélanges F. Norman (Mediaeval German Studies), London 1965, pp. 1–15, sowie Howard R. Patch, The Goddess Fortuna in Medieval Literature, London 1967.

[343] Erich Köhler, Quelques observations d'ordre historico-sociologique sur les rapports entre la chanson de geste et le roman courtois, Heidelberger Kolloquium 1961, Studia romanica, 4, 1963, p. 26, und Ideal und Wirklichkeit in der höfischen Epik, Kap. III, pp. 66–88. – Über die Bedeutungsgeschichte von ›aventure‹ ⟨ *ADVENTURA vgl. Elena Eberwein, op. cit., pp. 29–33 und Rossana Locatelli, L'avventura nei romanzi di Chrétien de Troyes e nei suoi imitatori, ACME IV, 1951, pp. 3–22, sowie Glyn Sheridan Burgess, Contribution à l'étude du vocabulaire pré-courtois, Publications romanes et françaises, CX, Genève 1970, pp. 44–55. Rita Schober, op. cit., pp. 57–58, bietet eine nützliche Zusammenstellung sämtlicher ›aventure‹-Belege bei Marie de France.

[344] Op. cit., pp. 3–4; vgl. auch E. Köhler, Ideal und Wirklichkeit in der höfischen Epik, pp. 66 ff., und Wilhelm Homuth, Vom Einfluß des Lehnwesens und Rittertums auf den französischen Wortschatz, RF 39, 1921, inbesondere pp. 208–209.

hunderts und in den antikisierenden Romanen im Sinne von ›Schicksal‹, ›Geschick‹, ›Zufall‹ erscheint. Diese letztere Bedeutung läßt sich einmal in Maries *Lais* belegen[345].

Betrachtet man die Verse, mit denen die Verfasserin ihre *Lais* einleitet oder ausklingen läßt – wir denken an Partien wie etwa »Vos mosterai une aventure / Ki en Bretaigne la Menur / Avint al tens ancïenur« (*Guigemar*, 24–28)[346] –, so läßt sich ein zweiter Bereich innerhalb des semantischen Feldes von ›aventure‹ bei Marie de France erkennen: hier meint ›aventure‹ nunmehr ›Ereignis‹, ›sonderbare Geschichte‹, ›Begebenheit‹[347]. Bei der überwiegenden Anzahl der Belege freilich scheint eine Verwendung von ›aventure‹ in jenem tieferen Sinn vorzuliegen, der sich eben beim »gloser la lettre« ergibt[348]; und diese ›aventure‹-Auffassung tritt so oft in Erscheinung, daß die Vermutung sich aufdrängt, es handle sich dabei um einen Begriff, der als konstitutives Element im ›univers poétique‹ der Marie de France ausgelegt werden darf[349].

Als Guigemar, dem eben von der weißen Hindin seine »destinee« verkündet worden ist, auf hoher See im Schiff erwacht, heißt es: »Suffrir li estuet l'aventure« (V. 199), und gegen Ende des Lais, bei der Wiedererkennungsszene, ruft er aus: »Bele‹, fet il, ›queil aventure / Que jo vus ai ici trovee!‹ « (Vv. 822–823). In *Fresne* braucht die Mutter diesen Ausdruck, als sie, nachdem sie wie die von ihr verleumdete Nachbarin zwei Kinder geboren hat, darüber nachdenkt, was ihr zugestoßen ist: »Mis sire e tuz sis parentez / Certes jamés ne me crerrunt, / Des que ceste aventure orrunt; / Kar jeo meïsmes me jugai« (Vv. 76–79). Auf Drängen seiner Gattin erzählt ihr Bisclavret, was ihm im Wald widerfährt. Marie nennt das: »s'aventure« (Vv. 61, 269); und die Frau selbst erschrickt ob dieser »aventure« (V. 99), die sie dann auch dem König beichtet. Nachdem Lanval von der Fee beurlaubt worden ist, die ihm ihre ewige Liebe unter der Bedingung versprochen hat, daß sie ein Geheimnis bleibe, entfernt sich der Ritter, indem er, nochmals zurückblickend, über das Vorgefallene nachdenkt: »De s'aventure vait pensaunt« (V. 197). In *Deus Amanz* beschwört die Königstochter den jungen Mann, zu ihrer Tante nach Salerno zu reisen, um ihr »mustrer li vostre

---

[345] Vgl. *Guigemar*, V. 676, »par aventure«.

[346] In diesem Sinne auch im *Prolog*, 36; *Equitan*, 5; *Fresne*, 39, 214, 347, 496; *Lanval*, 1; *Deus Amanz*, 2, 170, 251; *Yonec*, 555; *Laüstic*, 1, 157; *Chaitivel*, 3, 143; *Eliduc*, 26, 245, 621, 1109.

[347] Vgl. diese Arbeit, p. 76, Anm. 351.

[348] »La grande différence entre la pensée moderne et la pensée médiévale, c'est que, pour celle-ci, toute la réalité sensible est composée de symboles et demande à être sans cesse traduite. Ou plutôt, l'apparence des choses et leur ›signifiance‹, sont tellement indissociables à ses yeux, qu'il lui est impossible de voir les formes concrètes du monde comme des réalités en elles-mêmes closes, complètes, ne portant pas d'autre sens que l'immédiat. Le moyen âge voit à la fois, d'un même regard, la chose et son sens, l'objet sensible et ce qui est au delà du sensible, le geste humain et sa valeur de rite, les couleurs et leur correspondance secrète dans le domaine de l'âme«, Albert Béguin, Chrétien de Troyes et le symbolisme médiéval, in Poésie de la présence, Paris 1957 (auch als Einleitung zu Reto R. Bezzola, Le sens de l'aventure et de l'amour [Chrétien de Troyes], Paris 1947, p. VI). In Bezug auf Marie de France selbst vgl. Frappier, Chrétien de Troyes, p. 21, und F. Schürr, Komposition und Symbolik in den *Lais* der Marie de France, ZrP 50, 1930, p. 581, sowie diese Arbeit, p. 85.

[349] Vgl. dazu auch Frappier, Remarques sur la structure du lai, der in der ›aventure‹ »un principe d'unité« für den Lai als literarische Gattung überhaupt sieht, p. 37.

aventure« (V. 111). Prophetisch schildert der sterbende Yonec seiner Geliebten, was sich dereinst an seinem Grab ereignen wird, und er sagt ihr, sie solle ihrem Sohn erzählen »L'aventure [...] / Cum il fu nez, ki l'engendra« (Vv. 434–435). Im *Laüstic* beschließt die Dame, ihrem Geliebten die tote Nachtigall zu übersenden und fügt hinzu: »L'aventure li manderai« (V. 134)[350]. Miluns Geliebte bestimmt, daß das Kind nach der Geburt zu ihrer Schwester nach Northumberland gebracht werden solle; sie setzt einen Brief für ihre Schwester auf, worin »Escriz i ert li nuns sun pere / E l'aventure de sa mere« (Vv. 79–80); die Schwester in Northumberland führt den Auftrag aus, was mit fast denselben Worten berichtet wird (Vv. 295–296). Nachdem die in Eliduc verliebte Guilliadun, dem Fremden durch einen Diener einen Ring und einen Gürtel hat überbringen lassen, denkt sie beklommen über ihren Schritt nach, wobei sie zur Einsicht kommt: »Ore est del tut en aventure!« (V. 397); dementsprechend fügt dann die Autorin am Schluß des Lai abrundend bei: »De l'aventure de ces treis / Li ancïen Bretun curtei / Firent le lai [...]« (Vv. 1181–1183).

Aus dieser Belegzusammenstellung läßt sich nunmehr ein erster Schluß ziehen. Es ergibt sich, daß bei Marie de France der ›aventure‹-Begriff dort, wo er nicht bloß als ›Zufall‹ oder ›Begebenheit‹ aufzufassen ist, eine Form von Schicksal meint, die nicht einfach etwas ist, was jemandem zufällig geschieht, sondern was ihm als über ihn verhängte persönliche Fügung zustößt (ad-venit)[351]. Der *Guigemar*-Vers »Suffrir li estuet l'aventure« (V. 199) beweist, daß die eingangs erwähnte *Yonec*-Stelle (Vv. 319–322) auf diese Art und Weise zu interpretieren ist; und so brauchen sowohl Bisclavret (Vv. 61, 99, 269) und Fresnes Mutter diesen Ausdruck (V. 78) als auch Guilliadun, wenn sie sagt »Ore est del tut en aventure«[352]. Diese Umwertung des ›aventure‹-Begriffs läßt sich – Köhler hat es gezeigt – im *Roman de Troie* verfolgen, wo die Verbindung von *avenir* und *aventure* bereits vollzogen wird, und markiert »literarhistorisch das Einsetzen des höfischen Romans«[353].

Besonders aufschlußreich im Hinblick auf die Auswertung der zusammengestellten ›aventure‹-Belege ist eine Passage im *Yonec*-Lai:

---

[350] Zu dieser Stelle vgl. Eberwein, op. cit., p. 35.

[351] Diese Bedeutung findet sich, laut Rita Schober, op. cit., p. 57, 21 mal bei Marie – auf ein Total von 43 Belegen –, während es 16 mal als ›bloße Begebenheit‹ zu verzeichnen ist. Damit geht Marie de France über die zu ihrer Zeit allgemein gebräuchliche Verwendung von ›aventure‹ als ›Zufall‹, ›Begebenheit‹, ›Schicksal‹ hinaus; vgl. Eberwein, op. cit., pp. 31–33, und Conigliani, op. cit., p. 294: »[l'avventura] è qualche cosa che appartiene propriamente alla persona che essa sceglie«. Von hier aus ist das, was Horst Baader, op. cit., pp. 329 ff., über den ›aventure‹-Begriff in den *Lais* sagt, trotz seiner einleuchtenden Ausführungen auf pp. 342–344 in Bezug auf Marie de France viel zu allgemein: was für *Doon*, *Espine*, *Graelent*, *Tydorel* und *Guingamor* gilt (das zeigt sich besonders deutlich bei dem, was Baader über die Passivität des Lais-Protagonisten und über das Motiv der Evasion sagt), mag zwar in Bezug auf eine allgemeine Genre-Bestimmung von Bedeutung sein; Maries *Lais* bilden aber das ›univers poétique‹ einer individuellen Dichterpersönlichkeit. Um dessen Charakterisierung allein geht es in diesem unserem Versuch.

[352] Jean Rychner in seiner *Lais*-Ausgabe, p. 295, erklärt: »la chose est maintenant dans les mains du destin, le sort en est jeté« und Neri übersetzt: »ormai la sorte è gettata!«, op. cit., p. 327.

[353] Erich Köhler, op. cit., p. 67.

76

Mut ai sovent oï cunter
Que l'em suleit jadis trover
Aventures en cest païs
Ki rehaitouent les pensis.
Chevalier trovoent puceles
A lur talent, gentes e beles,
E dames truvoent amanz
Beaus e curteis [...]
(*Yonec*, 91–98)

In diesen Versen tritt der ›aventure‹-Begriff zunächst als ›Ereignis‹, ›Begebenheit‹ auf; und zwar in durchaus äußerlichem Sinn. Anderseits zeigt sich, daß er bereits in einen höfischen Kontext eingebaut ist: die Protagonisten der Aventuren, von denen die Dame träumt, sind Ritter[354]. Endlich – und das ist das Wesentliche – wird hier die ›aventure‹ als Liebesaventure gesetzt[355]. ›Aventure‹ als persönlich über einen Menschen verhängtes Schicksal verbindet sich – das ergibt sich aus einer erneuten Durchsicht der Belegzusammenstellung als zweiter Schluß eindeutig – bei Marie de France sehr oft mit ›aventure‹ im Sinne von ›Liebeserfahrung‹[356]: So sind die Stellen aus *Guigemar*, (Vv. 199, 822), *Lanval* (V. 197), *Deus Amanz* (V. 111), *Yonec* (V. 434), *Laüstic* (V. 134), *Milun* (Vv. 80 und 296) und *Eliduc* (V. 1181) aufzufassen. Maries Menschen begegnen der Welt in der ›aventure‹ als Erfahrung von Liebe und Schicksal; aus dieser Begegnung ergibt sich – das läßt sich als Drittes festhalten – entweder Bewährung und Glück (*Guigemar, Fresne, Milun, Lanval*) oder Schuld und Verhängnis (*Equitan, Yonec, Deus Amanz, Laüstic, Chievrefoil, Chaitivel* und *Eliduc*).

Von dieser Warte aus lassen sich nun einige Feststellungen in Bezug auf Maries Einbildungskraft in ihrem Verhältnis zur höfischen Ideologie machen, wie sie in der Artusepik zum Ausdruck kommt. Erstens: Maries Liebesbegriff, obschon er, als verzehrende Leidenschaft gestaltet, im Widerspruch zur streng höfischen Definition des ›amour courtois‹ steht, prägt sich wesentlich als ›aventure‹ aus. Zum andern: vom Gesichtspunkt einer literaturgeschichtlichen Betrachtung aus enthält Maries ›aventure‹-Begriff dennoch bereits im Keime jene Konzeption der ›aventure‹ als Bewährungsprobe, wie sie Chrétien de Troyes programmatisch in seinen Romanen entwickeln wird: wenn es von Guigemar heißt: »En Flaundres vait pur sun pris quere« (V. 51) und von Milun und seinem Sohn, sie seien ausgezogen, »pur sun pris quere« (Vv. 122 und 336), so ist in dieser Vorstellung doch wohl das im Keime angelegt, was Calogrenant dem ›vilain‹ auf die Frage antwortet, warum er ausgezogen sei: »Avanture, por esprover / ma proesce et mon hardemant« (*Yvain*, Vv. 362–363)[357]. Als Drittes

---

[354] »Il fiore dell'esperienza è colto dal cavaliere; soltanto egli possiede le capacità per realizzare la personalità umana. Sopratutto l'avventura e l'amore non si potrebbero separare dalla sua audace e raffinata psicologia«, Battaglia, *Lais*-Ausgabe, p. XXXVI.

[355] Vgl. darüber auch Battaglia, op. cit., p. LI.

[356] Battaglia spricht in der Einleitung zu seiner *Lais*-Ausgabe geradezu von einem »binomio amore-avventura«, p. LII.

[357] Von hier aus wäre folglich Conigliani zu berichten, wenn sie von einer »differenza profonda«

ist zu unterstreichen, daß Marie gerade im *Guigemar*, einem der Lais – wie Hoepffner sich ausdrückt – »les plus riches en substance«[358], die Selbstverwirklichung eines Menschen und seine Heimholung in die Gesellschaft durch die ›aventure‹ der Liebe gestaltet: ein Thema, welches zum Grundmuster der Artusepik werden wird. Indessen – und das ist das vierte Ergebnis – konzentriert Marie de France eine solche ›queste‹ in eine einzige ›aventure‹: im Marieschen Lai als gestalteter ›aventure‹ kommt die polarisierte Krise eines Schicksals zur Austragung[359]. Endlich: enthält Maries ›aventure‹-Begriff einerseits bereits den erweiterten ›aventure‹-Begriff des höfischen Romans, so zeigt sich in der Struktur des Marieschen Lais anderseits dessen Modell: eine Abfolge nämlich von Aventuren als »Stationen im Läuterungsgang des Menschen«[360], wo »alle Episoden in einem konstitutiven Verhältnis zum Sinnganzen stehen«[361].

»Ce qui constitue le lai« – schreibt Bédier in jenem frühen Aufsatz, der am Anfang aller literarischen Beschäftigung mit Marie de France steht[362], – »c'est l'a-

(op. cit., p. 294) zwischen den *Lais* der Marie und dem Chrétienschen Artusroman in der Konzeption der ›aventure‹ spricht. Der Unterschied liegt nämlich nicht in der Auffassung des ›aventure‹-Begriffes oder gar in seiner Herleitung aus verschiedenen Quellen, sondern in derjenigen der Liebe. Auch Rita Schober, op. cit., pp. 47 und 56, – wie früher schon Erich Nagel, Marie de France als dichterische Persönlichkeit, RF 44, 1930, p. 54 – sieht fälschlicherweise einen grundsätzlichen Unterschied zwischen Maries ›aventure‹-Begriff und demjenigen des Ritterromans. Sie übersieht, daß das ›pris querre‹ der Chrétienschen Helden nicht einfach »eine bunte ›aventure‹-Folge« darstellt, sondern eine symbolische Bedeutung beinhaltet. Nur so läßt sich ihre unhaltbare Aussage erklären, p. 48: »Die ›aventure‹-Folge im *Erec* dagegen ließe sich ohne weiteres durch eine Folge anders gearteter Aventuren ersetzen«. Von einer »Zufälligkeit« der Erecschen ›aventure‹-Folge kann keine Rede sein! Vgl. namentlich Bezzola, Le sens de l'aventure et de l'amour, und Frappier, Chrétien de Troyes, insbesondere p. 62 und p. 213. – Über ›amour‹ und ›aventure‹ als Casus der möglichen Bewährung im höfischen Sinn vgl. Ruprecht Rohr, Zur Skala der ritterlichen Tugenden in der altprovenzalischen und altfranzösischen höfischen Dichtung, ZrP 78, 1962, p. 323. – Zum ganzen Problemkomplex vgl. Elena Eberwein, op. cit., pp. 27–35; Auerbach, Der Auszug des höfischen Ritters, in Mimesis, Bern 1959², pp. 120–138, und Erich Köhler, op. cit., pp. 66–88 und 195 ff., sowie Bezzola, Le sens de l'aventure et de l'amour. – Daß sich von der Vorstellung des ›pris querre‹ Verlängerungslinien bis weit hinauf zum Begriff der *queste* bei Chrétien und in der nachchrétienschen Epik ziehen lassen, braucht nicht besonders hervorgehoben zu werden; vgl. darüber Köhler, op. cit., pp. 82–88. – Es ist folglich keine Rede davon, daß – wie Erich Nagel, Marie de France als poetische Persönlichkeit, RF 44, 1930, p. 53 schreibt – »Marie eine viel natürlichere und primitivere Abenteuerauffassung [habe] als die der Artus-Romane ist«.

[358] Les *Lais* de Marie de France, Paris 1935, p. 94.

[359] Für Elena Eberwein wird in Maries *Lais* »eine schicksalhafte Wendung im Leben einer Hauptperson dargestellt, hervorgerufen durch ein zentrales Ereignis, welches seinerseits so die besondere Aufmerksamkeit des Dichters hat, daß es sich uns als der eigentliche Schwerpunkt der Handlung darstellt, als das Kraftzentrum, von dem aus menschliches Leben und Schicksal gesehen und beschrieben wird«, p. 34. Dazu ibid., pp. 35 ff., wo Elena Eberwein den *Laüstic* und den *Lanval* als ›univers poétiques‹ darstellt, die von einer ›aventure‹ befallen und gefangen genommen werden; sie verwendet die Ausdrücke »Befallensein von der ›aventure‹« (p. 42) und »Gefangennehmung durch die ›aventure‹« (p. 48).

[360] Köhler, op. cit., p. 77. – Über die epische Struktur als Funktion des Verhältnisses von ›aventure‹ und Liebe sagt Köhler: »In der poetischen Fiktion ist die Liebe, d.h. die Quelle einer umfassenden menschlichen Perfektion, die zur ›aventure‹ treibende Kraft«, op. cit., p. 69, Anm. 2.

[361] Köhler, op. cit., p. 241. Auerbach spricht von der Reihe der Abenteuer als »einer schicksalsbestimmten stufenweisen Bewährung«, op. cit., p. 132. Von hier aus ist Wolfram Völkers Auffassung der Marieschen Laikonzeption zu berichtigen, vgl. seine Diss. Märchenhafte Elemente bei Chrétien de Troyes, Bonn 1972, p. 171.

[362] Revue des deux mondes, t. 107, 1891, pp. 835–863.

venture, c'est-à-dire une entreprise tentée par un héros à travers les surprises d'un monde surnaturel«[363]. Obgleich diese Umschreibung des ›aventure‹-Begriffes im Hinblick auf die Autorin der ersten Lais – die vorliegende Untersuchung dürfte es dargelegt haben – doch wohl zu wenig differenziert ist, bleibt ihr das Verdienst, den ›aventure‹-Begriff mit demjenigen des Übernatürlichen – wir möchten es das Magische nennen – in Verbindung gebracht zu haben: eine Verbindung, welche – diesen Eindruck vermittelt jede auch nur flüchtige Durchsicht der Marieschen *Lais* – wesentlich zur Struktur ihrer dichterischen Einbildungskraft zu gehören scheint[364].

Von Menschen, die sich in Tiere verwandeln und umgekehrt berichten *Yonec* und *Bisclavret*. Eine sprechende weiße Hindin tritt im *Guigemar* auf[365]. Seltsame Gegenstände spielen mehrfach eine Rolle: im *Guigemar* handelt es sich um einen Pfeil, der auf den zurückfliegt, der ihn abgeschossen hat; in demselben Lai gibt es ein Zauberschiff, das ohne Steuermannschaft seinem Ziel entgegenfährt, einen Knoten und einen Gürtel, die sich nur von ganz bestimmten Personen öffnen lassen; im *Yonec* führt die Autorin einen Ring ein, dem die Kraft innewohnt, jegliche Erinnerung an Geschehenes auszulöschen; von einer Wunderblume, welche Tote zum Leben zurückzurufen vermag, wird im *Eliduc* erzählt, während ein Zaubertrank im Mittelpunkt von *Deus Amanz* steht. Lanvals Dame endlich enthüllt sich als wundertätige Fee von überwältigender Schönheit, die Lanvals ganzen Haushalt verzaubert, sodaß der Ritter ihn bei seiner Rückkehr aus dem Wald kaum mehr erkennt. Damit sind freilich bloß die augenfälligsten Faktoren aufgezählt worden, die den Anteil des Übernatürlichen in Maries *Lais* ausmachen. Jeder Leser spürt indessen, daß die besondere Stimmung, welche diese Erzählungen prägt – selbst diejenigen, in denen keine solche Wunderdinge sich ereignen –, nicht allein davon abhängt.

Zunächst fällt die Vorliebe der Dichterin auf, ihre Geschichten in zeitlicher Ferne spielen zu lassen[366]. Mannigfache Hinweise auf einen »tens ancïenur« (*Guigemar*, 26), auf »jadis« (*Equitan*, 3, *Fresne*, 3, *Bisclavret*, 5, *Deus Amanz*, 1, *Yonec*, 11), auf »li auncïen« (*Milun*, 532) klingen leitmotivartig in den die *Lais* einrahmenden Versen[367] auf, wobei bezeichnenderweise die evozierte Ver-

---

[363] Ibid., p. 859.

[364] »Per lei l'amore-avventura giustifica e anzi esige la presenza del meraviglioso e del mistico«, Battaglia, *Lais*-Ausgabe, p. LV. – Aus diesem Grunde ist der motivgeschichtliche Aspekt der magischen Themen, die bei Marie vorkommen, im Rahmen dieser Untersuchung kaum von Interesse. Vgl. zusammenfassend darüber das Kapitel »Die Lais und die Volksmärchen« bei Horst Baader, op. cit., pp. 104 ff. – Vgl. zum Motiv des Magischen auch Jean Marx, La littérature arthurienne et le Graal, Paris 1952 und La littérature celtique, Paris 1959, Omer Jodogne, L'autre monde celtique dans la litt. franç. du XIIe siècle, Bull. de la classe des lettres et des sciences morales et pol. de l'Ac. royale de Belgique, 46, 1960, pp. 584–597 sowie Jean Frappier, Chrétien de Troyes, Paris 1963, pp. 58–61, und Remarques sur la structure du lai, pp. 30–33.

[365] Vgl. zu diesem Motiv auch *Graelent*, *Guigemar* und *Erec*.

[366] In diesem ganzen Abschnitt folgen wir den Betrachtungen Spitzers, ZrP 50, 1930, pp. 39 ff., Hoepffners, La géographie et l'histoire dans les *Lais* de Marie de France, R 56, 1930, pp. 1–32, und Battaglias, *Lais*-Ausgabe, p. XXXIII.

[367] Spitzer bezeichnet diese Rahmenpartien bei Marie de France als »Traumkulissen einer Märchenbühne, auf der sich verschiedenartiges Geschehen abspielt«, ZrP 50, 1930, p. 54.

gangenheit meist als bretonisch bezeichnet wird: »Vos mosterai une aventure / Ki en Bretaigne la Menur / Avint al tens ancïenur« (*Guigemar*, 24–26)[368]. Bretonisch – das hieß für Maries Zeitgenossen frühestens seit dem *Voyage de Saint Brendan* (1121), der die ›matière de Bretagne‹ zum ersten Mal in die französische Literatur einführt[369], mindestens seit Geoffroi de Monmouths *Historia Regum Britanniae*, sicherlich aber seit Waces *Brut*: ›lange vergangen‹ und ›märchenhaft‹, ›wunderbar‹. Wace selbst erzählt in seinem *Roman de Rou*, an dem er zwischen 1160 und 1174 arbeitete[370], leicht verärgert, er habe sich in den Wald von Broceliande begeben[371], um die Quelle Barenton und die übrigen bretonischen Merkwürdigkeiten zu besichtigen, habe indessen nichts vorgefunden:

> La alai io merveilles querre.
> Vi la forest et vi la terre;
> merveilles quis, mais nes trovai.
> (Ed. Andresen, Vv. 6415–6417)[372]

Im *Bisclavret* reimt Marie de France:

> Meinte merveille avum veüe,
> Ki en Bretaigne est avenue.
> (Vv. 259–260)

Den Hauch des Altertümlichen einerseits und des altertümlich Unwirklichen anderseits verströmen die Orts- und Personennamen, die Marie in ihren Text einflicht. Da wird in Übereinstimmung mit Wace die Normandie auch Neustrie genannt (*Deus Amanz*, 7–8)[373], England und Schottland erscheinen unter den alten Bezeichnungen Logre[374] bzw. Albanie (*Lanval*, 9, *Eliduc*, 1071, *Milun*, 17). Yonec zieht mit Mutter und Stiefvater zum Aaronsfest nach Karlion (*Yonec*, 470) und Milun fängt seinen Schwan »Une archiee suz Karlïun« (*Milun*, 183): Karlion aber heißt die von Geoffroi de Monmouth und Wace ausführlich beschriebene Residenz König Arturs. Dieser selbst erscheint im *Lanval*, wo auch

---

[368] Vgl. *Equitan*, 1–2, 311–314; *Fresne*, 3; *Bisclavret*, 1–4, 15; *Lanval*, 4, 642; *Deus Amanz*, 5, 254; *Yonec*, 11; *Laüstic*, 2, 159; *Milun*, 374; *Eliduc*, 1, 5, 1181–1184.

[369] Vgl. Frappier, Le roman breton, I, p. 93. Für den Text des *Voyage de Saint Brendan* vgl. die Ausgabe von Edwin Geo. Ross Waters, Oxford 1928. Zur Diskussion um die Datierung vgl. Hermann Tiemann, Die Datierungen der altfranzösischen Literatur, RJb 8, 1957, p. 115, Anm. 15; dazu nunmehr auch M. Dominica Legge, Les origines de l'anglo-normand littéraire, RLiR 31, 1967, p. 47 und dieselbe, Gautier Espec, Ailred de Rievaulx et la matière de Bretagne, Mélanges Frappier, t. II, Genève 1970, p. 623.

[370] Vgl. Bezzola, Origines, III/1, p. 147, Anm. 5.

[371] Über Broceliande, vgl. Stefan Hofer, Chrétien de Troyes, p. 151, Anm. 6, und Manfred Gsteiger, Die Landschaftsschilderungen in den Romanen Chrestiens de Troyes, Diss., Bern 1958, p. 25. Der erste Hinweis auf die Barenton-Gewitterquelle im Wald von Broceliande findet sich bei Giraud de Barri. Alle weiteren Darstellungen fußen auf Waces *Rou* (Ed. Andresen, Vv. 6395 ff.) und Chrétiens *Yvain*.

[372] »Wace alla bien dans la forêt de Broceliande, dans l'espoir d'y rencontrer une fée«, Bartina H. Wind, Mélanges Delbouille, II, p. 745. Vgl. dazu auch Jean Marx, Wace et la matière de Bretagne, Mélanges Frappier, t. II, Genève 1970, pp. 771–774.

[373] *Brut*, Vv. 10417–10418, 10589–10590, zit. bei Hoepffner, R 56, ‹1930, pp. 5–6, ed. Arnold, Vv. 10159–10160 und 10319–10320.

[374] Zum Sprachlichen in Bezug auf die Form ›Logre‹ vgl. Hoepffner, R 56, 1930, p. 9, Anm. 2.

seine zweite Residenz Kardoel (*Lanval*, 5–6) aufgeführt wird: ein Name, der allerdings in dieser Form weder bei Geoffroi de Monmouth noch bei Wace belegt ist, und den die Autorin vielleicht einer *Tristan*-Vorlage entnommen hat[375]. Damit hat Marie ihren Stoff wiederum in der ›matière de Bretagne‹ verankert: indem sie neben der »Table Roünde« (*Lanval* 15) Namen wie Walwains, Ywains (*Lanval*, 225, 226, 227, 400, 478, 517) und Hoilas (*Guigemar*, 27), Marks, Tristram und Brenguein (*Chievrefoil*, 11, 12, 90) auch König Markes Schloß Tintagel (*Chievrefoil*, 39) erwähnt sowie die sagenumwobene Insel Avalun (*Lanval*, 641)[376], wohin Lanval von der Fee entrückt wird, führt sie neben der bereits erörterten Dimension der zeitlichen Ferne auch diejenige der räumlichen Ferne ein, nicht ohne gleichzeitig beide in den Bereich des legendär Unwirklichen zu verlängern[377].

Es ist von Bedeutung festzuhalten, daß ausgerechnet *Chaitivel* und *Laüstic*, die beiden Lais, in denen jegliches explizite irrational magische Element fehlt, zwar auf den bretonisierenden Eingang nicht verzichten – im Falle des *Laüstic* besteht der Titel (wie beim *Bisclavret*) sogar aus einem bretonischen Wort –, aber räumlich real lokalisiert werden: die Handlung des *Chaitivel* spielt in Nantes, diejenige des *Laüstic* in Saint-Malo[378].

Der Bereich des legendär Unwirklichen wird bei Marie de France mitunter durch eine ganz bestimmte Art der Landschaftsbehandlung signalisiert. Guigemar erfährt sein Schicksal im Wald, der den Rahmen zu seinem Erlebnis mit der seltsamen Hindin und dem Pfeil abgibt (*Guigemar*, 79–147); Bisclavret erlebt seine grauenerregende Verwandlung in einem Wald, und die entscheidende Begegnung mit dem jagenden König findet gleichfalls im Wald statt (*Bisclavret*, 60 ff.); Fresnes abenteuerliches Geschick setzt mit einem Gang durch den nächtlichen Wald ein, durch den die Magd das in den »paile roé« gewickelte Kind zum Kloster trägt (*Fresne*, 135 ff.); die Einsiedelei, wohin die totgeglaubte

[375] Vgl. dazu Hoepffner, R 56, 1930, pp. 22–23. Was die Identität der Feendame Lanvals betrifft, so sieht Eithne M. O'Sharkey *Lanval* als »the earliest example in courtly literature of the rivalry between Morgain and Guinevere«, The identity of the Fairy Mistress in Marie de France's *Lai de Lanval*, BBSArthur. 21, 1961, p. 147.

[376] Über ›Avalun‹ vgl. zusammenfassend Battaglia, *Lais*-Ausgabe, p. XXXII, Anm. 1, und Frappier, Le roman breton, I, pp. 31 ff.

[377] Vgl. darüber auch H. Baader, op. cit., pp. 99–100, der gleichfalls auf den von Marie zitierten keltischen Titel von *Eliduc* hinweist *Guildeluëc ha Guilliadun* (*Eliduc*, V. 21), p. 69. – Nach Maurice Delbouille, Le nom et le personnage d'Equitan, MA 69, 1963, pp. 315–323, gehört auch der Eigenname Equitan in die keltische Tradition; nach Constance Bullock-Davies, *Lanval and Avalon*, Bulletin of the Board of Celtic Studies, 23, 1969, pp. 128–142, auch derjenige Lanvals. Barbara Brookes Schonfield zählt ebenfalls »strange prefixed and suffixed forms« (p. 199) dazu; vgl. darüber A Stylistic Analysis of the *Lais* of Marie de France, Diss., Columbia University 1967, pp. 187–197. Indessen entzieht sich meines Erachtens diese Kategorie im Bereich eines mittelalterlichen Textes weitgehend dem philologischen Zugriff. Wenn Frappier schreibt: »Pour dépayser leurs lecteurs et leurs lectrices, le procédé favori des romanciers courtois a été de reculer l'action dans un passé vague et lointain et de faire appel aux ressources du merveilleux«, Le roman breton, I, p. 97, so muß immerhin unterstrichen werden, daß – literarhistorisch betrachtet – Marie die erste ist, die ein Verfahren anwendet, welches sich zum Topos des höfischen Artus-Romans als Genre entwickeln sollte.

[378] Vgl. Hoepffner, R 56, 1930, p. 2. – Zu ›bisclavret‹ vgl. J. Loth, Le lais du *Bisclavret*, le sens de ce nom et son importance, RC 44, 1927, pp. 300–307.

Guilliadun gebracht wird und wo die einzige ›merveille‹ (*Eliduc*, 971) sich ereignet, welche in diesem Lai vorkommt – nämlich die wundersame Wiedererweckung durch die rote Blume –, befindet sich in einem riesigen Wald, von dem es heißt: »Trente liwes ot de lungur« (*Eliduc*, 890); Tristans Begegnung schließlich mit Isolde läßt die Dichterin ebenfalls in einem Wald vor sich gehen (*Chievrefoil*, 48, 92).

Guigemar –: der junge Mann, vereinsamt, aus der Gesellschaft ausgestoßen, weil ihm fehlt, was ihn erst eigentlich zum Menschen macht – die Fähigkeit zur Liebe –, reitet in den Wald. So setzt nach einer fünfundsiebzig Verse langen Exposition die Handlung der Novelle ein. Für ein Publikum, das den *Enéas* gelesen hatte, wo erstmals in der altfranzösischen Literatur der Wald als Folie für eine Schar von Rittern auf Abenteuersuche verwendet wird[379], das die übrigen antikisierenden Romane[380] und Wace kannte, war es sofort klar, daß hier die Erzählung an einem entscheidenden Punkt angelangt war. Mit dem Erscheinen der Hindin – sie ist weiß und spricht[381] –, das die Pfeil-Episode auslöst, folgt die Bestätigung auf dem Fuß: das Numinose der bevorstehenden ›aventure‹ spiegelt sich wie schon bei Vergil und Lucan, motivisch im Wald als der Stätte des geheimnisvoll Unbekannten. Chrétien de Troyes wird in seinem *Erec* die Verbindung von Wald und ›aventure‹ explizit ausdrücken, wenn er den König sprechen läßt:

> Demain matin a grant deduit
> irons chacier le blanc cerf tuit
> an la *forest avantureuse*.
> (Ed. Roques, Vv. 63–65)

Dem Wald als magisches Zeichen für die aus den geheimnisvollen Tiefen des unerforschlichen Schicksals ins Leben des Menschen einbrechende ›aventure‹[382] – so empfindet ihn, auch nach Marianne Stauffer, Marie de France noch durchaus, während er schon bei Chrétien, im Sinne Bezzolas, als Abbreviatur erscheint[383] – gesellt sich innerhalb des ›univers poétique‹ der Marie de France

---

[379] Vgl. Manfred Gsteiger, op. cit., p. 24. Es handelt sich um die Vv. 370 ff. in der Ausgabe Salverda de Graves.

[380] Über die Bedeutung des Waldes in den antikisierenden Romanen vgl. Manfred Gsteiger, op. cit., pp. 23 ff.

[381] Im *Graelent* tritt ebenfalls eine weiße Hindin auf, im *Guingamor* ist es ein weißer Eber und im *Erec* ein weißer Hirsch. Der Schauplatz der Begegnung ist dabei jedesmal der Wald. – Zur verfolgten weißen Hindin vgl. Carl Pschmadt, Die Sage von der verfolgten Hinde, Diss., Greifswald 1911. – Für Hoepffner stellen diese Tiere »des êtres féeriques qui entraînent ou dirigent le héros vers l'aventure merveilleuse qui l'attend« dar, Les *Lais* de Marie de France, p. 84. Vgl. dazu auch Schürr, ZrP 50, 1930, p. 567: »Die künftige Überwältigung Guigemars durch die Liebe [wird] in der Begegnung mit der weißen Hindin und seiner Verwundung sinnbildlich vorweggenommen«, darüber auch ibid., p. 560.

[382] Über den Wald in der höfischen Dichtung vgl. Marianne Stauffer, Der Wald – Zur Darstellung und Deutung der Natur im Mittelalter, Stud. rom. coll. turicensis, vol. X, Bern 1959, und Curtius' Hinweis, Europäische Literatur und lateinisches Mittelalter, Bern 1954³, Kap. 10, § 7, pp. 206–209. In der Einführung zu seiner *Tristan*-Ausgabe, La leggenda di Tristano nei più antichi poemi francesi, Genova-Milano 1950, p. 55, weist Guerrieri Crocetti ebenfalls darauf hin, daß »il bosco ha una grande funzione simbolica«.

[383] In seinem Chrétien-Buch beschreibt Bezzola (p. 95) Chrétiens Formel »la forest avantureuse« als »allusion à une aventure mystérieuse«.

ein zweites landschaftliches Signal – das Meer[384]. »La poetessa ritrovava nella stessa geografia il veicolo per l'avventura; non ha fatto che dare un'interpretazione ›simbolica‹ alla configurazione topografica delle due terre ch'essa conosceva e amava: la patria e il paese d'elezione, la Francia e l'Inghilterra. Poste l'una di fronte all'altra, unite e separate dal mare, finivano per significare alla sua immaginazione la geografia ideale dell'avventura. Nessun artista è riuscito a trarre da una simile situazione topografica tanta sorgente di delicata poesia. I suoi attori, in alcuni dei lais più felici, passano dalla Piccola Bretagna alla Grande Bretagna non per un semplice viaggio, ma per una trasmigrazione dall'ambito reale al mondo dell'oblio e del sogno. Guigemar, Eliduc, Milone, ciascuno con una particolare coscienza, pongono fra loro e l'avventura questo braccio di mare che divide i due paesi. Portati sulla sua onda, si dimenticano di volta in volta, specialmente Guigemar ed Eliduc, della loro esistenza quotidiana per toccare le rive dell'esperienza passionale e avventurosa«[385].

»Die Welt des höfischen Romans« – schreibt Erich Köhler[386] – »enthält fast nur verzauberte Landschaft«. Das trifft in gewissem Maße auch für die Welt der *Lais* der Marie de France zu. Freilich nicht so, daß es sich dabei um eine »verzauberte, dämonisierte Wirklichkeit« handelt, die »sich als permanente Gefährdung einer durch den Artushof repräsentierten idealen Ordnung erweist«[387], um schließlich im Wald der *Queste del Graal* und später bei Dante als Ort der Verirrung schlechthin zur Darstellung zu kommen[388], sondern in dem Sinne, daß in der Struktur der Marieschen Einbildungskraft Wald und Meer als Zeichen jener übernatürlichen Macht erscheinen, die sich in der ›aventure‹ verdichtet und episch zum Ausdruck kommt.

Es ist wohl müßig, darüber zu streiten, ob für Marie de France dies alles eine Realität darstellte oder bloß den Wert einer literarischen Fiktion hatte[389]. Was das Magische für sie als weiblichen Vertreter der ›clergie‹ des zwölften Jahrhunderts bedeutet haben mag, müßte – wie auch die motivgeschichtliche Erörterung seiner Erscheinungsformen – Gegenstand einer volkskundlich-kulturhistorischen Untersuchung sein[390]; was es indessen für die Verfasserin der *Lais* als Dichterin bedeutete, ergibt sich aus unserer Auslegung: indem

---

[384] Darauf hat – soweit ich sehe – Battaglia zum ersten Mal aufmerksam gemacht, vgl. *Lais*-Ausgabe, p. LV ff. Ein Hinweis findet sich auch bei Omer Jodogne, L'autre monde celtique, Bull. de la cl. des lettres de l'Ac. royale de Belgique, 46, 1960, p. 584, sowie bei Frappier, Remarques sur la structure du lai, pp. 35–36. Über die Szenerie der Artusromane vgl. auch Max Wehrli, Strukturen des mittelalterlichen Romans – Interpretationsprobleme, in Formen mittelalterlicher Erzählung, pp. 36 ff., Zürich 1969.

[385] Battaglia, op. cit., p. LV.

[386] Ideal und Wirklichkeit in der höfischen Epik, p. 77.

[387] Ideal und Wirklichkeit in der höfischen Epik, p. 77.

[388] Vgl. Stauffer, op. cit., p. 143 ff.

[389] Noch Bartina H. Wind sagt sich: »Le merveilleux des contes bretons occupe dans son oeuvre [der Marie] une place si grande qu'on peut se demander si elle n'y a pas cru«, Mélanges Delbouille, II, p. 475. Hoepffner hatte den richtigen Standpunkt eingenommen, als er schrieb: »Marie le croit-elle réellement? On ne sait, et cela importe peu«, Les *Lais* de Marie de France, p. 167. Zur selben Problematik bei Chrétien de Troyes vgl. Wolfram Völker, op. cit., pp. 256 ff.

[390] Vgl. was Spitzer darüber sagt, ZrP 50, 1930, p. 29 und p. 46, Anm. 1.

Maries dichterische Einbildungskraft den Begriff der *aventure* mit demjenigen der *merveille* in enge Beziehung setzt, werden deren Gestaltungen – weit entfernt davon, bloße Staffage zu bleiben[391] – zu integrierenden Bestandteilen ihres ›univers poétique‹ und sind als solche signifikant.

Daß dem tatsächlich so ist, zeigt sich bei einer ausführlicheren Erörterung dieses Phänomens. Es tritt nämlich nicht nur in diesen gleichsam äußeren Erscheinungsformen auf. Kaum wünscht sich im *Yonec* die im Turm darbende ›mal-mariée‹ eine ›aventure‹ herbei, so flattert schon ein Vogel durchs Fenster herein und verwandelt sich flugs in einen Ritter, der ihr sogar erklärt, er habe sie schon lange geliebt, hätte aber nicht zu ihr finden können, »Si vus ne m'eüssiez requis« (*Yonec*, 133). Der *Guigemar* bietet eine ähnliche Situation. Die Dame, die Guigemar leidenschaftlich liebt, wird vom »vielz gelus« in einem Turm gefangen gehalten. Verzweifelt und voller Sehnsucht nach dem Ritter, beschließt sie, statt weiterhin zu leiden, sich ins Meer zu stürzen, und zwar dort, wo Guigemars Schiff von Land gegangen war. Wie sie sich aber zur Tür wendet, »Ne treve cleif ne sereüre, / Fors s'en eissi; par aventure / Unques nuls ne la desturba« (*Guigemar*, 675–677). Über die traurige Stimmung Eliducs besorgt, begibt sich Guildeluëc zur Kapelle, wohin ihr Gatte sich seit seiner Rückkehr öfters zurückzuziehen pflegt. Sie tritt ein, erblickt die scheintote Guilliadun; dann heißt es einfach: »Or seit ele la verité« (*Eliduc*, 1017). Als Miluns verlassene Dame nach langer Zeit einen Schwan zum Geschenk erhält, spürt sie, ihm über Kopf und Hals streichend, unter den glatten Federn einen Brief; da fährt die Dichterin weiter: »Le sancs li remut e fremi: / Bien sot qu'il vint de sun ami« (*Milun*, 219–220).

In den ersten beiden Stellen liegt ganz eindeutig eine Art Wunder vor, das geschieht, bewirkt durch die wünschende Ausstrahlung der Liebenden. In den zwei letzten Fällen wird dargestellt, wie es den Liebenden kraft einer plötzlichen Eingebung gelingt, die Zusammenhänge zu durchdringen, ohne rationale Überlegungen anzustellen[392]. Von der Waldszene mit der weißen Hindin und dem Wunderpfeil im *Guigemar* bis zur Briefszene mit dem Schwan im *Milun* läßt sich durchaus das nachweisen, was wir eingangs das Magische genannt hatten. Dort geht es um ein Bedeutsames, das dem Helden von außen zufällt, hier hingegen um eine wirkende Kraft, die von ihm ausstrahlt. Da wie dort leuchtet dabei unverkennbar, geheimnisvoll und wunderbar das Zeichen der ›aventure‹ auf.

---

[391] Spitzers Auffassung, wie er sie in seinem Aufsatz über Marie de France – Dichterin von Problemmärchen, ZrP 50, 1930, p. 41 darstellt, wo er von den »Wundern« als von »Staffage«, »Dekoration des Märchenschauplatzes«, »Satzungen der Märchenordnung« spricht, müßte in diesem Sinne nunmehr korrigiert werden. Vgl. dazu auch Elena Eberwein, op. cit., für welche die Realität der ›aventure‹ eine Wirklichkeit darstellt, die »vom Wunderbaren bewirkt wird«, p. 50.

[392] Vgl. darüber Süheylâ Bayrav, Symbolisme médiéval (Béroul, Marie, Chrétien), Paris 1957, pp. 64–65. – Daß diese Ausstrahlung bei Marie de France immer von Frauen ausgeht, mag immerhin am Rande angemerkt werden. Es fällt auch auf, daß es in ihren *Lais* oft die weiblichen Gestalten sind, welche die Handlung auslösen, indem sie die Initiative ergreifen, welche geeignet ist, den bestehenden Zustand zu verändern. Vgl. auch diese Arbeit, p. 116.

Seit S. Foster Damons, Spitzers und Friedrich Schürrs Studien über Marie de France, welche alle drei innerhalb von zwei Jahren bloß erschienen waren[393], ist man nie mehr müde geworden, auf den symbolischen – oft allerdings auch bloß allegorischen[394] – Gehalt von Dingen, Tieren, Motiven, Gebärden oder Handlungen im Werk dieser Dichterin hinzuweisen. Es ist klar, daß mit dieser Feststellung wenig über die Struktur der Einbildungskraft der Schöpferin der *Lais* ausgesagt ist; denn – wie Johan Huizinga in seinem schon 1919 veröffentlichten *Herbst des Mittelalters* gezeigt hatte – erlebte der mittelalterliche Mensch die Welt im wachen Bewußtsein, daß alles, was ist, eine transzendente Bedeutung habe: »L'univers se déploie comme un vaste ensemble de symboles, se dresse comme une cathédrale d'idées«[395]. Indem auch für Marie de France als Mensch des zwölften Jahrhunderts »connaître et expliquer une chose consiste toujours à montrer qu'elle n'est pas ce qu'elle paraît être, qu'elle est le symbole et le signe d'une réalité plus profonde, qu'elle ›annonce‹ ou qu'elle ›signifie‹ autre chose«[396] – und daß dem so ist, belegt der *Lais*-Prolog[397] –, drückt sie sich durch das Einsetzen von Elementen, die sich als Symbole intepretieren lassen, weniger als künstlerische Individualität denn vielmehr als gebildete Vertreterin einer Epoche aus, für welche »la symbolique appartenait à l'‹outillage

---

[393] Marie de France: Psychologist of Courtly Love, PMLA 44, 1929, pp. 968–996; Marie de France – Dichterin von Problemmärchen, ZrP 50, 1930, pp. 29–67; Komposition und Symbolik in den *Lais* der Marie de France, ZrP 50, 1930, pp. 556–582.

[394] Mit R.R. Bezzola, Le sens de l'amour et de l'aventure (Chrétien de Troyes), Paris 1947, pp. 8–9, möchten wir die Allegorie als Zeichen auffassen, dessen Bedeutung vermittels rationaler Überlegungen (Logik, Konvention) zu entschlüsseln ist (beispielsweise der Fisch als Zeichen für Christus), während das Symbol sich in der intuitiven Vision offenbart (z.B. das Haselzweig/Geißblatt-Motiv im *Chievrefoil*). Das Symbol – schreibt Huizinga in Le déclin du moyen âge, Paris 1932, p. 251 – »constate un rapport mystérieux entre deux idées, l'allégorie donne une forme visible à la conception de ce rapport.« Selbstverständlich sind die Übergänge fließend; das ausgehende Mittelalter indessen hat in der Allegorie wahrhaft geschwelgt: der *Roman de la Rose* und die *Estoire del Saint Graal* sind bloß zwei besonders spektakuläre Beispiele dafür. Vgl. dazu auch Friedrich Schürr, Das altfranzösische Epos, München 1926, pp. 485 ff. und die Einleitung Süheylâ Bayravs zu Symbolisme médiéval (Béroul, Marie, Chrétien), Paris-Istambul 1957, sowie Marc-René Jung, Etudes sur le poème allégorique en France au moyen âge, Bern 1971.

[395] Huizinga, op. cit., p. 248.

[396] Etienne Gilson, La philosophie au moyen âge, Paris 1952², p. 343 im Abschnitt Le bilan du XIIe siècle. – Im Vorwort zu Bezzolas Le sens de l'amour et de l'aventure (Chrétien de Troyes), Paris 1947, schreibt Albert Béguin: »Au temps de Chrétien il était littéralement impossible de penser autrement qu'en symboles, de voir quoi que ce fût sans y lire un secret d'ordre spirituel«, p. VI; und Bezzola selbst betont im ersten Kapitel, Valeur du symbole, p. 3: »Nous savons aujourd'hui qu'au moyen âge, chaque forme, chaque geste, chaque attitude se doublait d'une signification profonde dans l'art et dans la vie.« Gerade von hier aus begreift man nicht ganz, warum (wie Friedrich Schürr, Komposition und Symbolik in den *Lais* der Marie de France, ZrP 50, 1930, p. 581 will) Marie als Dichterin sich bloß der Allegorie bewußt bedient hätte; das meint doch Schürr, wenn er anmerkt, Marie sei sich ihrer Symbolik bewußt gewesen, »soweit diese rational und intellektualistisch ist«. Vgl. dazu auch Spitzers Bemerkungen über die »symbolische Novelle«, in Marie de France – Dichterin von Problem-Märchen, ZrP 50, 1930, pp. 58–66, insbesondere p. 63, und Foster Damons unmißverständliche Äußerung: »fairy tales do unconsciously what Marie's lays do consciously. We have her word for their consciousness«, PMLA 44, 1929, p. 993.

[397] Vgl. darüber Rychners Angaben in seiner *Lais*-Ausgabe, pp. 235–237, wo sich auch die zugehörigen Literaturhinweise finden. Neben Spitzer, E.R. Curtius, D.W. Robertson und M.J. Donovan ist noch S. Foster Damons Aufsatz in PMLA 44, 1929, zu erwähnen, der sich auf pp. 975 ff. mit dem Prolog befaßt.

mental«»[398]. Lesen heißt eben auch für Marie »gloser la lettre«. Obgleich Battaglia der Ansicht ist, es sei nicht auszumachen, wieviel thematisches Material in den Marieschen *Lais* auf Überlieferung und wieviel auf Erfindung fuße[399], dürfte die Antwort auf diese Fragestellung in Bezug auf die von Marie verwendeten Z e i c h e n ziemlich eindeutig ausfallen. Wie immer das Verhältnis Maries zum verschollenen *Tristan*-Archetypus[400], zur »légende celtique primitive«[401], zur Vorlage Eilharts, zur *Estoire*, wie Béroul sie benutzt haben mochte[402], zur allfälligen Fassung Breris sowie zu den Versionen Thomas' und Bérouls selbst sich artikulieren mag[403], scheint doch festzustehen, daß das für den *Chievrefoil*-Lais zentrale Haselzweig/Geißblatt-Motiv »may be a survival of some of such specifically Irish practise«[404] – eine Ansicht, der sich Rychner in seiner *Lais*-Ausgabe voll und ganz anschließt[405]. Zum keltischen Sagengut gehören ebenfalls das *Guigemar*-Motiv der weißen Hindin[406], der Vogel-Ritter im *Yonec*[407] und das Zauberschiff[408] im *Guigemar*, welches allerdings zu-

---

[398] Frappier, Chrétien de Troyes, Paris 1963², p. 21. Hier muß betont werden, daß Lazar, indem er polemisch behauptet, daß »affirmer que l'homme du moyen âge et celui du XIIᵉ siècle en particulier, ne pouvait penser qu'en symboles, c'est appliquer à l'époque que nous étudions des conclusions que l'historien Huizinga ne dégageait que pour ›l'automne du moyen âge‹, c'est-à-dire le XIVᵉet XVᵉ siècles« (op. cit., p. 16), unreflektiert in den Wind schlägt, was Gilson im Kapitel Le bilan du XIIᵉ siècle unter dem Stichwort »symbolisme du XIIᵉ siècle« entwickelt, op. cit., pp. 337 ss.

[399] »Ma quanto ci sia di originario nei suoi *Lais*, direttamente attinto cioè all'anteriore produzione popolare anonima, e quanto sia disceso dalla sua personale invenzione, non è dato di accertare«, *Lais*-Ausgabe, p. XVII.

[400] R.S. Loomis, Arthurian Literature in the Middle Ages, Oxford 1959, pp. 136 ff.

[401] Bezzola, Origines, III/1, p. 299.

[402] Hofer, Der Tristanroman und der *Lai du Chievrefueil* der Marie de France, ZrP 69, 1935, p. 130.

[403] Vgl. dazu das instruktive Schema in Ph. Aug. Beckers Studie Von den Erzählern neben und nach Chrestien de Troyes, ZrP 55, 1935, p. 560. In Bezug auf die Thomas-Problematik vgl. die zusammenfassenden Betrachtungen Bartina Winds in Nos incertitudes au sujet du *Tristan* de Thomas, Mélanges Frappier, t. II, Genève 1970, pp. 1129–1138.

[404] Schoepperle, *Chievrefoil*, R 38, 1909, p. 218.

[405] P. 279.

[406] Vgl. Warnke, *Lais*-Ausgabe, p. CI, Anm. 1, p. CIII und Anm. 1. Ein neuerer Versuch Sergio Cigadas, La leggenda medievale del cervo bianco e le origini della ›matière de Bretagne‹, Atti della Acc. naz. dei Lincei, Memorie, serie VIII, vol. XII, fasc. 1, Roma 1965, das Motiv der Jagd nach der weißen Hirschkuh in den Artur-Romanen als klassisch-lateinischen Reflex zu deuten, beruht – wie Jean Marx in seiner Besprechung zeigt – auf einem Mißverständnis:»A notre avis, il y a eu deux aspects de la tradition du cerf blanc, celle qui le considère comme une personnification ou une représentation ou un signe de la présence du Christ, conduit à une malédiction ou à une conversion du chasseur impitoyable. C'est cette conception qui se trouve dans le livre d'Artus, addition maladroite au *Lancelot* en prose, comme dans l'*Estoire du Saint Graal* et la *Queste del Saint Graal*. C'est une conception analogue que nous trouvons dans le *Dolopathos*, pp. 85 sqq. et dans le *Perlesvaus*. Et puis en face de cette conception il y a la représentation d'une chasse qui aboutit à la désignation de son vainqueur comme souverain, c'est ce que nous retrouvons dans l'*Erec* et dans le *Conte du Graal* de Chrétien. Sans aller jusqu'à la mort, la poursuite du blanc cerf qui mène Guigemar et les chevaliers des lais bretons à la rencontre d'une fée à la fontaine ou d'une barque qui les conduira à la fée, sont une variante de ces récits«, ECelt. 11, 1964–1967, p. 548. Zu Cigadas Aufsatz vgl. auch Félix Lecoys kritische Bemerkungen in R 91, 1970, pp. 431–432.

[407] Die letzte Arbeit, welche sich mit dem Quellenproblem des *Yonec* befaßt und auf Grund von Vergleichen mit altirischen Sagen den keltischen Ursprung des Lais unterstreicht, ist R.N. Illingworth, Celtic Tradition and the *Lay of Yonec*, ECelt. 9, 1961, pp. 501–520. Rychner, *Lais*-Ausgabe, p. 265, schließt sich Illingworth an; immerhin hatte M.B. Ogle, RoR 10, 1919, auf einen möglichen Einfluß

gleich einen »commonplace of fairy-tales«[409] darstellt. Als folkloristische Refle-xe[410] verstehen sich der Keuschheitsgürtel[411] und der Hemdknoten[412] im *Guige-mar*, der Kleiderzauber im *Bisclavret*[413], wie auch der Schwan in der Rolle des Liebesboten im *Milun*, worin Gaston Paris einen »reste altéré d'une tradition plus ancienne«[414] sieht, während Hoepffner auf ein »thème connu de la poésie populaire«[415] hinweist, welch letztere Feststellung ja auch für den Vogel gilt, wie er im *Laüstic* erscheint[416]. Auf volkstümliche Legendenthematik deutet gleicherweise der Einfall, in *Fresne* das eine Mädchen – eben Fresne – nach dem Ort zu taufen, an dem es aufgefunden worden ist, die Esche vor dem Klo-ster[417]. Läßt sich der bereits erwähnte Hemdknoten einerseits als folkloristi-sches Erbe auslegen, so spiegelt sich möglicherweise darin anderseits antikes Motivgut[418]; das ist sowohl für die *Eliduc*-Episode von der wunderbaren Wie-dererweckung eines Wiesels durch eine Heilblume der Fall[419], als auch für den Pfeil, wie er im *Equitan* eingesetzt wird, wo Amor ihn abschießt, um dabei dem Getroffenen die Verwundung zuzufügen, an der er zu Grunde gehen wird – eine deutliche *Enéas*-Reminiszenz der Dichterin[420] –, und ist selbst für das Ha-selrute/Geißblattmotiv nicht auszuschließen, in welchem Spitzer einen Reflex des klassischen Ulme/Rebe-Topos' vermutet[421]. Ebenso mehrwertig stellt sich der Keuschheitsgürtel dar, welcher der Autorin geradesogut durch die Wirklich-keit ihres zeitgenössischen Alltags eingegeben worden sein könnte[422]; dieser Ge-sichtspunkt ist übrigens auch im Hinblick auf die Badekufen im *Equitan*[423] und auf den Wundertrank aus Salerno in *Deus Amanz*[424] nicht zu vernachlässigen. Denn als Erzählerin hat Marie ein empfindliches Gespür für koloristisch wirksa-

---

klassischer Mythen hingewiesen, vgl. Some Theories of Irish Literary Influence on the *Lay of Yo-nec*, pp. 123–148.

[408] Vgl. Warnke, op. cit.', p. CI, Anm. 1 und p. CIII.

[409] Ewert, *Lais*-Ausgabe, p. 165.

[410] Vgl. darüber Mary H. Ferguson, Folklore in the *Lais* of Marie de France, RoR 57, 1966, pp. 3–24.

[411] Battaglia, *Lais*-Ausgabe, p. XXVI.

[412] Battaglia, op. cit., p. XXVI.

[413] Vgl. darüber die erschöpfende Studie Battaglias, Il mito del licantropo nel *Bisclavret* di Maria di Francia, FRom 3, 1956, pp. 229–253.

[414] Lais inédits, R 8, 1879, p. 60.

[415] Op. cit., p. 114.

[416] Vgl. Schürr, Komposition und Symbolik in den *Lais* der Marie de France, ZrP 50, 1930, p. 579.

[417] Vgl. Ewert, op. cit., p. 170.

[418] Vgl. darüber Warnke, *Lais*-Ausgabe, p. CIII.

[419] Nach Levis *Eliduc*-Ausgabe, pp. LVIII ff., und Warnkes *Lais*-Ausgabe, pp. CLXXV ff. Laut Ewert, op. cit., p. 187 war das Motiv zu Maries Zeit in »popular legends« allgemein verbreitet. Was die Geschichte des Wieselmotivs betrifft vgl. Manfred Bambeck, Die Wieselepisode im *Eliduc* der Marie de France, AnS 208, 1972, pp. 343–349.

[420] Vgl. darüber Hoepffner, Les *Lais* de Marie de France, Paris 1935, pp. 154 ff.

[421] Vgl. La lettre sur la baguette de coudrier, nunmehr in Romanische Literaturstudien, Tübingen 1959, p. 25.

[422] Ewert, op. cit., p. 165 weist auf das »real life« hin.

[423] Vgl. Ewert, op. cit., p. 168.

[424] Ewert, op. cit., p. 178; vgl. auch Hoepffner, op. cit., p. 128. Was die Reise nach Salerno betrifft, so spricht C.A. Robson von »the widespread medieval theme of the journey to Salerno in search of healing«, vgl. The Technique of Symmetrical Composition in Medieval Narrative Poetry, Studies in Medieval French presented to Alfred E. Ewert, Oxford 1961, p. 43.

me Details aus dem Alltag: man denke bloß an ihre Schilderungen aus dem Bereich der Kinderpflege im *Milun* (Vv. 109 ff.) und *Fresne* (Vv. 197 ff.); an die Art und Weise, wie sie einen interieurschaffenden Gegenstand wie die Wäschestange im *Guigemar* (Vv. 595 ff.) einführt; an die Darstellung atmosphärischer Elemente, wie die anschlagenden Hunde und die krähenden Hähne in *Fresne* (V. 145) sowie das Herrichten der Betten im selben Lai (Vv. 389 ff.); an die Beschreibung des Kniffs, mit dem die Magd Guigemars Essen sichert (Vv. 375 ff.), und der Hungerkur, dank welcher das Mädchen in *Deus Amanz* sein Gewicht senkt, um beim Prüfungslauf möglichst leicht zu wirken (Vv. 173 ff.); als besonders markante sprachliche Ausprägung dieses ›realistischen‹ Zuges bei Marie de France mutet der ›parlando‹-Stil des Dialogs im letzten Teil von *Fresne* (Vv. 359 ff.) an. Zu den von Marie de France eingesetzten Zeichen gehören noch – mehrfach (im *Milun* nämlich, im *Yonec*, in *Fresne*, im *Eliduc*) – der Ring und der Gürtel als liturgische Symbole[425], wie auch der Pfeil (in *Guigemar* und *Equitan*), der Wald und schließlich das Seidentuch aus *Fresne*. Es zeigt sich damit, daß weder in der Verwendung von Zeichen als Symbole noch in deren Charakter selbst eine originale Leistung Maries zum Ausdruck kommt. Was indessen jeden ihrer *Lais* als jene so oft gerühmte »unité littéraire et artistique«[426] erscheinen läßt, ist die besondere Art und Weise, wie die Dichterin Zeichen und Fabel miteinander in Beziehung zu setzen versteht.

Marie de France pflegt die konstitutiven Elemente eines Lais in einem oder mehreren Brennpunkten zu sammeln[427], welche in dem, was wir Zeichen genannt haben, dichterisch Gestalt annehmen[428]. Es handelt sich dabei ganz offensichtlich um jene Erscheinung, die Paul Heyse in Bezug auf Boccaccios *Federigo degli Alberighi*-Novelle (*Decamerone*, V, 9) als den »Falken« bezeichnet hat[429]. Wir ziehen es der methodischen Klarheit wegen vor, statt – wie Spitzer es tut – von Symboldingen, von Zeichen zu sprechen. Der Problembegriff, den Spitzer wohl allzusehr betont hatte – die Feststellung, das Symbol diene Marie vornehmlich zur Darstellung eines Problems, geht in der Tat zu weit –, wurde schon von Schürr, wenn auch behutsam so doch bestimmt relativiert[430].

[425] Ezio Levi in seiner *Eliduc*-Ausgabe, pp. 33–34, Anm. zu Vers 357, spricht von Symbolen »di austera fedeltà: l'anello che lega il dito, la cintura, che stringe il corpo. La cintura, per questo simbolo, fece parte delle vesti liturgiche, e poi divenne una delle insegne cavalleresche; l'anello – dice Isidoro di Siviglia – ›datur propter mutuae fidei signum vel propter id [. . .] magis eorum corda junguntur. Unde et quarto digito anulum idem inseritur, quod per eum vena quaedam [. . .] sanguinis ad cor usque perveniat«.

[426] Hoepffner, Les *Lais* de Marie de France, Paris 1935, p. 175.

[427] Schürr, Komposition und Symbolik in den *Lais* der Marie de France, ZrP 50, 1930, p. 567 spricht von »Brennspiegel«. Die Formel wird als »imaginative focus« von John Stevens wiederaufgenommen; dieser ersetzt sie aber dann durch den Ausdruck »image«. Maries »images« werden zudem als »dramatic images« definiert, vgl. The ›granz biens‹ of Marie de France, in Patterns of Love and Courtesy, Essays in Memory of C.S. Lewis, ed. by John Taylor, London 1966, pp. 1–25.

[428] Spitzers Aufsatz über Marie de France als Dichterin von Problemmärchen verdankt man den eindringlichen Hinweis auf diesen Aspekt der Marieschen *Lais*. Vgl. darüber auch Anna G. Hatcher, Lai du *Chievrefueil*, R 71, 1950, pp. 339–340.

[429] Vgl. Paul Heyses Einleitung zum Deutschen Novellenschatz, Bd. 1, München 1871, pp. V-XXIV, und Aus der Werkstatt, in Jugenderinnerungen und Bekenntnisse, Berlin 1900², pp. 329–383. Dazu Battaglias *Lais*-Ausgabe, pp. LIII-LIV, Anm. 1.

[430] Vgl. Komposition und Symbolik in den *Lais* der Marie de France, ZrP 50, 1930, pp. 566 ff; vgl.

Ein Versuch, den Stellenwert zu bestimmen, der innerhalb der Struktur des Marieschen Lais diesen Zeichen zukommt, die von der Autorin so virtuos gehandhabt werden, daß sie sich dem Leser unverzüglich als bedeutsam einprägen, führt zum Schluß, er hänge vom evokativen Intensitätsgrad des Zeichens ab. Obwohl er öfters erscheint, gehört bei Marie de France seltsamerweise ausgerechnet der Ring zu den am wenigsten symbol-intensiven Zeichen[431]. In *Fresne* (V. 128) wird dem Mädchen, das ausgesetzt werden soll, zum Beweis seiner guten Abstammung ein gravierter goldener Ring an den Arm gebunden. Der tödlich verwundete Muldumárec übergibt im *Yonec* mit seinem Schwert der Dame auch einen Ring (V. 417), der die wunderbare Fähigkeit hat, die Erinnerung an Geschehenes auszulöschen. Gleich eingangs läßt im *Milun* der Ritter seiner Dame durch einen Boten einen Ring überreichen (V. 39). Mag in den beiden zuletzt erwähnten Lais dem Ring in Anbetracht der Tatsache, daß für den mittelalterlichen Menschen die Möglichkeit zur Transzendenz stets in jedem Zeichen latent schlummert[432], auch der Charakter des Liebespfandes anhaften – was ebenso für jenen Ring gilt, den die verliebte Guilliadun zusammen mit ihrem Gürtel Eliduc überbringen läßt (Vv. 379–380) –, seine eigentliche Funktion – wie auch diejenige von Yonecs ererbtem Schwert – besteht darin, den äußeren Ablauf der Handlung zu sichern. Er erscheint folglich an sämtlichen entscheidenden Wendepunkten oder – wie Schiller sagen würde – »prägnaten Momenten«[433] der Fabel: die Mutter verschafft sich endgültige Gewißheit über Fresnes Identität, indem sie sich den Ring vorweisen läßt (Vv. 441 ff.); Yonecs und seiner Mutter Schicksal hängen einzig von der übernatürlichen Eigenschaft des geschenkten Ringes ab; der Jüngling ›Senz Per‹ und sein Vater finden sich beim Turnier allein Dank dem Ring (Vv. 430 ff.), den viele Jahre vorher Milun seiner Geliebten zum Geschenk gemacht hatte, den die Mutter dann ihrem Kind mitgab, als sie es zu ihrer Schwester bringen ließ (V. 96) und den diese schließlich ihrerseits dem jungen Mann zurückerstattete, bevor er in die Welt hinauszog (V. 294)[434]. Analogerweise entwickelt sie die gesamte *Bisclavret*-Handlung um das Kleidermotiv. Das Z e i c h e n a l s M o t o r d e r F a b e l, als – um einen abgewandelten Begriff Schillers zu gebrauchen – ›objectum saliens‹[435]: so stellt es sich in diesen Lais dar; und die Dichterin selbst weist auf diese seine Funktion hin, wenn sie, beispielsweise, in *Fresne* von Tuch und Ring, welche das junge

---

dazu auch Ulrich Leos Rezension von Elena Eberweins Zur Deutung mittelalterlicher Existenz, ARom 20, 1936, p. 514, wo davon die Rede ist, Spitzer habe bei Marie gelegentlich »hineininterpretiert«.

[431] Über den Ring im französischen Roman des 12. Jahrhunderts vgl. Faral, Recherches sur les sources latines des contes et romans courtois du moyen âge, Paris 1913, p. 340.

[432] Vgl. dazu Spitzer, La lettre sur la baguette de coudrier, Romanische Literaturstudien, Tübingen 1959, p. 20, Anm. 1.

[433] Vgl. den Brief vom 2. Oktober 1797 an Goethe, Artemis-Gedenkausgabe, Bd. 20, Zürich 1950, pp. 434–435.

[434] Es ist interessant festzustellen, daß im *Yonec* diese Funktion des Rings explizit und genau umrissen wird, vgl. Vv. 78–86.

[435] Schiller bezeichnet mit dem Begriff *punctum saliens* jenen Wendepunkt in einer Fabel, durch den sie sich als dramatisch fruchtbar erweist. Vgl. die Briefe vom 15. Dez. 1797 und vom 22. Okt. 1799 an Goethe, Bd. 20 der Artemis-Gedenkausgabe, Zürich 1950, pp. 468 und 766.

Mädchen sorgfältig eingepackt mitnimmt, als sie mit dem Ritter das Kloster verläßt, bedeutsam sagt: »De ceo li poet estre mut bel« (V. 294).

Freilich gibt die Mutter dem Mädchen Fresne nicht nur einen Ring mit; nachdem sie es in ein feines Leinentuch gewickelt hat, wird ein kostbares ›paile roé‹ darüber gelegt. Dieses orientalische Seidentuch scheint auf ersten Anhieb im Gefüge des *Fresne*-Lais dieselbe Funktion zu erfüllen wie der bereits erörterte Ring[436]. Zwar setzt die Schriftstellerin durch den ganzen Lai hindurch Ring und Tuch parallel ein; an einer einzigen Stelle aber konzentriert sie das Interesse des Lesers auf das Seidentuch allein: am Abend des Hochzeitstages, nachdem sie das Brautbett gerüstet hat, breitet Fresne, die Verschmähte, den kostbaren ›paile‹, in welchem sie selbst ausgesetzt worden war und den sie mit dem Ring zusammen eingepackt hatte, sorgfältig darüber aus. Der äußere Handlungsablauf wäre schon durch den Ring gesichert; daß durch die Verwendung des ›paile roé‹ nicht einfach eine banale Motivverdoppelung stattfindet, wird an dieser Stelle deutlich: über seine Eigenschaft als ›objectum saliens‹ hinaus füllt sich dieser Gegenstand nunmehr mit Bedeutung. Hier wird er zum »Liebeszeichen, Erinnerung an ein Opfer: das Sich-Auslöschen vor einer Nebenbuhlerin zeigt sich in einer Geste«[437]. Betrachtet man von hier aus nochmals die *Lais* der Marie de France, so leuchtet unvermutet da und dort das Zeichen bedeutsam schillernd auf. Als Guigemars Dame, von düstern Vorahnungen gepeinigt, sich der Liebe Guigemars auf immer versichern will, knüpft sie einen Knoten in sein Hemd: nur diejenige, die ihn zu lösen vermag, ohne ihn gewaltsam zu zerschneiden, darf er lieben (Vv. 558–567). Guigemar seinerseits legt ihr einen Gürtel um: nur dem, der ihn öffnen kann, ohne ihn zu beschädigen, darf sie je Liebe schenken (Vv. 570–575).

Knoten und Gürtel: es leuchtet ein, daß diese beiden Dinge fugenlos in den Gang der Fabel verzahnt sind: nicht nur liefern sie je ein handlungsförderndes offenes Motiv (der von seinen Freunden bedrängte Guigemar wie auch die von Meriadu bestürmte Dame machen ihre Entscheidung von der Erfüllung der an die beiden Gegenstände geknüpften Bedingung abhängig); sie ermöglichen auch die Wiedererkennung der Liebenden, auf der ja der glückliche Ausgang der Geschichte beruht. Anderseits – und das wird namentlich von der Wiedervereinigungsszene am Schluß her deutlich – spiegelt sich darin auch die über Zeit und Raum hinweg lebendig treue Verbundenheit der Liebenden, deren Zusammentreffen, Trennung und Wiederfinden ja das Thema des Lais überhaupt darstellt. Sehr ähnlich verhält es sich mit der Nachtigall im *Laüstic*. Von allem

---

[436] In Zusammenhang mit seiner Erörterung des ›paile roé‹ bemerkt Schürr, daß dadurch »die ziemlich selbständige Exposition [des Lais] fester an die eigentliche Novellenhandlung« gebunden werde, vgl. Komposition und Symbolik in den *Lais* der Marie de France, ZrP 50, 1930, p. 562.

[437] Spitzer, Marie de France – Dichterin von Problem-Märchen, ZrP 50, 1930, p. 48. – Es ist sehr aufschlußreich zu sehen, wie aus der kurzen, ganz von Ring und Tuch beherrschten Darstellung der Abreisevorbereitungen in *Fresne* – sie umfaßt 14 Verse – im *Galeran de Bretagne* ein Beschreibungsprunkstück von 131 Versen wird. In paralleler Art und Weise wird aus dem zeichenhaften ›paile‹ ein allegorisch-symbolisch bestickter ›drap‹. Vgl. darüber Ingeborg Dubs, *Galeran de Bretagne*, Studiorum romanicorum collectio turicensis, Bd. III, Bern 1949, pp. 41 ff. und 168 ff.

90

Anfang an in den Entwicklungsbogen der Fabel verfugt, ja recht eigentlich die Handlung auslösend – auf die Frage, warum sie nachts so oft ans Fenster trete, antwortet die Dame, seinen Zorn erweckend, dem Gatten, sie erfreue sich am Gesang der Nachtigall (Vv. 83–90) –, verwandelt sich das Vögelchen im Verlauf des Lais vom Liebesunterpfand über das Sinnbild der Liebesfreude zum Zeichen für die vom rohen Mann zerstörte Liebe, die jedoch in der Erinnerung unsterblich weiterlebt[438]. Was für die Nachtigall gilt, trifft gleichfalls für den Zaubertrank in *Deus Amanz* zu: obgleich er wesentlich handlungsauslösend wirkt, prägt er sich, indem er im entscheidenden Augenblick nicht – wie vorgesehen – getrunken sondern aufgespart und später sinnlos ausgegossen wird, dem Leser als »Sinnbild der Vergeblichkeit einer zu großen Liebe«[439] ein, als Sinnbild aber auch des verderblichen Mangels an ›mesure‹, auf den die Dichterin selbst hinweist, wenn sie zur Fiole, die das Mädchen beim Start in den Händen hält, kommentierend bemerkt: »Mes jo creim que poi ne li vaille, / Kar n'ot en lui point de mesure« (Vv. 188–189). Etwas anders verhält es sich mit dem Schwan in *Milun*; denn hier liegt ein Zeichen vor, das nur noch bedingt als Motor der Fabel betrachtet werden kann: tatsächlich spielt er nur im Mittelteil des Lais eine Rolle. Was sich indessen nicht leugnen läßt, ist – im wörtlichen Sinn – die Bedeutsamkeit des Briefschwans als Hinweis auf die Zusammengehörigkeit der Liebenden, die ja dann im jungen ›Senz Per‹ zum Ausdruck kommt[440]: dadurch strahlt das edle Tier allerdings eine Zeichenhaftigkeit aus, die man ihm in Anbetracht seiner Stellung innerhalb der Struktur der Fabel nicht zutrauen würde. Was allen diesen Zeichen gemeinsam ist, bleibt die Tatsache, daß sie, über ihren Motorcharakter hinaus, bedeutungsträchtig sind: wie der Trank im *Tristan*[441], das wohl spektakulärste Beispiel für diesen Zeichentyp, spiegeln sie die Thematik des Werks, in dessen Fabel sie einen entscheidenden Stellenwert einnehmen. In Fresnes ›paile roé‹, in Knoten und Gürtel aus *Guigemar*, im *laüstic* und im Briefschwan, in der ›plaie‹ endlich sowohl Guigemars (Vv. 97–123)[442] als auch Equitans (Vv. 54–57) und vielleicht sogar – wie im Falle des *Chaitivel* – im Lai als Form erscheint das Z e i c h e n a l s t h e m a - t i s c h e r R e f l e x d e r F a b e l.

Im Mittelpunkt des *Chievrefoil* steht – wie immer man Tristans Botschaft an die Königin auslegen mag[443] – das Haselzweig/Geißblatt-Zeichen, in wel-

---

[438] Wir folgen damit Spitzers Betrachtungen in ZrP 50, 1930 und Ernest Hoepffner, Les *Lais* de Marie de France, Paris 1935, p. 142.

[439] Spitzer, ZrP 50, 1930, p. 48.

[440] Vgl. dazu Spitzer, op. cit., pp. 48–49.

[441] »Ainsi ce philtre«, – schreibt Bayrav, op. cit., p. 57 – »le mobile apparent de la crise, n'est en vérité que le signe, le symbole concret de la passion décrite dans l'oeuvre. Un symbole qui concrétise un sentiment complexe et devient pour ainsi dire son emblème, son signe«. Bayrav, op. cit., pp. 59 ff., scheint sich aber nicht bewußt zu sein, daß der Trank als »objet matériel« innerhalb der Struktur des *Tristan*-Romans eine andere Funktion erfüllt als das Schwert, die Zunge des Ungeheuers, das Mehl, die Blutstropfen und der Ring. Inwiefern er auch anders eingesetzt wird und ob somit das Zeichen im *Tristan* als strukturbildendes Element signifikant ist, müßte eine Strukturanalyse untersuchen.

[442] Vgl. Hoepffner, Les *Lais* de Marie de France, Paris 1935, p. 92.

[443] Eine Zusammenstellung aller Interpretationen dieser vielerörterten Stelle bietet Rychner *Lais*-Aus-

chem – der Text selbst besagt es ausdrücklich – der tödlich schicksalhafte ›passion‹-Charakter von Tristans und Isoldes Liebe zum Ausdruck kommt:

> D'euls deus fu il tut autresi
> Cume del chievrefoil esteit
> Ki a la codre se perneit:
> Quant il s'i est laciez e pris
> E tut entur le fust s'est mis,
> Ensemble poënt bien durer,
> Mes ki puis les voelt desevrer,
> Li codres muert hastivement
> E li chievrefoilz ensement.
> (Vv. 68–76)

Läßt sich im *Milun* der Schwan durchaus noch als Funktion der Fabel darstellen, so besteht im *Chievrefoil* zwischen der Fabel des Lais und dem Haselrute/Geißblatt-Zeichen keine funktionale Beziehung mehr: als Blickfang für die vorüberreitende Isolde würde der Haselzweig allein ja genügen[444]. Dieselbe Beobachtung drängt sich beim Vogel im *Yonec* auf: ohne mit der Struktur der Fabel als Handlungsablauf notwendig verschmolzen zu sein, ist er zum Signet einer Geschichte geworden, »que connaît tout enfant de France sous le nom de *L'Oiseau bleu*«[445]. In diesem Vogel, an dessen Füßen Riemen baumeln wie bei einem Jagdhabicht (V. 110)[446], verdichtet sich der märchenhafte Gehalt des Lais vielfach: die Sehnsucht nach ›aventures‹, welche die unglückliche ›malmariée‹ verzehrt (Vv. 91 ff.), der ›amor de lonh‹, der den Ritter treibt (Vv. 129 ff.), die wirkende Kraft des Wünschenden, die über Zeit und Raum hinweg zum Ausdruck kommt (Vv. 131 ff.). Weit entfernt davon, die Aufgabe eines Motors zu erfüllen, kaum als thematischer Reflex allein erklärbar, erscheint hier – unabhängig vom äußeren Ablauf der Fabel im Gefüge des Lais integriert – das Zeichen als Signal: als Signal für die Liebe, für die ›aventure‹, für die Sphäre des numinos Magischen[447].

gabe in der Anmerkung zu den Versen 53–78, pp. 276–279. Die Diskussion um diese Marie-Stelle ist inzwischen bereits weitergeführt worden: vgl. dazu Jean Frappiers Besprechung der Rychnerschen *Lais*-Ausgabe, RP XXII, 1969, pp. 600–613, und Maurice Delbouille, Ceo fu la summe de l'escrit ... (*Chievrefoil*, 61 ss.), Mélanges Frappier, t. I, Genève 1970, pp. 207–216.

[444] Ohne sich anscheinend der grundsätzlichen Tragweite der Beobachtung bewußt zu werden, hat S. Bayrav auf den wesentlichen Unterschied zwischen dem Nachtigallen- und dem Haselzweig/Geißblatt-Zeichen deutlich hingewiesen: »La branche de chèvrefeuille enroulée autour du bâton de coudre avait en soi une signification; ici [im *Laüstic*] c'est le développement même de l'aventure qui confère au sort du rossignol un sens. La relation entre les deux termes (le sujet et son symbole-emblème) était dans le lai de *Chievrefueil* tout à fait statique, ici cette même relation se développe en fonction du temps«, op. cit., p. 69.

[445] Vgl. Hoepffner, Les *Lais* de Marie de France, Paris 1935, p. 73.

[446] Vgl. dazu Schürr, Komposition und Symbolik in den *Lais* der Marie de France, ZrP 50, 1930, pp. 563–564.

[447] Hier ist der Ort, um noch auf die Becken hinzuweisen, die im *Lanval* von der einen der »dameiseles« mitgebracht werden (Vv. 61 ss.), und denen J. Wathelet-Willem in der Rbph 39, 1961, pp. 661–686, unter dem Titel Le mystère chez Marie de France eine ingeniöse Interpretation widmet, als deren Ergebnis sich die Frage stellt, ob nicht das goldene Becken »l'attribut normal de la Messagère de l'Autre Monde« (p. 685) sei? J. Wathelet-Willems Gedankengänge und Beobachtungen sind bestechend und würden die meinigen vorzüglich ergänzen, bleiben aber leider bloße Vermutungen.

Meer und Wald, Hindin, Pfeil und Schiff: eine eingehende Erörterung des Begriffs des Magischen hatte implizit deren Signalcharakter bereits aufleuchten lassen[448]. Daß im ›univers poétique‹ der Marie de France das Zeichen, welches, indem es stets etwas von Schicksalhaftigkeit ausstrahlt[449], gern mit der ›aventure‹ verschmilzt[450], sich auch in der Spielform des Signals als bedeutsam erwiesen hat, ist ein Beweis dafür, wie wesentlich es zur dichterischen Einbildungskraft dieser Schriftstellerin gehört, in deren *Lais* – wie S. Foster Damon betont[451] – »every action, almost every object, corresponds to some fact in the souls of her characters«[452].

---

[448] Vgl. diese Arbeit, pp. 79 ff.

[449] Vgl. darüber Schürr, Das altfranzösische Epos, München 1926, p. 384, der von den »wunderbaren Dingen als Werkzeugen des Schicksals« spricht; vgl. auch ZrP 50, 1930, p. 558, Anm. 3.

[450] Vgl. darüber Elena Eberwein, op. cit., pp. 35–41.

[451] Marie de France: Psychologist of Courtly Love, PMLA 44, 1929, pp. 995.

[452] Diese Analyse des Zeichens steht – es ist offensichtlich – tief in der Schuld des Spitzerschen Aufsatzes über Marie als Dichterin von Problem-Märchen. Spitzer, dem Foster Damons Studie noch nicht bekannt war, unterscheidet »primitive Symbole« (p. 44), spricht von Symbolen, die sich »von bloßer Zeichengebung (bloßer Anmeldung des Daseins, einer Visitenkarte) zur Schöpfung eines organisch eigenlebendigen Wesens« entwickeln (p. 45) und »an der Grenze zwischen Zeichen und Organen« (p. 47) angesiedelt sind, stellt »Wandlung vom Zeichen zum Seelenträger« (p. 46) fest, sieht das Symbolding »zum eigenlebigen Wesen« (p. 50) erhöht, während Schürr in seiner Arbeit über Komposition und Symbolik in den Lais der Marie de France, in Kenntnis von Foster Damons, Spitzers (und Erich Nagels) Arbeiten, den Begriff des »Brennspiegels« (p. 559) einführt. Indem wir unserseits den Begriff des Zeichens gewählt haben, ihn jedoch nicht statisch sondern in seiner Beziehung zur Lai-Fabel zu definieren versuchten, hoffen wir, einen klärenden Beitrag zur Charakteristik der dichterischen Einbildungskraft der Marie de France geleistet zu haben. – S. Bayrav, op. cit., pp. 63–74, scheint eben dieser funktionale und damit strukturbildende Charakter des Zeichens bei Marie de France entgangen zu sein; denn die Erörterung der »objets concrets«, welche von der Frage ausgeht, ob Marie – im Gegensatz zu Béroul – »s'est servie des objets matériels d'une manière plus particulière, plus artistique?«, mündet lediglich in die Feststellung, daß »en somme, à part *Chievrefueil* et *Laostic* les lais de Marie, s'ils font usage d'objets matériels, n'offrent pas beaucoup d'exemples de symboles. Quant au symbolisme des deux lais nommés, il a franchement une valeur emblématique.« – Von dieser Warte aus dürfte es auch einleuchten, daß es sich bei den beiden Badekufen im *Equitan* nicht um »relativ primitive Symbole« (Spitzer, op. cit., p. 44) oder um weniger reine Symbole (Bayrav, op. cit., p. 69) handelt, sondern um eine Allegorie. Marie selbst betont ja den exemplarischen Charakter, indem sie schreibt:

> Ki bien vodreit reisun entendre
> Ici purreit ensample prendre:
> Tels purcace le mal d'autrui
> Dunt tuz li mals revert sur lui.
> (Vv. 307–310)

An diese Verse klingt der Schluß der achtundsechzigsten Fabel – De leone infirmo (Vv. 55–56) – unüberhörbar an; vgl. darüber Hoepffner, Les *Lais* de Marie de France, Paris 1935, p. 151. Allegorische Färbung verleiht Marie auch den beiden Mädchennamen Fresne und Codre, wenn sie sie deuten läßt:

> La Codre ad nun la damesele;
> En cest païs nen ad si bele.
> Pur le freisne que vus larrez
> En eschange le codre avrez;
> En la codre ad noiz e deduiz,
> Li freisnes ne porte unke fruiz!
> (Vv. 335–340)

Auch darüber, daß im *Guigemar* die Wandmalereien im Zimmer der Dame (Vv. 233 ff.) – wie immer man sie deuten mag –, allegorischen Charakter haben, dürften kaum Zweifel aufkommen; vgl. Hoepffner, Les *Lais* de Marie de France, Paris 1935, p. 92, und über die Rolle der Allegorie in den *Lais* allgemein Schürr, ZrP 50, 1930, p. 581. Anscheinend unabhängig voneinander haben

In der Einleitung zu seiner *Eliduc*-Ausgabe[453] unterstreicht Ezio Levi die Beobachtung, daß die Erinnerung einen wesentlichen Aspekt in den *Lais* darstellt. Schon im Prolog betont die Dichterin, die alten Bretonen, ihre Vorbilder,
hätten ihre Lais »pur remambrance [. . .] / Des aventures k'il oïrent« (Vv. 35–36)
verfaßt; in der Einleitung zum *Equitan* (Vv. 3–8), im *Bisclavret*-Epilog
(Vv. 315–318) und am Schluß des *Eliduc* (Vv. 1181–1184) nimmt sie diesen Gedanken wieder auf, während sie im *Laüstic* (Vv. 133–137), im *Chaitivel*
(Vv. 202–204) und im *Chievrefoil* (Vv. 111–113) Entstehung und Gestaltung eines Lais geradezu zum Gegenstand des Lais selbst macht. Freilich führt Levi
in jenem Abschnitt seiner Studie die Diskussion um den ›remembrance‹-Begriff rein historisch, denn es geht ihm dabei einzig um die literaturgeschichtliche Definiton des bretonischen Lais. So bleibt es Spitzers Verdienst[454],
beobachtet zu haben, daß der Erinnerung im Marieschen Lai, über die äußerli-
che Funktion der Rahmenbildung hinaus, indem sie sich formbildend auf die
Struktur auswirkt, noch eine tiefere Bedeutung zukommt: »die *Prolog*-Verse
über die Lais ›Ke pur remambrance les firent / Des aventures k'il oïrent‹, gewinnen so eine größere Bedeutung für die Auffasung der Lais selbst als für
die literarische Entstehungsgeschichte der Gattung: Dichten heißt für Marie
Erinnern«[455].

Die Welt der Marieschen *Lais* als eine – im Sinne Emil Staigers[456] – erin-
nerte Welt: Tristans Liebesfreude, die Trauer der von vier Rittern vergeblich
umworbenen Dame – sie verwandeln sich in Lieder, die man zur Harfe singen
kann. Die Intensität der Stimmung[457], das Elegische[458], mit einem Wort der lyrische Glanz, in welchem – wie so oft betont worden ist[459] – Maries *Lais* schim-

---

Foster Damon (op. cit., p. 994) und Ezio Levi (*Eliduc*-Ausgabe, pp. LVII-LXII) auf die Wieselepisode im *Eliduc* verwiesen, wobei Foster Damon darin einen symbolischen Klang hört: »the episode
of the weasels is clear prefiguration of the one woman's bringing the other back to life«; vor dem
Hintergrund unserer Untersuchung entpuppt sich auch das Wieselwunder eindeutig als Allegorie.
Vgl. darüber auch Manfred Bambeck, Die Wieselepisode im *Eliduc* der Marie de France, AnS
208, 1972, pp. 334–349.
Schon Erich Nagel, Marie de France als dichterische Persönlichkeit, RF 44, 1930, pp. 79–80, hatte
auf Exemplarisches bei Marie hingewiesen. Dadurch, daß sich aber gerade im *Equitan* die ›Lehre‹
oder Moral als Allegorie – eben, als explizites Zeichen – darstellt, wird klar, daß dieser Lai durchaus nicht so sehr »aus dem Rahmen herausfällt«, wie Horst Baader, op. cit., p. 285 und pp. 299 ff.,
zu glauben scheint. Vgl. darüber auch H. Tiemann, Bemerkungen zur Entstehungsgechiche der
Fabliaux, RF 72, 1960, p. 421.
[453] P. LXXIII.
[454] Vgl. ZrP 50, 1930, pp. 52 ff.
[455] Spitzer, ZrP 50, 1930, p. 53. – Rita Schober hat zweifellos recht, wenn sie Spitzer entgegenhält
»remembrance« als Vokabel an sich verbreite noch keinen Stimmungszauber und in Zusammenhang mit »amender« (*Espurgatoire*, Vv. 5 und 46) rede der Begriff sogar von Belehrung und Er-
mahnung (op. cit., pp. 53–54). Sie übersieht aber, daß es – obgleich sie selbst ja das Prinzip anwendet – auf den strukturellen Kontext ankommt: eines ist »remembrance« in der Fabel oder in
einer Erbauungsschrift, ein anderes bezogen auf »li aunciën Bretun«.
[456] Vgl. Grundbegriffe der Poetik, Zürich 1956³, pp. 13–82.
[457] Vgl. Schürr, Das altfranzösische Epos, München 1926, pp. 383–385.
[458] Vgl. Schürr, ZrP 50, 1930, p. 580.
[459] Vgl. Camilla Conigliani, Amore e avventura nei *Lais* di Maria di Francia, ARom 2, 1918,
p. 293. Selbst Edgar Glässer, der in seiner Besprechung der Studie Elena Eberweins, ZfSL 60, 1937,
pp. 248–255, tendenziös und ungerecht über die Verfasserin urteilt, gesteht ihr zu, im *Laüstic* do-
miniere ein lyrisches Motiv (p. 254). Von einer »lyrischen Pointe« im *Chievrefoil* spricht Ilse

mern: von hier aus läßt er sich deuten. Von hier aus wird auch mit einem Schlag klar, wie wenig sinnvoll es ist, sich zu fragen, ob Marie an die Wahrheit (im historischen Sinne) ihrer altbretonischen Motive ›geglaubt‹ habe: niemandem fiele es ein, diese Frage in Bezug auf Goethe und Fausts Geisterbeschwörungen oder in Zusammenhang mit Mozart und Don Giovannis Höllenfahrt ernsthaft auch nur zu stellen[460]! »Perhaps« – vermutet Foster Damon einfühlend »they were true, thought not true as history; perhaps her warnings were but an other device to call our attention to the deeper meaning«[461]. Im tieferen Sinne wahr allerdings sind sie, insofern sie als Dichtung gestaltete Erinnerung geworden sind; denn Erinnerung eben – ›remembrance‹ – ist der Name »für das Fehlen des Abstandes zwischen Subjekt und Objekt, für das lyrische Ineinander«[462], das mit zu Maries dichterischer Einbildungskraft gehört.

Nun hatten wir aber nicht zur zu zeigen versucht, daß in Maries Lai als gestalteter ›aventure‹ die polarisierte Krise eines Schicksals zur Austragung kommt, sondern auch daß die ›aventure‹ sich bei Marie oft im Zeichen konzentriert, dessen Erscheinungsform sich jeweils als Funktion der Fabel versteht[463]. Polarisierung, Konzentration, Funktionalität – mit diesem Vokabular läßt sich allerdings keine lyrische Welt entwerfen: es eignet sich vielmehr zur Beschreibung einer dramatischen Daseinsform[464].

Von beiden aber war nunmehr im Zusammenhang mit Marie de France die Rede. Betroffen halten wir inne. Sollten wir uns beim Versuch, Maries dichterische Einbildungskraft zu erfassen, in ausweglose Widersprüche verstrickt haben? Fast scheint es so. Und doch: Fragen wir uns ernsthaft, worin denn nun jene Originalität bestehe, welche einerseits – in neuerer Zeit zumindest – ein fast einstimmiger Kritikerkonsens Maries *Lais* bescheinigt – Ernest Hoepffner

---

Nolting-Hauff in ihrem Aufsatz Symbol und Selbstdeutung – Formen der erzählerischen Pointierung bei Marie de France, AnS 199, 1962, p. 30; Battaglia, Il mito del licantropo nel *Bisclavret* di Maria di Francia, FRom 3, 1956, attestiert ihren *Lais* »grazia lirica« (p. 229) und der Dichterin »genio lirico« (p. 250); auch Hoepffner betont in seinem Marie-Buch öfters die lyrischen Aspekte in den *Lais*.

[460] Wie bei der *chanson de geste*-Forschung vorbédierscher Prägung wird oft auch in diesem Zusammenhang der Aspekt des Schöpferischen beim mittelalterlichen Autor von der Kritik so gut wie vernachlässigt; vgl. dazu den anregenden Aufsatz Viscardis, Credo quia absurdum! in FRom 3, 1956, pp. 342–370, insbesondere p. 343. Einen instruktiven Beleg für die von Viscardi in Frage gestellte Betrachtungsweise liefert Erich Nagel, Marie de France als dichterische Persönlichkeit, RF 44, 1930, p. 45.

[461] PMLA 44, 1929, Bd. 2, p. 996.

[462] Emil Staiger, op. cit., p. 62.

[463] Diese Auffassung vertritt, wenn wir sie richtig verstehen, auch Ilse Nolting-Hauff in ihrem Aufsatz über Symbol und Selbstdeutung; denn ihre Deutungen des *Laüstic*, des *Chievrefoil* und des *Chaitivel* zusammenfassend schreibt sie: »Im Hinblick auf das Verfahren der Pointierung stellt der *Chaitivel* also einen Extremfall dar; im *Laüstic* erhält die Handlung ihre Pointe durch Schaffung eines Symbols, und zwar pantomimisch, im *Chievrefoil* durch das Symbol und seine Kommentierung in der Botschaft und in der Laidichtung, also lyrisch-metaphorisch; im *Chaitivel* nur durch die Gegenüberstellung der Laititel, also dialogisch-reflexiv«, p. 33. Pantomimisches Symbol, lyrisch-metaphorisches Symbol, dialogisch-reflexives Symbol – bei Spitzer war von Zeichen und Organen die Rede, von primitiven Symbolen und von Seelenträgern. Was wir versucht haben, ist eine Zurückführung solch komplexer Definitionen auf poetische Strukturgrundbegriffe der dichterischen Einbildungskraft Maries.

[464] Vgl. Emil Staiger, op. cit., pp. 143 ff.

schließt sein Buch über die Dichterin mit einer Bemerkung, in der er unter anderem hervorhebt, die *Lais*-Sammlung der Marie de France sei »une des oeuvres les plus originales [...] de la littérature médiévale« –, welche anderseits in Worte zu fassen jedoch recht schwer fällt, weil ihr Werk zutiefst im Einverständnis mit literarischen Ausdrucksformen ihres Zeitalters entstanden ist, so möchte uns bei einem erneuten Blick auf die *Lais* beinahe dünken, als ob in diesem scheinbaren Widerspruch ausgerechnet die Antwort auf die gestellte Frage läge.

2. Maries *Lais* als Dichtungen

Wer je ein literarisches Portrait zu entwerfen unternimmt, empfindet mitunter im Verlauf der Arbeit das Bedürfnis, die am meisten charakteristischen Linien nachzuziehen, damit die individuellen Züge deutlicher erkennbar seien. Fast jede Erörterung der *Lais* als Dichtungen mündet demnach einmal in eine Art Klassifizierung ein: es geht darum, die den verschiedenen Lais gemeinsamen Merkmale herauszuarbeiten, um die Erzählungen dann – wenn möglich – stimmig zu gruppieren.

So unternahm es S. Foster Damon unter dem Einfluß der psychoanalytischen Optik Freuds und Jungs, zu zeigen, wie die Marieschen *Lais* dergestalt paarweise zusammengehören, daß sich je zwei Erzählungen bezüglich Charaktere, Situation und Lösung als Pendants auffassen lassen, wobei der umspannende Rahmen, in den sie gehören, durch die Kategorien »supernatural lais«, »realistic lais« und »anecdotes« gebildet wird[465]. Für Spitzer besteht der gemeinsame Grund, auf dem Maries Laidichtung erwächst, in der Verbindung von Problematik und Märchen[466], während Schürr zwischen novellenartigen und legendenhaften Lais unterscheidet, denen sich noch Mischformen beigesellen[467]. In seinem grundlegenden Buch über die Dichterin, das zugleich eine Art Summa nicht nur seiner eigenen Marie-Studien sondern auch aller vorausgehenden Forschung in diesem Bereich darstellt, gliedert Ernest Hoepffner die *Lais* in »lais féeriques«, »amour conjugal«, »parents et enfants«, »l'amour tragique« und »la femme coupable«[468]. Indem er dieses Klassifizierungsmuster weiterentwickelt, schlägt Jean Frappier – ohne allerdings seinerseits die »Mischform« der »lais courtois dans un cadre breton« vermeiden zu können – die Rubriken »lais mythologiques« und »lais courtois« vor[469]. Den Begriffen der Legende und der Novelle, die er seinerseits einführt, fügt Ferdinando Neri in der Einleitung zu seiner *Lais*-Ausgabe diejenigen der »cronaca« – auf *Equitan* bezogen – und des Idylls – in diese Rubrik gehören *Deus Amanz*, und *Laüstic* – hinzu[470].

---

[465] Vgl. Marie de France: Psychologist of Courtly Love, PMLA 44, 1929, Bd. 2, pp. 968–996.

[466] Vgl. Marie de France – Dichterin von Problem-Märchen, ZrP 50 , 1930, pp. 29–67.

[467] Vgl. Komposition und Symbolik in den *Lais* der Marie de France, ZrP 50, 1930, pp. 556–582.

[468] Vgl. Les *Lais* de Marie de France, Paris 1935.

[469] Remarques sur la structure du lai, p. 33.

[470] Vgl. I *Lai* di Maria di Francia, Torino 1946.

Als Vorstufen der Renaissancenovelle erscheinen Maries *Lais* in der Darstellung Rita Schobers[471], und Ewert bezeichnet die *Equitan*-Fabel als Fabliau-Vorwurf[472]; bei Süheylâ Bayrav indessen geht es um »contes romanesques« einerseits sowie anderseits um solche, denen ein »but moral« innewohne[473]. Moshé Lazar endlich gruppiert die *Lais* »en fonction des idées amoureuses qu'ils illustrent«[474].

Was diese Bezeichnungen für eine literaturwissenschaftliche Betrachtung des Gegenstandes ausnahmslos als ungeeignet erscheinen läßt, ist der Umstand, daß es sich – wie Croce sagen würde – bloß um literaturkritische Pseudobegriffe handelt oder – um mit Emil Staiger zu reden –, daß sie keine literaturwissenschaftlichen Grundbegriffe darstellen. In der Tat – Anekdote, Märchen, Novelle, Legende, Chronik, Idyll, Fabliau: das sind doch wohl behelfsmäßige Gattungsbegriffe aus der normativen Fächerpoetik, deren Unbrauchbarkeit zur Definition einer dichterischen Einbildungskraft die Termini »Mischform« und »Vorstufe« evident werden lassen; mit den Adjektiven »supernatural«, »féerique« und »realistic« anderseits wird das Dichtwerk an äußerlichen Kategorien der Wirklichkeitsbestimmung gemessen; mit Formulierungen wie »parents et enfants«, »amour conjugal« und »femme coupable«, »lais mythologiques« und »lais courtois« verläßt man vollends den Bereich der Literaturbetrachtung, um sich mit der bloßen Registrierung von Inhalten zu begnügen[475]; während die Ergebnisse einer Erörterung der *Lais* als Belege für das Verhältnis der Verfasserin zu bestimmten Konzeptionen und Formen der Liebe nur über das Auskunft zu geben vermögen, was man Maries »idéologie amoureuse« nennen mag[476].

[471] Vgl. Kompositionsfragen in den *Lais* der Marie de France, WZBln 1954/1955, pp. 45–59.

[472] Vgl. *Lais*-Ausgabe, p. XVII. Diese Ansicht findet sich schon bei Toldo, *Yonec*, RF 16, 1904, pp. 609–629. Auch Benkt Wennberg, op. cit., pp. 76 ff., subsumiert *Equitan* als einzigen Marieschen Lai unter die Rubrik »anecdotal tales of the fabliau type«, während er die übrigen auf die Kategorien »fairy-tales« und »idyllic tales« verteilt.

[473] Vgl. Symbolisme médiéval (Béroul, Marie, Chrétien), Paris-Istambul 1957, pp. 63–72. – R.N. Illingworths auf Grund von Personen- und Ortsnamenvorkommen sowie von Vokabular und Ausdrucksformen vorgenommene Klassierung können wir in unserem Zusammenhang übergehen, denn sie ist außerliterarischen Zwecken bestimmt, indem sie der Herstellung einer *Lais*-Chronologie dient, vgl. R 87, 1966, pp. 433–475.

[474] Op. cit., p. 175.

[475] Eine Unzulänglichkeit, derer sich Hoepffner durchaus bewußt ist, vgl. op. cit., p. 56. Auch Frappier sieht sich genötigt, zu vermerken: »Seuls semblent échapper à notre définition *Equitan*, le *Bisclavret*, *Les deux amants*, le *Chaitivel*«, Remarques sur la structure du lai, p. 33, Anm. 4, was immerhin genau ein Drittel des Marieschen Laisbestandes ausmacht.

[476] Wie wenig mit derartigen Ergebnissen allerdings im Hinblick auf eine Darstellung der *Lais* als Dichtung anzufangen ist, ergibt sich aus Lazars eigenen Versuchen, die – wie Omer Jodogne feststellt, LR XXI, 1967, p. 169 – da und dort zu »interprétations contestables« führen. Jodognes Vorbehalten, die sich auf Lazars Interpretationen des *Yonec*, des *Guigemar*, des *Laüstic*, des *Equitan*, *Eliducs* und von *Deus Amanz* beziehen, sei noch einer beigefügt, der den *Eliduc* betrifft. Es verhält sich durchaus nicht so, daß – wie Lazar, op. cit., p. 232 vermutet – Marie im Schluß dieses Lai die Lösung eskamotiert, indem sie die Gattin Eliducs eliminiert. Wenn es im *Eliduc* einfach um »le problème de la vie à trois« ginge, so hätte Lazar zweifellos recht; in seiner eigenen Problemstellung befangen, übersieht er aber, daß Marie die ganze Schlußphase des Lai (von Vers 953 an) dem Thema der Entsagung widmet. Jean-Charles Payen bemerkt dazu sehr feinsinnig: »Mais il serait abusif, d'y voir un dénouement à la Molière. La femme d'Eliduc n'accomplit point là un geste immotivé; elle a compris que son mari ne lui appartenait plus, qu'il avait trouvé le véritable amour, et qu'elle-même, peut-être, était appelée à une autre destinée«, Le motif du repentir dans

Einen originellen Ansatzpunkt, um zu einer Strukturbestimmung vorzusto-
ßen, wählt John A. Frey[477]. Für Frey besteht eine innere Beziehung zwischen
der Erscheinung des paarweise gereimten Achtsilblers und der Liebe als Grund-
motiv der Marieschen Einbildungskraft. Diese Beziehung käme im Muster der
Doppelung, der Paarung zum Ausdruck – im »coupling« –, dem Frey sowohl
im Bereich des thematischen Materials als auch der sprachlichen Gestaltung
nachgeht. Indessen enthüllt sich auch das »coupling« als scheinstruktureller Begriff. Sowohl auf das Motiv der Liebe angewandt führt es zu rein inhalt-
lichen Kategorien (»the search for love and its final ful-fillment against all ab-
stacles«, »the denial of love either temporarily or permanently« und »love reven-
ged«)[478], als auch im Rahmen der thematischen Analyse, aus welcher Maries
›univers poétique‹ – nachdem Frey selbst die Tatsache als signifikant auslegt,
daß in *Fresne* die Esche als vierfach verzweigt dargestellt wird (V. 169) – gleichsam als materialisierte Zweierfunktion hervorgeht: mehr als einer Dame wird
eine ›confidente‹ beigesellt, Lanvals Fee sendet dreimal zwei Botinnen aus, vier
Ritter bewerben sich um die Dame im *Chaitivel*, in *Fresne* gebären zwei Frauen
Zwillinge[479].

Indem Frey zuletzt die sprachlichen Formen des »coupling« zu erfassen trach-
tet, gelingen ihm die fruchtbarsten Beobachtungen. Freilich ergäbe sich die
strukturelle Bedeutung der beobachteten Doppelungsphänomene – Barbara
Brookes-Schonfield beschäftigt sich damit in ihrer Stilanalyse –, welche ja an
und für sich geläufige rhetorische Muster reflektieren[480], erst durch die Bestimmung ihres Stellenwertes im Gefüge der Marieschen Diktion. In einem Couplet
wie »Issi mururent ambedui, / Li reis avant e ele od lui« (*Equitan*, 305–306) –
Frey geht da knapp an einer wichtigen Erkenntnis vorbei, wenn er die »humo-
rous conclusion« des Lais unterstreicht[481] – steht die Doppelung im Dienste der
Pointierung. Man müßte sich nun fragen, inwieweit die Pointierung zur Marieschen Einbildungskraft gehört.

Denn ein literarisches Oeuvre bedeutet die Verwirklichung einer ganz bestimmten dichterischen Einbildungskraft. Die Elemente, welche Maries dichterische Einbildungskraft prägen, haben wir darzustellen versucht; in der Struktur, die aus der individuellen Verschmelzung dieser Elemente entsteht, kommt
der Spielraum zum Ausdruck, den eine dichterische Einbildungskraft sich

la littérature française médiévale (des origines à 1230), Publications romanes et françaises, XCVIII,
Genève 1967, p. 317. Vgl. auch Jacques De Caluwé, La conception de l'amour dans le lai d'Eliduc
de Marie de France, MA 77, 1971, pp. 57–77.

[477] Linguistic and psychological Couplings in the *Lays* of Marie de France, StPh LXI, 1964, pp. 3–18.

[478] John A. Frey, op. cit., p. 7.

[479] Vgl. John A. Frey, op. cit., pp. 9 ss. Ganz ähnlich verhält es sich mit Barbara Schonwald Brookes
stilistischer Untersuchung, welche im zweiten Kapitel zeigt, daß bei Marie »first, [...] a general
structure, i.e. the total esthetic effect of the work, is manifested through binary systems – e.g.,
besides the ›narrative‹ couplings which have already been mentioned, rhetorical clichés; and second, that the ›coupling‹ is related to and supports Marie's emphasis on the ideal nature of the
love relationship«, A Stilistic Analysis of the *Lais* of Marie de France, p. 44.

[480] Vgl. Gunnar Biller, Etude sur le style des premiers romans français en vers (1150–75), Göteborgs
Högskolas Årsskrift, XXI–XXII, 1915–1916, inbesondere pp. 40 ss.

[481] Vgl. John A. Frey, op. cit., p. 14.

schafft[482]. Eine Beschreibung des Spielraums der Marieschen Einbildungskraft müßte als Ergebnis den kritischen Nachvollzug ihrer *Lais* als Dichtungen beinhalten.

Zu den meistinterpretierten Lais gehört der *Laüstic*. Wie immer bei Marie rahmen einige Prolog-Verse und ein kurzer Epilog die eigentliche Erzählung ein. Beide dienen gleichsam der Objektivation des Geschehens, indem dieses damit vom Zuhörer oder Leser abgerückt wird. Interessant ist, daß diese Objektivation zum ersten zwar mit dem leitmotivartigen Hinweis auf die ›Bretun‹ bewerkstelligt wird, zum andern aber durch die bei flüchtiger Betrachtung eher umständlich anmutende sprachliche Erklärung des Laititels, wodurch allerdings die Aufmerksamkeit sofort auf die Hauptsache selbst gelenkt wird, um die es geht: eine Nachtigall. Dasselbe Verfahren wendet die Autorin im *Chaitivel* an, in dessen Prolog sie den Titel der Geschichte erörtert, die sie zu erzählen sich anschickt, wodurch abermals das Interesse auf den Kern der Erzählung ausgerichtet wird: einen Lai. Ganz ähnlich steht es in *Deus Amanz* und im *Chievrefoil*; denn in beiden Lais nimmt die Einleitung bereits den Ausgang vorweg, wenn es im ersten Fall, wo wenig danach selbst auf den Tod auf dem Berg angespielt wird (V. 10), pointiert heißt:

> Une aventure mut oïe
> De deus enfanz ki s'entreamerent;
> Par amur ambedui finerent.
> (Vv. 2–4)

und im zweiten:

> De Tristram e de la reïne,
> De lur amur ki tant fu fine,
> Dunt il eurent meinte dolur,
> Puis en mururent en un jur.
> (Vv. 7–10)

In *Chievrefoil* wird zudem die hinweisend objektivierende Gebärde in der sprachlichen Erklärung des Titels am Schluß wiederholt, die sich zugleich als abrundender Fingerzeig auf das Signal des Lai versteht.

Mit knappen Pinselstrichen entwirft Marie in der Folge die Ausgangssituation, indem sie die Protagonisten und den Schauplatz evoziert; es liegt das elementare Dreieck vor, in welches von allem Anfang an das im Hinblick auf die Auslösung der Handlung fruchtbare Moment eingeblendet wird: »La femme sun veisin ama« (V. 23). Der Sparsamkeit im Personal entspricht die Einfachheit des räumlichen Dispositivs: zwei Häuser, eine Trennmauer, ein Fenster. Der erste Teil der Erzählung, den ein ausgesprochener Expositionscharakter kenn-

---

[482] In der Diskussion von Frappiers Remarques sur la structure du lai wies Georges Poulet, auf Albert Henrys Ausführungen über *Madame Bovary* bezugnehmend, auf die Unterschiede hin, welche zwischen Flauberts »espace spirituel« und demjenigen des Lais bestünden, vgl. Frappier, Remarques, p. 38.

zeichnet, schließt mit der Verflechtung von Personenkonstellation und Schauplatz: da die Dame »ert estreit gardee« (V. 49), sehen die Liebenden sich bloß insgeheim durchs Fenster. Die konzise Struktur der Exposition, die sich namentlich aus der geringen Anzahl von *dramatis personae* ergibt, zeichnet nicht allein den *Laüstic* aus. Zwanzig Verse bloß (die Einleitung nicht eingerechnet) genügen, um die fatalen Dreiecke in *Equitan* und *Chievrefoil* zu entwickeln und die Ausgangslage so zu pointieren – »sanz veüe la coveita«, heißt es von Equitan (V. 41) und »Li reis Marks esteit curuciez, / Vers Tristram sun nevu iriez; / De sa terre le cungea / Pur la reïne qu'il ama« (Vv. 11–14) im *Chievrefoil* –, daß die Handlung unverzüglich einsetzen kann; und wenig mehr nur braucht Marie, um in *Deus Amanz* die Lage des Mädchens zwischen Vater und künftigem Bewerber zu skizzieren[483] – wobei auch in diesem Lai das handlungsauslösende Motiv, die Bedingung des Königs nämlich (Vv. 41–47), die Figuren eng in das Fabelmuster verknüpft –, und um die verzwickte Situation der vielumworbenen Dame im *Chaitivel* darzulegen.

Wenden wir uns wiederum dem *Laüstic* zu. Vers 57 markiert den Übergang zwischen der Schilderung der Situation und der eigentlichen Handlung, die mit einem Frühlingseingang anhebt, in welchem durch den Hinweis auf die singenden Vögel bereits die Einführung des ›laüstic‹ organisch vorbereitet wird. Obschon der Einwand denkbar wäre, die Nachtigall beginne verhältnismäßig spät eine Rolle zu spielen, darf nicht übersehen werden, daß Marie das Vögelchen ja schon im Prolog vorausgreifend gezeigt hatte; überdies weist ebenso die Naturschilderung mit den singenden ›oiselet‹ wie auch die »topische Parallele zwischen Natur- und Seelenstimmung immerhin schon auf die Symbolisierung der Liebe durch die Nachtigall« voraus[484]. Sinnvollerweise gipfelt die erste Phase der angelaufenen Handlung in der Präsentation eines neuen Motivs: die Kennzeichnung des Gatten als Gegenspieler. Zugleich entpuppt sich der ›laüstic‹ als Reflex und Motor, indem er einerseits das Thema des Lais spiegelt und anderseits sowohl die Rechtfertigung der Dame als auch die Reaktion des Gatten auslöst. Analog geht die Autorin in *Deus Amanz* vor, wo der zweite Teil sowohl den jungen Bewerber einführt als auch den handlungsauslösenden Stärkungstrank; im *Equitan*, wo sie Equitans Situation als Konflikt zur Darstellung bringt und zugleich das explizite Zeichen der durch Amors Pfeile geschlagenen Wunde als thematischen Reflex einpaßt; im *Chaitivel*, wo der zweite Laiteil ebenfalls die Ausprägung der Situation als Konflikt herbeiführt und das handlungsfördernde Motiv des Turniers ankündigt; und endlich im *Chievrefoil*, wenn geschildert wird, wie der einsame Tristan in der Herberge die Nachricht vom bevorstehenden Fest in Tintagel erfährt.

---

[483] In diesem Zusammenhang möchte man Zweifel an Jeanne Lods Auffassung, daß »les vers qui se trouvent dans S et non dans H ne sont jamais indispensables« (*Lais*-Ausgabe, p. XXX), anmelden; denn gerade die Verse 23–30, die in H fehlen, bringen – in einer für Marie typischen Art und Weise – gleich eingangs je ein sowohl für die psychologische Konstellation als auch für die Auslösung der Handlung maßgebendes Motiv: »De riches hommes fu requise, / Ki volentiers l'eüssent prise; / Mes li reis ne la volt doner« (Vv. 25–27).

[484] Vgl. Ilse Noltig-Hauff, Symbol und Selbstdeutung – Formen der erzählerischen Pointierung bei Marie de France, AnS 199, 1962–1963, p. 27.

Wenn sich an dieser Stelle bereits ein gemeinsames Merkmal der besprochenen Lais hervorheben läßt, so besteht es in der *engrenage*-artigen Struktur der ersten beiden Teile, in welche nun auch der dritte fugenlos verzahnt wird. Für den *Laüstic* kommt es jetzt zur zentralen Szene: die Ereignisse überstürzen sich, die Nachtigall wird gefangen, vom rasenden Gatten auf brutale Weise getötet und der Dame grausam entgegengeschleudert. Die Katastrophe ereignet sich, doch entbehrt sie jeden spektakulären Zuges: eine tote Nachtigall, ein kleiner Blutfleck auf dem Kleid und eine verlassen weinende Frau. Erstaunlich ist die Wirkungsintensität eines winzigen Details: der Blutfleck, so unscheinbar er auch sein mag, ist doch ein Mordfleck, und das Vögelchen, das mit gebrochenem Hals daliegt, stellt ein blutiges Zeugnis der ›aventure‹ dar, welche über die beiden Menschen gekommen ist und sie – wie der vierte Teil zeigen wird – unlösbar aneinander bindet. In dieser mittleren Lai-Phase erweist sich Marie als Meisterin der Variation. Wenn sie auch das *Laüstic*-Muster im *Chaitivel* so gut wie unverändert übernimmt – dort kommt es ebenfalls im dritten Teil, in der Turnierszene, zur Katastrophe (»[. . .] li trei i furent ocis /E li quarz nafrez (malmis«, Vv. 121–122), während der vierte den ›aventure‹-Charakter des Geschehens und dessen verstrickende Macht zu Bewußtsein bringt –, so kehrt sie es im *Chievrefoil* um – hier leuchtet im dritten Teil das Haselzweig/Geißblatt-Zeichen auf, während der vierte die Hauptszene der Begegnung formuliert – und führt in *Deus Amanz* und *Equitan* beide Teile als retardierende Momente durch: das große Gespräch über die Liebe,das mit einer erneuten Vorwegnahme der Katastrophe endet (V. 184), bildet im *Equitan* den ganzen dritten Teil, wobei der vierte erst auf Grund eines neuen Motivs – das Geschwätz der Leute (Vv. 201 ff.) – den Mordplan reifen läßt, während in *Deus Amanz* der dritte Teil die Reise nach Salerno und der vierte die Vorbereitungen zum Lauf gestaltet.

Die fünfte und letzte Phase der Fabel wird in allen fünf zur Diskussion stehenden Lais deutlich als solche gekennzeichnet. Im *Laüstic* findet ein ausdrücklicher Szenenwechsel statt; die Verse 141–156 verlegen den Schauplatz ins Haus des Geliebten und führen das herbei, was man die Lösung nennen könnte: in Gegensatz zum Gatten ist der ›bachelers‹ nicht ›vileins‹, er versteht die Bedeutung des Geschenkes und läßt das kostbare Kästchen anfertigen, worin der tote ›laüstic‹ einer Reliquie vergleichbar[485] jetzt in praller Zeichenhaftigkeit erstrahlt. Nach demselben Muster gestaltet Marie den Schluß des *Chievrefoil*, den sie gleichfalls durch einen unmißverständlichen Szenenwechsel ankündigt (V. 105): Tristans Erlebnis und das Signal der ›aventure‹ seiner Liebe zu Isolde verdichten sich – im buchstäblichen Sinn – und leben in neuer Form weiter: »Bele amie, si est de nus: / Ne vus sanz mei, ne jeo sans vus« (Vv. 77–78). Der Parallelismus zum *Chaitivel*-Ausgang braucht wohl nicht im Einzelnen aus-

---

[485] In seinem von Spitzer inspirierten Aufsatz *Le Lais de Laüstic:* From Physicality to Spirituality, PQ 47, 1968, spricht Robert D. Cottrell geradezu von »transsubstantiation of the nightingale«, p. 504. Zur Symbolik des *Laüstic* vgl. auch Jacques Ribard, Le lai du *Laostic*: structure et signification, MA 76, 1970, pp. 263–274.

gelegt zu werden; er drängt sich förmlich auf: hier wie dort verwandelt sich schließlich das Geschehen – um es mit einem Wort Clemens Brentanos auszudrücken – zur Kunstfigur. In *Deus Amanz* und *Equitan* ereignet sich die längst vorweggenommene Katastrophe erst im fünften Teil, der durch einen zeitlichen Einschnitt ebenfalls unverkennbar als selbständiger Abschnitt abgesetzt ist. Der Marmorsarg aber, in welchem die beiden Liebenden auf dem Berg bei Pistre begraben liegen, scheint der ›chasse‹ im *Laüstic* zu entsprechen, während die sentenziös sprichwortartige Formel, in welche die Tragödie Equitans einmündet, doch auch an die Lösungen in *Chievrefoil* und *Chaitivel* anklingt.

Was ergibt sich nun aus alledem im Hinblick auf die Umschreibung des Spielraums der Marieschen Einbildungskraft? Wir fassen zusammen. Das offenkundigste Merkmal, das den *Laüstic*, den *Chievrefoil*, den *Chaitivel*, den *Equitan* und *Deus Amanz* miteinander verbindet, ist die elementare Protagonistenkonstellation. Diese spiegelt sich im übersichtlichen szenischen Dispositiv, das im *Laüstic* am einfachsten, aber sehr suggestiv gestaltet ist[486], in den übrigen Lais aber, obschon es nicht ohne Szenenwechsel auskommt, doch auf jede nicht unmittelbar zur Sache gehörende dekorative Ausschmückung verzichtet: Herberge und Waldweg für *Chievrefoil*, Schloß und Wald für *Equitan*, Turnierplatz mit Turm und Zimmer für *Chaitivel*, die Landschaft mit dem Berg für *Deus Amanz*. Der Übersichtlichkeit im Räumlichen entspricht die Erscheinungsform der Zeit: es ist eine komprimierte Zeit; wenn die Ereignisse im *Milun*, beispielsweise, und im *Yonec* Jahrzehnte umfassen[487], so schnurren die Fabeln der eben erörterten Lais – legt man vorerst auch bloß den Maßstab der Kalenderzeit an – im Zeitraum von höchstens einigen Monaten ab[488]; geht man

---

[486] In dem bereits erwähnten Aufsatz Le *Lai de Laüstic*: From Physicality to Spirituality, PQ 47, 1968, in welchem Robert D. Cottrell auf Spitzers Spuren herausarbeitet, wie Marie in diesem Lai die Verwandlung der Liebe »from an imperative carnal desire into an ideal spiritual bond« (p. 504) darstellt, zeigt der Verfasser zugleich einleuchtend, wie die Dichterin es im Verlauf der Exposition darauf anlegt, einen geschlossen wirkenden Spielraum zu schaffen. Cottrell spricht von »Marie's method of concentrating on the area where the drama will take place by progressively and decisively delimiting the geographic confines of her tale«, p. 502. Nicht zuletzt auf Grund einer Analyse des szenischen Dispositivs im *Laüstic* kommt Jacques Ribard dazu, von der dramatischen Struktur dieses Lai zu sprechen, vgl. Le lai du *Laostic*: structure et signification, MA 76, 1970, p. 269. Seltsamerweise fügt er dann hinzu, es dabei bewenden lassen, hieße allerdings, »rester à la surface des choses«. Denn »la structure du poème elle-même est antithétique«: als ob nicht gerade auch dieser antithetische Charakter in den Bereich des Dramatischen gehörte! Was die Herausarbeitung der dramatischen Züge des ›plots‹ des *Laüstic* betrifft, vgl. auch William S. Woods, Marie de France's *Laüstic*, RoNo 12, 1970/1971, pp. 203–207.

[487] Im *Milun* erstreckt sich die Handlung einem ausdrücklichen Vermerk der Autorin gemäß über zwanzig Jahre (vgl. V. 277). Fresnes und Yonecs Geschicke verfolgt der Leser von ihrer Geburt an bis zur Hochzeit bzw. bis zum Auszug des jungen Mannes in die Welt. Bisclavret verbringt ein ganzes Jahr im Wald (V. 135) und eine unbestimmte Zeit im Königsschloß, bis es zur entscheidenden Jagdpartie kommt. Auf der dahinfließenden Zeit wird im *Guigemar* geradezu bestanden: einen Monat verbringt der junge Guigemar nach der Rückkehr bei seiner Familie (V. 75), anderthalb Jahre dauert das Glück mit der Dame (V. 535), welche in der Folge über zwei Jahre als Gefangene im Turm (V. 665) verbringt und alsdann lange bei Meriadu lebt (V. 743). Dasselbe gilt auch für *Eliduc*, wo öfters im Text auf die abgelaufenen Fristen aufmerksam gemacht wird (vgl. Vv. 143, 267, 524, 698, 1149).

[488] Der *Laüstic* spielt im Frühling (V. 58 ff.), Equitans Liebe dauert zwar unbestimmt »lung tens«

102

jedoch von der erlebten Zeit aus, die ja für den Nachvollzug der Dichtung allein von Bedeutung ist, so erscheint die Spanne – bedingt auch durch die häufigen Vorwegnahmen – noch geschürzter: für den *Laüstic* ist es der Tag der Ermordung der Nachtigall, für *Deus Amanz* die Stunde des Wettlaufs, für *Chievrefoil* der Augenblick der Begegnung, für *Equitan* die Monate der heimlichen Liebe, die am Tag des unglückseligen Bades jäh und furchtbar zu Ende gehen, für *Chaitivel* die Stunden des Turniers und ein Nachmittagsgespräch im Sommer. Von dieser Warte aus läßt sich selbst ein so äußerlicher Aspekt wie die Kürze dieser Texte sinnvoll auslegen, welche zwischen 118 und 314 Verse umfassen, wobei der *Equitan* als einziger die Dreihunderterlimite erreicht und überschreitet. Sparsamkeit im Text bei übersichtlichem szenischem Dispositiv, geraffter Zeitablauf bei elementarer Personenkonstellation – und in diesem Gefüge nun das fruchtbare Moment (es geht in den fünf besprochenen Lais allemal um die Liebe): mehrfach spiegelt sich nunmehr das Grundmuster ihres Spielraums. Erstens: Verdichtung des thematischen Materials je in ein einziges Zeichen – beim *Chaitivel*, dem wohl ›literarischsten‹ Lai Maries, ist es der Lai selbst, der in seiner Erscheinungsform als Kunstgebilde die präziös abstrakte Problematik (denn hier geht es tatsächlich um ein Problem), welche der Erzählung zugrunde liegt, trefflich spiegelt; des weiteren: Gliederung der Handlung in eine schlüssig funktionale Phasenabfolge, was die Ausmerzung jeglichen, wenn auch episch reizvollen, so doch dramatisch unzweckmäßigen blinden Motivs bedingt; schließlich: Entwicklung der Fabel von innen heraus, aus der Verflechtung menschlicher Beziehungen allein, unter Verzicht auf äußeres Beiwerk, wie es etwa der Einbruch übernatürlicher Kräfte darstellen könnte[489].

Schicken wir uns an dieser Stelle an, unter dem angewandten Blickwinkel die Struktur zu bestimmen, in welcher die dichterische Einbildungskraft der Marie de France sich in diesen Werken ausprägt, so drängt sich die Formel vom innern Spielraum auf. *Laüstic, Chievrefoil, Chaitivel, Deus Amanz* und *Equitan* sind Lais des innern Spielraums: die funktionalisierte Fabel, das polarisierte Thema und die konzentrierten Darstellungsmittel verschmelzen zu einer geschlossenen Struktur, deren dramatische Strenge durch die evokative Ausstrahlung des Zeichens lyrisch verklärt erscheint.

(V. 185), die Zeitspanne zwischen dem Mordplan und dessen Ausführung beschränkt sich aber auf kaum drei Monate (V. 263). In *Deus Amanz* wird die Präzipitation auf den entscheidenden Tag hin bewußt betont: die Reise nach Salerno findet »hastivement« (V. 132) statt, nach der Rückkehr heißt es vom jungen Mann: »Ne surjurnat pas en sa tere« (V. 155), während das Zeiterlebnis in *Chievrefoil* und *Chaitivel* rein punktuell ist: Begegnungsszene im Wald, bzw. Turnier und Gespräch.

[489] *Equitan* nimmt folglich innerhalb von Maries Oeuvre durchaus keine so besondere Stellung, wie Jeanne Wathelet-Willem meint, vgl. *Equitan dans l'oeuvre de Marie de France*, MA 69, 1963, pp. 325–345. Daß Richard Baum, dem Jeanne Wathelet-Willems Auffassung sehr ins Konzept paßt, ihre Gedankengänge ziemlich tendenziös referiert, geht daraus hervor, daß er zu *Equitan*, 183–184, schreibt: »C'est le seul cas où un poème du recueil de Harley est interrompu par une indication de ce genre«, *Recherches sur les oeuvres attribuées à Marie de France*, Heidelberg 1968, p. 172. Jeanne Wathelet-Willem hatte immerhin auf die fast gleichlautenden – freilich in der Einleitung stehenden – Eingangsverse zu *Deus Amanz* verwiesen (3–4); man könnte noch *Guigemar* (541–542) und *Chievrefoil* (9–10) beifügen.

In seiner Einteilung der *Lais* hatte S. Foster Damon den *Eliduc* zusammen mit *Chaitivel, Equitan, Deus Amanz, Fresne* und *Milun* unter die »realistic lais« eingereiht. Daß *Chaitivel, Equitan* und *Deus Amanz* gemeinsame Aspekte aufweisen, versuchten wir eben aufzuzeigen. Bei näherer Betrachtung der verbleibenden *Eliduc, Fresne* und *Milun* kommt man – so scheint es – nicht um die Feststellung herum, daß namentlich im *Milun* denn doch allzuviel glückliche Zufälle, plötzliche Eingebungen und merkwürdig gelehrige Schwäne vorkommen, als daß noch von einem realistischen Weltbild die Rede sein könnte[490], umso mehr als – wie selbst Hoepffner betont – der *Milun* »de la couleur locale arthurienne«[491] enthält und eine Schlußfloskel aufweist, deren unrealistische Tonart Assoziationen aus ganz andern Bereichen weckt: »En grant bien e en grant duçur / Vesquirent puis e nuit e jur« (Vv. 529–530). Überdies dürfte auch im *Eliduc* die Wieselwunder-Passage sich nur mühsam als Realismus darstellen lassen. Immerhin bleibt es eine Tatsache, daß zwischen *Eliduc* und *Fresne* Berührungspunkte zu bestehen scheinen, und wäre es zunächst nur der vage Eindruck, daß beiden etwas ›Romanhaftes‹ innewohne[492], das weder *Yonec, Lanval* und *Bisclavret*, noch *Milun* und *Guigemar* anhaftet – von den fünf bereits erörterten Lais ganz zu schweigen. Doch mit ›romanhaft‹ ist natürlich noch nichts Greifbares formuliert.

Die *Fresne*-Fabel verrät ihre Gliederung bei aufmerksamer Lektüre ohne Schwierigkeiten. In einem 174 Verse langen ersten Teil (die zwei Einleitungsverse abgerechnet) wird sowohl die an Einzelheiten reiche Vorgeschichte aufgerollt, in deren Mittelpunkt das Motiv der zwiefachen Zwillingsgeburt und die Verleumdung steht, als auch mit der Schilderung der Aussetzung des einen Mädchens die Handlung angekurbelt, deren Motor der Leser jetzt schon in Ring und Tuch vermuten darf. Im zweiten Teil, welcher aus der Auffindung besteht und mit der Namengebung schließt, setzt Fresnes eigentliche Lebensgeschichte ein, die durch das im ersten Teil schon eingeblendete Wald-Signal hinlänglich als ›aventure‹ gekennzeichnet ist. Aus Fresnes und Guruns Liebesgeschichte besteht der dritte Abschnitt, der mit Fresnes Abreise aus dem Kloster zu Ende geht. Im vierten Laiteil wächst sich die Beziehung zwischen den beiden Liebenden zum Konflikt aus; es kommt zur Krise, welche Marie nachdrücklich unterstreicht, indem sie den Faden der Erzählung durchschneidet und die Fiktion durch einen kommentierenden Einschub (Vv. 345–348) unterbricht. Der Hochzeitstag, während welchem sich die Ereignisse überstürzen – Fresnes entsagen-

---

[490] Hoepffner, Les *Lais* de Marie de France, Paris 1935, pp. 109 ff., ist in Bezug auf die Gleichartigkeit der ›plots‹ und den Realismus in *Milun* und *Fresne* zunächst mit Foster Damon völlig einverstanden: *Fresne* und *Milun* seien »identiques dans leur thème général, identiques aussi jusque dans certains détails«, p. 109. Man ist demnach nicht wenig verwundert, wenn man zwei Seiten später über dieselbe Lais liest: »Marie réussit à tirer du même thème deux récits tout différents«, p. 111. – Und doch hat Hoepffner trotz dieses Widerspruchs in seiner Charakteristik dieser zwei Lais in einem tieferen Sinne recht: gleicher ›plot‹ – das heißt stilkritisch noch gar nichts, denn es kommt ja dabei nicht auf den Gegenstand, sondern auf dessen Gestalt an.

[491] Op. cit., p. 15.

[492] Vgl. über *Eliduc* Ilse Nolting-Hauff, Symbol und Selbstdeutung, AnS 199, 1962–1963, p. 33, und über *Fresne* F. Neri, op. cit., p. XVIII, der diese Erzählung als »semplice novella« bezeichnet.

der Geste folgen das Gespräch mit der Mutter, die Agnition, die Auflösung der eben geschlossenen Ehe zwischen Gurun und Codre und die neue Trauung Guruns mit Fresne –, stellt die bewegte Schlußphase des Lai dar.

Es fällt auf, daß *Fresne* – im Gegensatz zu den fünf oben untersuchten Lais – sehr figurenreich ist: neben Fresne selbst, ihren Eltern, Codre und Gurun – den Protagonisten – tritt eine ganze Reihe von Episodengestalten auf: der Nachbar und dessen Bote, der Fresnes Eltern die Zwillingsgeburt meldet; die Magd, welche den Säugling bei der Esche vor dem Kloster aussetzt; der emsige Pförtner, der das Kind frühmorgens entdeckt, und seine verwitwete Tochter, die es in Pflege nimmt; Guruns Kammerdiener, der Fresnes Mutter über die Herkunft des ›paile roé‹ auklärt; die Äbtissin endlich und der Erzbischof von Dol, der die beiden Trauungen vollzieht. Was das szenische Dispositiv betrifft, so könnte man es, einen Begriff aus der mittelalterlichen Dramaturgie verwendend, als Simultanbühne bezeichnen, welche Station um Station bespielt wird: das Esszimmer in Fresnes Elternhaus, die Kammer der Mutter, der nächtliche Wald vor der Stadt, der Klostervorplatz mit der Esche, das Kloster, Guruns Haus und das Hochzeitszimmer, in welchem die Wiedererkennungsszene sich abspielt. Auch in Bezug auf die Erscheinungsform der Zeit unterscheidet sich *Fresne* von den fünf bereits analysierten Lais. Ließ sie sich dort als komprimierte Zeit nachvollziehen, so stellt sie sich hier, sowohl in kalendarischem Sinn als auch unter dem Aspekt der erlebten Zeit, als ablaufende Zeit dar: einer Perlenschnur ähnlich reihen sich die Phasen der Handlung gleichwertig und punktuell aneinander auf. Jede einzelne malt die Dichterin bis ins Detail aus: die Tischszene zu Beginn des Lai (Vv. 19 ff.), die umständliche Zurüstung des unglücklichen Säuglings (Vv. 121 ff.), der Gang durch den finstern Wald, von wo aus man in der nahen Ortschaft Hunde bellen und die ersten Hähne krähen hört (Vv. 139 ff.), die morgendliche Betriebsamkeit des Pförtners (Vv. 177 ff.), die Aufnahme der kleinen Fresne bei der Witwe (Vv. 204 ff.), die Herrichtung des Brautbettes (Vv. 389 ff.) und das spannungsgeladene Agnitionsgespräch (Vv. 431 ff.). Hoepffner wies ausdrücklich auf diese »descriptions minutieuses« und »petites scènes de la vie réelle« hin[493]; was ihm jedoch entgangen zu sein scheint, ist der Umstand, daß es sich dabei durchaus weder um Szenen handelt, »qui ne sont pas toutes indispensables«, noch um bloßes »ornement«[494]. Indem der Augenblick von der Dichterin als punktuelles Ereignis erlebt wird, wächst sich seine sprachliche Realisierung episch aus: der Text gewinnt an Farbe und Ausdehnung. *Fresne* umfaßt 518 Verse, *Eliduc* mit 1184 etwas mehr als das Doppelte. Selbst diese für ihre Verhältnisse beträchtliche Stoffmasse – neun von zwölf Lais erreichen das Total von 600 Versen nicht – bewältigt Marie de France. Wenn sie, vom zentralen Protagonistendreieck Guildeluëc-Eliduc-Guilliadun ausgehend, um den Abschnitt mit dem Ausblick aufs Meer als ›aventure‹-Signal abzurunden, den gesamten ersten Teil dem Titelhelden widmet (Vv. 5–88),

---

[493] Op. cit., pp. 112–113.
[494] Op. cit., p. 112.

so stellt sie Guilliadun in den Mittelpunkt des zweiten, der die Vereinigung der beiden Liebenden zum Gegenstand hat, während der dritte Eliducs Konflikt und die Trennung schildert:»En mer se mist, plus n'i atent« (V. 759). Im vierten Teil, der Peripetie, kommt es zur Enthüllung und zur Katastrophe. Versöhnlich klingt in einer abschließenden Phase, in deren Mittelpunkt die Gestalt Guilduelécs steht, die Erzählung in Glück und Entsagung aus. Um das Protagonistendreieck gruppiert sich auch hier eine ganze Reihe von Episodenfiguren: Eliducs leichtgläubiger Lehensherr, Guilliaduns königlicher Vater, Eliducs bürgerlicher Gastgeber, Guilliaduns Diener, der alte Einsiedler, Eliducs Matrosenschar und Guilduelécs Knappe. Hoepffner stellt in diesem Lai zahlreiche »digressions« und »hors-d'oeuvre« fest; er geht soweit, Eliducs erste Abreise als »ce premier départ, somme toute inutile« zu bezeichnen[495]. Betrachtet man den Text aus der Perspektive »amour conjugal« heraus, so mag diese Wertung freilich zutreffen. Beim Versuch einer Strukturanalyse indessen zeigt sich erst, daß die vermeintlichen Abschweifungen – der Überfall im Wald bei Exeter (Vv. 203 ff.), die königliche Schachpartie (Vv. 483 ff.), Eliducs erste Abreise (Vv. 703 ff.), die Sturmepisode (Vv. 815 ff.), das Wieselwunder in der Waldkapelle (Vv. 1031 ff.) sowie die häufigen langen Gespräche – sich zur Fabel verhalten wie die Neben- zu den Hauptfiguren[496]. Die Strukturverwandtschaft mit *Fresne* ist nicht zu übersehen. Sie besteht in der linearen Artikulation der Fabel und in der punktuellen Ausformung ihrer Phasen: zwei Elemente, die sich zu einer (nicht bloß äußerlich stofflichen sondern formal verwirklichten) expansiven Struktur[497] verbinden, in welcher das Zeichen (Wald und Meer als Signale im *Eliduc*, Ring und ›paile roé‹ als Motor bzw. thematischer Reflex sowie der Wald als Signal in *Fresne*) in seinem Verhältnis zur Fabel – anders als in *Laüstic*, *Chaitivel*, *Chievrefoil*, *Deus Amanz* und *Equitan* – sich weniger als polarisierende Linse denn vielmehr als erzählerische Wegmarke versteht.

Linearität der Entwicklung, Punktualität der Darstellung, Expansivität der Formulierung – wenn wir eingangs auf Grund eines unbestimmten Eindrucks *Eliduc* und *Fresne* als ›romanhafte‹ Lais empfanden, so täuschten wir uns nicht

---

[495] Op. cit., pp. 100–101.

[496] Von dieser Warte aus stellt sich gerade die von Hoepffner seltsamerweise als unnötig bezeichnete erste Abreise Eliducs als bedeutsamer Faktor dar: es drückt sich darin die ganze Ausweglosigkeit des Eliducschen Konfliktes aus, die Schicksalhaftigkeit seiner Liebe zu Guilliadun, welche durch die Trennung nur vertieft wird; überdies zeichnet sich darin bereits die wortlose Entsagungsbereitschaft Guilduelécs ab. – Der Gerechtigkeit halber sei immerhin beigefügt, daß selbst Hoepffner schließlich einräumt: »Marie tire de cet intermède un autre avantage«, und auf die oben zusammenfassend aufgeführten Aspekte aufmerksam macht (vgl. op. cit., p. 101). – Die Sturmepisode ist übrigens vom Standpunkt der Ökonomie der Fabel aus betrachtet handlungsnotwendig, denn sie bildet den psychologischen Hintergrund für die Enthüllung der Ehe Eliducs durch den Matrosen, was ja erst Guilliaduns Zusammenbruch auslöst; vgl. Hoepffner, op. cit., p. 102.

[497] Ferdinando Neri dürfte – soweit ich sehe – als einziger die strukturimmanente Bedeutung der breit ausgeführten Einzelphasen im *Eliduc* bemerkt haben; er schreibt dazu: »Il racconto di *Eliduc*, fra tutti il più ampio, e di maggiore impegno, s'avvia lentamente; s'impiglia fra i casi militari, le partenze e i ritorni del cavaliere: tutto uno sviluppo che giova però a dare il senso del ›tempo‹, della vita che scorre tra le varie opere e vicende«, op. cit., p. XXI. Wie in *Fresne* stellt sich im *Eliduc* die erlebte Zeit als ablaufende Zeit dar.

gänzlich: *Eliduc* und *Fresne* sind Lais des äußern Spielraums, deren offene Struktur das epische Prinzip der Addition spiegelt.

Geht man von inhaltlich bestimmten Kriterien aus, so kann man Hoepffners Auffassung ohne weiteres zustimmen, daß *Lanval, Yonec* und *Guigemar* Lais sind, die auf derselben Ebene liegen. Foster Damon fügt *Bisclavret* hinzu; und niemand wird bestreiten, daß dieser Lai ein ebenso phantastisches Motiv entwickelt. Selbst die Wirklichkeit *Miluns* scheint dermaßen weit von einer realistischen Formulierung entfernt, daß dieser Lai – sogar unter einem derartigen Gesichtspunkt – sich als mit den vier andern verwandt darstellen ließe. Andereits wird ausgerechnet Hoepffner, der doch *Yonec* und *Guigemar* der Sparte »lais féeriques« zuteilt, nicht müde, zu betonen, eigentlich gehe es in diesen Werken ja vor allem um das, was er »problèmes humains«[498] und »problèmes psychologiques«[499] nennt: »Les éléments féeriques sont ainsi relégués à l'arrière-plan; ils ne forment plus qu'un simple accessoire. Tout l'intérêt porte sur le côté humain de l'aventure«[500]. Man fragt sich betroffen: also doch eher Problem-Märchen im Sinne Spitzers als »lais féeriques«? Blicken wir näher hin und sehen wir uns diese fünf Lais an.

Nach einer Einleitung, die – auf den großen Prolog folgend – als Auftakt zur ganzen Sammlung gedacht ist, setzt *Guigemar* mit einer Exposition ein, welche die Verse 27–203 umfaßt, und in zwei Teile zerfällt. Der erste Teil stellt die psychologische und menschliche Situation des Helden dar: als Ritter, dem die Fähigkeit abgeht, Liebe zu empfinden, sieht er sich von der Gesellschaft ausgestoßen:

> Pur ceo le tienent a peri
> E li estrange e si ami.
> (Vv. 67–68)

Der zweite, der mit der bedeutsamen Jagdpartie anhebt – »Al matin vait en la forest« (V. 79) –, hingegen stellt eine menschliche Situation als – im wortwörtlichen Sinn – Ver-hängnis dar: »Tel seit la tue destinee« (V. 108). Mit diesem Schlüsselwort eröffnet die verletzte sprechende weiße Hirschkuh ihre Verwünschung über den vom zurückgeprallten Pfeil verwundeten Guigemar und leitet damit organisch in die Handlung über, deren Charakter sich jedem mittelalterlichen Leser längst bevor am Schluß der Expositionsphase das entsprechende Stichwort im Text fällt – »Suffrir li estuet l'aventure« (V. 199) –

---

[498] »Plus que dans *Lanval*, les problèmes humains y [im *Yonec*] occupent une place prépondérante, pas seulement dans la dernière partie du poème d'où l'élément naturel est totalement banni, mais aussi dans le reste de l'oeuvre, dans l'aventure féerique elle-même«, op. cit., p. 81.

[499] »L'élément merveilleux et féerique, en un mot, l'irrationnel, y a disparu presque entièrement [im zweiten Teil des *Guigemar*], pour faire place à un enchaînement de faits où même le hasard est exclu«, op. cit., p. 90, und: »ce sont donc de graves problèmes psychologiques qui en fin de compte se dégagent pour Marie du conte féerique qu'elle entendait raconter. Le récit lui-même passe au second plan; il est là surtout pour illustrer certains aspects de l'éternel problème de l'amour«, op. cit., p. 93.

[500] Hoepffner, op. cit., p. 85.

als ›aventure‹ enthüllt hatte. Wald und Meer, Pfeil und Schiff als bedeutungs-intensive Signale rahmen spiegelsymmetrisch die zentrale Episode der Verwundung und Verwünschung durch die weiße Hindin ein. Die gedanklich-sachliche Bedeutsamkeit dieser Szene könnte formal nicht wirksamer hervorgehoben werden. Den zweiten Laiteil, der sich von Vers 204 bis Vers 542 erstreckt, führt die Autorin parallel zum ersten durch. Zunächst wird die Situation der vom alten ›gelus‹ in einem von Mauern und Meer umgebenen Turm gefangen gehaltenen jungen Frau geschildert. Als Verbindungsmotiv zum ersten Teil wirkt das Meer; als vorausweisendes Motiv empfindet man die das Zimmer der Dame schmückenden allegorischen Malereien, welche Venus zeigen, während sie eine der Ovidschen Schriften über die Liebe ins Feuer wirft. Alsdann setzt auch von dieser Seite die Handlung ein, indem die ›mal-mariée‹ mit ihrer Nichte einen Spaziergang in dem sich bis zum Meer ausdehnenden ›vergier‹ unternimmt –: der Parallelismus zu Guigemars Jagdausflug ist zu offensichtlich, als daß er im Einzelnen erörtert zu werden brauchte. Dabei finden die beiden Guigemars seltsames Schiff vor Anker liegend und besteigen es zagend. Es kommt zur Begegnung, die sich sogleich als fruchtbares Moment erweist: es ist die Liebe auf den ersten Blick (Vv. 379–392); das Zeichen der Wunde als Reflex des Hauptthemas – von der Dichterin kommentierend an dieser Stelle eingesetzt – blitzt auf:

> Amur est plaie dedenz cors.
> (V. 483)

Guigemars Schicksal erfüllt sich; die Liebe, um deretwillen er es erleidet, wird ihm zu Teil. Mit einer kühnen Zeitraffung – in bloß zwei Versen (Vv. 535–536) – faßt Marie eine anderthalb Jahre dauernde Epoche des Glücks zusammen und rundet den zweiten Teil – nicht ohne mit dem Schlußvers »Kar tost furent aperceü« (V. 542) den handlungsauslösenden Übergang zum dritten einzufügen – mit dem Bild des Fortuna-Rades ab, in welchem das ›aventure‹-Motiv – diesmal in allegorischer Abwandlung – nochmals aufleuchtet. Indem sie das Motiv der Vorahnung kommenden Unheils verwendet – »[. . .] Beus, duz amis, / Mis quors me dit que jeo vus pert« (Vv. 546–547), spricht die Dame eines Sommermorgens bekümmert zu Guigemar – sowie die Zeichen Gürtel und Hemdknoten als Motoren und thematische Reflexe in einem einsetzt, führt Marie de France die Fabel jener Krise entgegen, die mit dem plötzlichen Auftritt des von einem Diener aufgeklärten eifersüchtigen Ehegatten als Gegenspieler zum Ausbruch kommt. Leitmotivartig aufklingend rundet das Zeichen des Schiffs, auf welchem Guigemar entschwindet, als Vehikel der ›aventure‹ den dritten Teil ab (Vv. 621–622). Die folgende Phase der Dichtung gliedert sich in drei Abschnitte, von denen der erste und der letzte sich spiegelsymmetrisch zum mittleren verhalten. Im ersten und dritten Abschnitt führt Marie das Knoten- bzw. das Gürtelmotiv durch, indem sie beide für die Entwicklung der Fabel offen hält: sowohl Guigemar als auch seine Geliebte, von Freunden der eine, von Meriaduc die andere, arg bedrängt, machen ihr weiteres Verhalten von einer an den Hemdknoten bzw. an den Gürtel gebundenen Bedingung abhängig, die zu erfüllen ist (vgl. Vv. 647–654, Schluß des ersten Teils und Vv. 723–742, Schluß des dritten Teils); im mittleren Abschnitt verdichtet sich in der außerhalb jeglichen Realitätsbezuges sich ereignenden Flucht der Dame das zentrale Thema des Lais, die ›aventure‹, in besonders prägnanter Form (Vv. 655–688): eine Szene, welche in der Darstellung der Art und Weise, wie durch die Intensität der Leidenschaft selbst die Grenzen der Wirklichkeit durchstoßen werden, geradezu an ähnliche Momente bei Balzac erinnern könnte[501]. Der letzte Teil des Lai, worin die Figur des Merïaduc als neuer Gegenspieler – durch seine Weigerung, auf Guigemars Geliebte zu verzichten, leitet er eine retardierende Bewegung ein – zu einer weiteren Schürzung des Handlungsknotens beiträgt, bringt die Lösung in zwei Phasen. Vor dem glanzvollen Hintergrund des Turniers findet die Agnition der beiden Protagonisten – « ›Bele‹, fet il, ›queil aventure / Que jo vus ai ici trovee!‹ « (Vv. 822–823) – und die Wiederaufnahme Guigemars, dessen ›aventure‹ sich nun vollendet hat, in die Gesellschaft statt – « ›Seignurs‹, fet il, ›ore escutez!‹ « (V. 838), so wendet er sich an die versammelten Ritter, von denen es abschließend heißt:

> Chescuns li afie sa fei:
> Od lui irunt, queil part k'il aut.
> Mut est huniz ki or li faut!
> (Vv. 860–862)

In genau zwanzig Versen führt die Dichterin sodann mit dem Fall von Merïaducs Feste, seinem Tod und der Verbindung der beiden Liebenden den Lai zum Abschluß.

Ein Vergleich mit *Yonec*, *Lanval*, *Milun* und *Bisclavret* erlaubt einige aufschlußreiche Beobachtungen. Geht man von der Behandlung der Fabel aus, so fällt als erstes die Sprunghaftigkeit der Handlungsführung auf: weder der zielgerichteten Präzipitation des Geschehens, welche die Lais kennzeichnet, die wir – vom Gesichtspunkt des Spielraums aus, worin die dichterische Einbildungskraft Maries sich niederschlägt, – als Lais des innern Spielraums bezeichneten, noch der Linearität des Ablaufs, die den Lais des äußern Spielraums zu Grunde liegt, scheint hier konstitutiver Charakter zuzukommen. Die Handlung setzt zwar im ersten Teil nach der Exposition durchaus linear ein (Jagd, Verwundung und wunderbare Fahrt); der Faden wird jedoch fallen gelassen und erst in der zweiten Hälfte des zweiten Teils wieder aufgenommen, indem er mit einem zweiten Faden verknüpft wird, der in der ersten Hälfte des zweiten Teils überhaupt erst eingewoben wurde (Geschichte der ›mal-mariée‹). Dieses Muster wiederholt die Autorin im vierten Teil des Lai, wo sie abwechslungsweise den Guigemar- und den ›mal-mariée‹-Faden weiterspinnt, um beide erst im Verlauf des fünften wieder zu verflechten. Ganz ähnlich verhält es sich beim *Yonec*, dem Lai, der mit *Lanval* weitaus am meisten Erfolg

---

[501] Vgl. darüber Georges Poulet, Balzac, in Etudes sur le temps humain, 2, La distance intérieure, pp. 122–192, Paris 1952.

beim zeitgenössischen Publikum hatte[502]. Hier lösen einander – das ist eine weitere Beobachtung – recht eigentlich drei verschiedene Handlungen ab: die Dreiecksgeschichte der ›mal-mariée‹ mit dem Vogel-Ritter, welche mit dem Abschied Muldumarecs und dem wunderbarerweise erfolglosen Selbstmordversuch der verzweifelten Dame endet (Vv. 11–340, Teile 1 bis 3); die traumhaft irreale Suche der Dame nach dem Entschwundenen und die Prophezeihung, die ihr in der verlassenen Märchenstadt durch den sterbenden Muldumarec zu Teil wird, der ihr zugleich den Ring des Vergessens und das Schwert der Rache übergibt (Vv. 341–458, Teil 4)[503]; und schließlich, nach einem zeitlichen Sprung von vielen Jahren, die Geschichte Yonecs, des Titelhelden, in deren Endkatastrophe anläßlich der Pilgerfahrt zum Aaronsfest nach Karlion die drei Fäden zusammenkommen. Auch die *Bisclavret*-Fabel verläuft auf zwei Handlungssträngen, deren Verbindung innerhalb des zeitlichen Ablaufs linear nicht herzustellen ist, weil sie – streng genommen – simultan verlaufen, und der Erzähler – darin liegt die Erklärung für die häufigen Zeitangaben[504], die sich folgerichtigerweise immer auf Vor- oder Nachzeitiges beziehen, – lediglich vom einen zum andern wechselt: es gilt, das Werwolfthema von der Ehebruchgeschichte zu unterscheiden, wobei deren Verzahnung erst im letzten Teil des Lai (Vv. 219–314) durch das Rachemotiv bewerkstelligt wird[505]. Wie *Yonec* enthält auch *Milun* zwei Geschichten, die zeitlich spürbar voneinander abgesetzt sind, in der Schlußphase jedoch im Zeichen des Rings als Motor virtuos verflochten werden: einerseits die Geschichte Miluns und seiner Dame, die sich um das Zeichen des Schwans als Liebesboten entwickelt – eine singuläre Erscheinung in der mittelalterlichen Literatur[506] – und anderseits die Geschichte des jungen Ritters ›Senz Per‹. Was den *Lanval* betrifft, so mutet die Durchführung der Fabel in diesem Lai am ehesten als linear in der Art *Fresnes* und *Eliducs* an: indessen fallen dem aufmerksamen Leser – eine dritte Beobachtung – die zahlreichen prunkvoll ausführlichen Personen- und Sachbeschreibungen auf, die kunstfertig verschlungenen Dialogpassagen[507] und die schier arienhafte Musikalität gewisser Partien:

> N'ot en la vile chevalier
> Ki de surjur ait grant mestier

[502] Vgl. Hoepffner, op. cit., pp. 70–71 und Ewert, *Lais*-Ausgabe, p. 173.

[503] Auch Hoepffner markiert an dieser Stelle einen Einschnitt; er betont, daß »tous les contes populaires qu'on possède sur ce sujet s'arrêtent là«, op. cit., p. 75.

[504] Auf der Vorzeitigkeit der Dreiecksgeschichte wird geradezu insistiert, vgl. Vv. 104 und 134. Vgl. dazu noch die Verse 135, 175–184 und 219.

[505] Eine Bestätigung der für *Bisclavret* durch unsere Strukturanalyse erzielten Ergebnisse bieten die von Battaglia in einer folkloristisch ausgerichteten Quellenstudie über diesen Lai – Il mito del licantropo nel *Bisclavret* di Maria di Francia, FRom 3, 1956, pp. 229–253 – ermittelten Resultate: »Maria di Francia ha organizzato il suo racconto dalla fusione di due temi narrativi, che sono poi due miti tradizionali. Più singolare quello del licantropo, più comune l'altro del cane vendicativo«, p. 246. Diese Verschmelzung – und das ist Maries Einfall als Dichterin – erfolgt durch das Ehebruchthema; vgl. Battaglia, op. cit., pp. 242 ff.

[506] Vgl. darüber Warnkes *Lais*-Ausgabe, p. CLXIII, und Constance Bullock-Davies, The Love-Messenger in *Milun*, BBSArthur. 21, 1969, p. 148.

[507] Vgl. darüber Hoepffner, op. cit., pp. 58 ff.

110

Que il ne face a lui venir
E richement e bien servir.
Lanval donout les riches duns,
Lanval aquitout les prisuns,
Lanval vesteit les jugleürs,
Lanval feseit les granz honurs!
N'i ot estrange ne privé
A ki Lanval n'eüst doné.
(*Lanval*, 205–214)

Das alles rankt sich in einer Art und Weise um das Gerüst der Fabel, die weder in den Bereich des innern noch in denjenigen des äußern Spielraums gehören dürfte.

Rankenwerk – ein Stichwort, das sogleich weitere Eindrücke auskristallisieren läßt. Eine Lai-Struktur, die sich um eine von vornherein feststehende elementare Protagonistenkonstellation ausformt, war bei der von *Laüstic, Deus Amanz, Chievrefoil, Chaitivel* und *Equitan* gebildeten Werkgruppe zu beobachten; der Episodenfigur als Ausdruck punktueller Gestaltung der Fabel begegnet man in *Eliduc* und *Fresne*. Im Bereich der zuletzt erörterten Laisgruppe indessen zeichnet sich ein neues Verhältnis zwischen Figuren und Fabel ab. Eine Unterscheidung zwischen Neben- und Hauptgestalten würde bloße Äußerlichkeiten umfassen. Überdies ergäben sich damit recht knifflige Probleme. Ist denn eigentlich – beispielsweise – Yonec, obschon er, streng genommen, erst im allerletzten Abschnitt des Lais eine aktive Rolle spielt, eine Hauptfigur, oder müßte der Lai nicht eher *Muldumarec* betitelt sein?[508]. Welche Stellung kommt einem ›Senz Per‹ innerhalb der Figurenkonstellation des *Milun* zu – eine Gestalt, die während der mittleren Phase des Lais so gut wie ausgeklammert bleibt und erst zu Beginn des vierten Teils, nach einem zeitlichen Sprung von zwanzig Jahren, wieder ins Geschehen eingreift? Wie steht es mit Merïaduc, der erst im letzten Drittel des vierten Teils von *Guigemar* auftritt, von da an allerdings einen entscheidenden Faktor in der Ökonomie der Fabel darstellt? Kein Zweifel: weder Yonec noch ›Senz Per‹, noch Merïaduc dürfen als Episodenfiguren bezeichnet werden; sie gehören aber auch nicht zur elementaren Kernkonstellation. Von einer Kernkonstellation läßt sich in *Laüstic* und *Fresne* reden, in *Eliduc* – wo sie gleich eingangs mit Nachdruck vorgestellt wird – und *Chaitivel*, nicht aber in *Yonec, Milun, Lanval* und noch viel weniger im *Guigemar*. Freilich steht Bisclavret zwischen seiner Frau und ihrem Liebhaber, aber nicht daraus ergibt sich sein ›Problem‹[509], während eben in der Dreieckssituation selbst das ›Problem‹ – und die ›aventure‹ – Equitans oder Eliducs oder Tristans besteht. Tatsächlich spricht Marie im Prolog zum *Bisclavret*-Lai nicht von der

---

[508] Es ist symptomatisch, daß Erich Nagel in seiner Arbeit über Marie de France als dichterische Persönlichkeit die Namen verwechselnd hartnäckig von Yonec spricht, wo er Muldumarec meint; vgl. pp. 49 ff.

[509] An diesem Beispiel zeigt sich die kritische Gefährlichkeit des allzu systematisierten Spitzerschen Problembegriffs; vgl. Marie de France – Dichterin von Problem-Märchen, ZrP 50, 1930, p. 34, über *Bisclavret*: »*Bisclavret*. Wenn der Ehebruch in manchen Fällen gerechtfertigt werden kann, so nimmer ein feiger Verrat«.

Figurenkonstellation – was sie im *Eliduc* sinnvollerweise tut –, sondern vom *bisclavret*, dem Werwolf: »Del Bisclavret vus voil cunter« (V. 14); und es ist höchst bedeutsam, daß der Mann, über den die *bisclavret-aventure* verhängt ist, zu Beginn anonym dasteht – »uns ber« (V. 15) – und erst im Verlauf der ›aventure‹ zu seinem Namen kommt, der bezeichnenderweise mit seinem Schicksal identisch ist: »Issi fu Bisclavret trahiz / E par sa femme maubailiz« (Vv. 125–126)[510]. Analog verhält es sich nicht nur beim *Lanval*, wo weniger die Liebesbeziehung – und damit die elementare Figurenkonstellation – im Mittelpunkt steht, als vielmehr Lanvals persönliche Bewährung an der Forderung des ›bien celer‹, sondern auch bei *Yonec* und *Milun*, zwei Lais, in denen nicht eigentlich das Sich-Finden des Paars, sondern seine Verbundenheit den Gegenstand der ›aventure‹ bildet. Es ist strukturanalytisch signifikant, daß Guigemar bei seinem Auszug noch gar nicht weiß, auf wen er treffen wird, wer oder was auf ihn zukommen wird: das ist eben seine ›aventure‹, in der er, sich verwirklichend, zu sich selbst und damit zur Gesellschaft geführt wird[511]. So stößt er als Ausgeschlossener zuerst auf die Hindin, erfüllt seine Bestimmung als Mensch in der Erfahrung der Liebe, bewährt sich als Mann in der Begegnung mit Merïaduc und findet so in den Schoß der Gesellschaft zurück. Es ist bedeutsam, daß gerade in diesen Lais die Gesellschaft als Hintergrund in Erscheinung tritt. Die Struktur des Lais dehnt sich räumlich und zeitlich aus: die Fabel schafft sich gleichsam von selbst von Phase zu Phase die Gestalten, durch die sie zur ›aventure‹ wird. Demnach verstehen sich die Nichte, der ›gelus‹ und Merïaduc in *Guigemar*; die geheimnisumwitterten ›puceles‹, die Fee, die Königin, Artur, Walwains und die übrigen Ritter der Tafelrunde in *Lanval*; ›Senz Per‹ und der Gatte der Geliebten Miluns; Muldumarec, Yonec und der Gatte seiner Dame; der König und der Nebenbuhler Bisclavrets wesentlich als Satellitenfiguren, die im Kraftfeld dessen kreisen, über den die ›aventure‹ verhängt ist. Während *Eliduc* die ›aventure‹ Eliducs, Guilliaduns und Guildeluëcs erzählt und – um ein zweites Beispiel zu geben – *Chaitivel* die ›aventure‹ der Dame und ihrer vier Verehrer, schildert *Lanval* diejenige Lanvals, *Guigemar* diejenige Guigemars, *Bisclav-*

---

[510] Es ist sinnvoll, wenn Jeanne Lods in ihrer *Lais*-Ausgabe den Unterschied zwischen *bisclavret* als Bezeichnung für den Werwolf und Bisclavret als Eigennamen durch Klein- bzw. Großschreibung markiert: ein Unterschied, den Marie de France, wo es nötig ist, durch Setzen, bzw. Weglassen des Artikels hervorhebt (vgl., nach Warnkes Zählung, die Verse 14, 138, 162, 197, 217, 223, 278, bzw. 125, 193, 227, 231, 274, 317). Zur Wechselbeziehung zwischen Namen und Held in der höfischen Epik vgl. Reto R. Bezzola, Le chevalier sans nom et le mystère de l'aventure, und: L'homme qui devine son nom, in Le sens de l'aventure et de l'amour, Paris 1947, pp. 32–61; Silvio Pellegrini, Tabù del nome proprio nei romanzi di Chrestien de Troyes, Giornale italiano di filologia 20, 1967, vol. I, pp. 234–247; und Helmut Peter Schwake, Zur Frage der Namensymbolik im höfischen Roman, GRM 51, 1970, pp. 338–353.

[511] Daß damit Marie de France meilenweit von jener naiven Autorin entfernt ist, für die man sie so oft gern ausgibt, dürfte evident sein; denn diese Thematik führt ins Zentrum dessen, was die besten ihrer Zeitgenossen beschäftigte. Vgl. darüber in Reto R. Bezzolas Chrétien-Buch die Kapitel: Le chevalier sans nom et le mystère de l'aventure (pp. 33–45), L'homme qui devine son nom (pp. 47–61) und: Les deux phases de l'initiation à la vie (pp. 81–86). »Cet amour – heißt es abschließend über Erec – acquerra toute sa valeur idéale car il mettra l'individu au service de la communauté, tout en lui permettant de se réaliser lui-même. C'est la grande aventure du chevalier courtois que la société sanctionne en le couronnant roi« (p. 86).

ret diejenige Bisclavrets, *Milun* diejenige Miluns und *Yonec* eben weder diejenige Yonecs noch Muldumarecs sondern diejenige der unglücklichen ›malmariée‹, die sich in ihrem Turmgefängnis sieben Jahre lang danach gesehnt hat:

> Mut ai sovent oï cunter
> Que l'em suleit jadis trover
> Aventures en cest païs
> Ki rehaitouent les pensis.
> Chevalier trovoent puceles
> A lur talent, gentes e beles,
> E dames truvoent amanz
> Beaus e curteis, pruz e vaillanz,
> Si que blasmees n'en esteient
> Ne nul fors eles nes veeient.
> Si ceo peot estrë e ceo fu,
> Si unc a nul est avenu,
> Deus, ki de tut a poësté,
> Il en face ma volenté!
> (Vv. 91–104)

Daß es die Intensität des Wunsches nach ›aventure‹ ist, die den wunderbaren Vogel als Zeichen so gut wie herbeimaterialisiert, braucht nicht besonders betont zu werden, zumal es aus dem Text selbst hervorgeht, indem der Vogel nach seiner Verwandlung in einen strahlenden Ritter zur Dame spricht:

> Jeo vus ai lungement amee
> E en mun quor mut desiree;
> Unkes femme fors vus n'amai
> Ne jamés autre n'amerai.
> Mes ne poeie a vus venir
> Ne fors de mun paleis eissir,
> Si vus ne m'eüssez requis.
> Or puis bien estre vostre amis!
> (Vv. 127–134)[512]

Wer von dieser Warte aus einen Blick auf das Zeichen in der Form wirft, wie es in *Yonec, Lanval, Milun, Guigemar* und *Bisclavret* auftritt, bemerkt einen gemeinsamen Zug, der diese Zeichen von allen andern innerhalb des Marieschen Oeuvres unterscheidet. Knoten und Gürtel im *Guigemar* öffnen sich erst, wenn der dazu ausersehene Mensch sie zu öffnen versucht; im *Yonec* kann der Vogel seine Erscheinungsform ändern und der Ring vermag, die Zeit aufhebend, Geschehenes der Erinnerung zu entziehen; und die Kleider sind es, die Bisclavret die Rückverwandlung ermöglichen. Im Gegensatz zu Ring und Tuch etwa in *Fresne*, zur geißblattumrankten Haselrute oder zu Wald und Meer – Zeichen, deren Zeichenhaftigkeit sich von innen her als solche zu erkennen gibt-handelt es sich hier um Zeichen, denen zwar Motorcharakter anhaftet, denen aber, als magischen Zeichen, als phantastischen Abbildern einer Form von ›aventure‹, die den menschlichen Erfahrungsbereich transzendiert, eine tiefer

---

[512] Lazar, op. cit., p. 179, bezeichnet das Phänomen als »matérialisation des rêves de la mal-mariée«.

reichende, strukturbildende Ausstrahlung innewohnt. Selbst der Schwan, der in *Milun* treu seinen zwanzig Jahre dauernden Liebesbotendienst versieht, scheint jenem Eiland Avalun zu entstammen, wohin Lanval am Ende seiner ›aventure‹ entrückt wird[513].

Ein Überblick über die ersten Ergebnisse unserer Untersuchung dieser dritten Laisgruppe – sprunghafte Handlungsführung, Vielfalt der erzählerischen Gesichtspunkte, Figuren als Satelliten des Helden und seiner ›aventure‹, mehrwertige Zeichen als Signale außermenschlich mythischer Erfahrungen[514], Mannigfaltigkeit in der Wahl der sprachlichen Darstellungs- und Ausdrucksmittel – bringt schlagartig zu Bewußtsein, was es mit jener Gespaltenheit der Kritiker auf sich hat, die bald den märchenhaften, bald den problematischen Gehalt dieser Lais in den Vordergrund rücken: was eine Stoffanalyse dissoziierend als phantastische oder realistische Elemente aussondert, erkennt die Strukturanalyse als integrierte Aspekte eines Spielraums, der nicht etwa einmal mehr oder weniger realistisch, ein andermal mehr oder weniger phantastisch ist, sondern etwas völlig andersartiges, worin die beiden Aspekte sich formbildend durchdringen. So wie die ›aventure‹ sich die Gestalten, in denen sie dem Helden begegnet, von Stufe zu Stufe schafft – Lanval, die Dame im *Yonec*, brauchen nur zu wünschen: schon ist die Fee, schon ist der Ritter gegenwärtig –, so schafft sie sich auch die Zeit: zwanzig Jahre geheimer Liebe (*Milun*), sieben Jahre Gefangenendasein (*Yonec*), ein Jahr Waldeinsamkeit (*Bisclavret*), ein Jahr des Glücks (*Lanval*), zwei Jahre bitterer Trennung (*Guigemar*) – das sind bloß Zahlen; als erlebte Zeit indessen zählen sie nicht, da in diesen Lais immer Gegenwart ist, die Gegenwart des erzählten Augenblicks, der zeitlos erscheint[515]. Und so schafft die ›aventure‹ sich auch den Rahmen, in welchem sie sich ereignet: nach der Begegnung mit der Fee kehrt Lanval nach Hause, und alles ist verändert; von der Macht der ›aventure‹ getrieben, will Guigemars Geliebte den Turm verlassen – schon öffnen sich die Tore von selbst, schon liegt abfahrtsbereit das Schiff im Hafen vor Anker. Der Sprunghaftigkeit der Handlungsführung entspricht die Lockerheit des Schauplatzwechsels.

Sprunghaftigkeit und Lockerheit was Fabel bzw. Schauplatz betrifft, ›aventure‹ als tranzendente Erfahrung, das Zeichen in seiner Doppelwertigkeit als Motor und magisches Signal, die Zeit in der Erscheinungsform zeitloser Gegen-

---

[513] Von hier aus fällt ein Licht auf die Wieselepisode im *Eliduc* und die damit zusammenhängende wunderbare Erweckung Guilliaduns. In diesen Lais ist das Phantastische konstitutiv, im *Eliduc* hingegen stellt es bloß eine allegorisch gefärbte epische Floskel dar, deren stilistische Integration allerdings bewundernswert ist. – Wie entscheidend für eine stimmige Beurteilung Maries die Einsicht in diese Zusammenhänge ist, geht aus einer Äußerung Hofers hervor, der Marie vorwirft, sie lasse im *Guigemar* geheimnisvolle Mächte deshalb eingreifen, weil sie »auf andere Weise die Verwicklungen ihrer Fabel nicht lösen konnte«, vgl. Zur Beurteilung der *Lais* der Marie de France, ZrP 66, 1950, pp. 413–414.

[514] Battaglia verwendet in seinem Aufsatz über Il mito del licantropo nel *Bisclavret* di Maria di Francia, FRom 3, 1956, die Ausdrücke »aura di leggenda« (p. 229), »mito« (p. 230) und »esperienza arcana ed extraumana« (p. 230).

[515] In seinem Aufsatz über L'Autre Monde celtique, BARLS 46, 1960, unterstreicht Omer Jodogne den »caractère presque atemporel de l'existence dans cet Au-delà«, p. 587. Frappier spricht von einem »temps mythologique, mythique«, Remarques sur la structure du lai, p. 38.

wart: das sind die Koordinaten eines aus der Durchdringung geschlossener und expansiver Strukturen resultierenden Spielraums, der weder ein innerer noch ein äußerer ist, sondern sich als absoluter Spielraum darstellt[516].

Innerer Spielraum, äußerer Spielraum, absoluter Spielraum: das sind die Strukturen, in denen die dichterische Einbildungskraft der Marie de France sich verwirklicht. Die gemeinsamen Elemente, woraus sie sich bilden, bestehen einmal in der eindeutigen Gliederung der Fabel in nachvollziehbare Phasen[517]; zum andern läßt sich in allen Marieschen *Lais* eine evidente funktionale Beziehung zwischen Fabel oder Thematik einerseits und Zeichen anderseits beobachten[518]; als drittes – und in enger Verknüpfung mit den beiden zuerst unterstrichenen Merkmalen – ist der dramatische Grundzug zu registrieren, der die *Lais* durchpulst (am ausgeprägtesten in den Lais des innern Spielraums, episch aufgelockert in denen des äußern, mit Lyrischem sowohl als auch mit Epischem stimmig durchsetzt in denjenigen des absoluten)[519]; als weiteres ist die einheitliche Auffassung des ›aventure‹-Begriffs hervorzuheben, welche Maries ›univers poétique‹ prägt; und endlich bleibt das zu erwähnen, woraus die Struktur jeglicher dichterischen Einbildungskraft überhaupt Gestalt wird – die Sprache.

Die einzige Studie, welche – sieht man von Barbara Schonwald Brookes' jüngst nach Michael Riffaterres Methode angelegter Stilanalyse, von verstreuten Beobachtungen Foulets in seiner Arbeit über *Marie de France et les lais bretons*[520] und von vereinzelten Bemerkungen anderer Autoren[521] ab – bisher gründlich auf die Sprache Maries einging, ist diejenige Erich Nagels[522]. Die Ergebnisse der Untersuchung reichen indessen selten über verhältnismäßig we-

---

[516] Möglicherweise dachte Spitzer an etwas derartiges, als er in seiner Arbeit über Marie de France – Dichterin von Problemmärchen, ZrP 50, 1930, vom »nirgendwohaften Schauplatz« (p. 59) gewisser Marlescher Lais sprach.

[517] In seinem Marie de France-Buch unterscheidet Hoepffner oft förmlich die Akte eines Lai; vgl. für *Lanval*, pp. 62–64, 67–68. Auch Battaglia betont in seinem Aufsatz über *Bisclavret* die konsequente formale Durchstrukturierung des Lai, op. cit., pp. 229, 242, 244. In Bezug auf *Deus Amanz* spricht C.A. Robson von »a narrative ›canevas‹ in five stages«, vgl. The Technique of Symmetrical Composition in Medieval Narrative Poetry, Studies in Medieval French presented to Alfred E. Ewert, Oxford 1961, p. 44.

[518] Für Ilse Nolting-Hauff, Symbol und Selbstdeutung – Formen der erzählerischen Pointierung bei Marie de France, AnS 199, 1962–1963, besteht in gewissen Lais – *Chaitivel, Laüstic, Chievrefoil* – diese Beziehung in der Pointierung, p. 33. – Es liegt auf der Hand, daß Pointierung als Stilerscheinung sich vornehmlich im Bereich des innern Spielraums verwirklicht, zu welchem die von der Verfasserin als Beispiele aufgeführten Lais ja auch gehören.

[519] Als eine Art Probe für die Ergebnisse unserer Untersuchung darf die Einsicht gewertet werden, die bei Nagel, der sich auf ganz andere Art und Weise mit Marie beschäftigt, auf der letzten Seite aufblitzt, wo er schreibt: »Eindeutig geht aus einigen ihrer Lais hervor, daß sie sich mit psychologischen Problemen, bewußt oder unbewußt, beschäftigt hat und sie fast dramatisch gestaltete«, op. cit., p. 101.

[520] ZrP 29, 1905, pp. 19–56 und 293–322.

[521] Z.B. Jean Rychner in seiner *Lanval*-Ausgabe, Textes littéraires français, Genève-Paris 1958, pp. 17–21, Ingeborg Dubs, *Galeran de Bretagne* – Die Krise im französischen höfischen Roman, Diss., Zürich 1949, p. 27, Jeanne Wathelet-Willem, *Equitan* dans l'oeuvre de Marie de France, MA 69, 1963, pp. 339 ss., R.N. Illingworth, La chronologie des *Lais* de Marie de France, R 87, 1966, pp. 437 ss.

[522] Op. cit., RF 44, 1930, namentlich pp. 63 ss.

nig persönliche Feststellungen hinaus. Nagel kommt zu folgenden Schlußfolgerungen: »Marie wendet weder Metaphern, Vergleiche, Personifikationen noch Sprichwörter an, die dem Ritterleben entlehnt sind, während dies bei Crestien in reichem Maße auftritt. Besonders hervorzuheben sind bei Marie die subjektiven Bemerkungen, die bei Crestien fast ganz fehlen. Charakteristisch für Maries Stil ist auch, daß sie die kurze Wechselrede nicht liebt oder vielmehr, daß sie hinter dem Meister der altfranzösischen Dichtkunst, Crestien, trotzdem sie Zeitgenossen waren, weit in deren Anwendung zurücksteht. Auch finden wir, daß Marie im Gegensatz zu Crestien sich nicht in langen Schilderungen ergeht und daß sie die weiblichen Gestalten mit viel mehr Liebe beschreibt als die männlichen.«[523] Mit andern Worten: charakteristisch für Maries Stil wären – neben einigen negativ registrierten Merkmalen, wie das Fehlen von höfischen Elementen, der Verzicht auf den Kurzdialog und die Abneigung gegen lange Schilderungen – die Häufigkeit subjektiver Bemerkungen und die – an den männlichen gemessen – intensivere Ausgestaltung der weiblichen Figuren. Ob dieser letzte der von Nagel angeführten Punkte als Indiz für die einheitliche Inspiration der zwölf Harley-Lais in Anspruch genommen werden darf, bleibt recht schwer zu beurteilen; immerhin ist darauf hinzuweisen, daß der Versuch in den *Lais* typisch weibliche Züge zu isolieren, etwas Verlockendes an sich zu haben scheint[524].

Bei Lichte besehen, bleibt freilich von Nagels Resultaten nurmehr wenig übrig, was sich als individuelle Stilkomponente Maries hervorheben ließe. Wer aber die zwölf *Lais* nacheinander durchliest, empfindet die Präsenz der Dichterin dennoch sehr stark. Sie kommt zunächst in ihrer Diktion zum Ausdruck, welche wesentlich vom Phänomen der W i e d e r h o l u n g [525] geprägt wird – und zwar von der Wiederholung sowohl einzelner Wörter als auch ganzer syntaktischer Gebilde:

> N e p a r herbe, n e p a r racine!
> N e p a r mire, n e p a r poisun
> N'avras tu jamés garisun
> De la plaie k'as en la quisse,

---

[523] Op. cit., pp. 93–94.

[524] Vgl. William S. Woods, Femininity in the *Lais* of Marie de France, StPh XLVII, 1950, pp. 1–19; J. Wathelet-Willem, Le personnage de Guenièvre chez Marie de France, BBSArthur. 15, 1963, welche Marie zugesteht, sie erweise sich in der Darstellung Guenièvres als »psychologue, particulièrement avisée des nuances du caractère féminin« (p. 139); und diese Arbeit, p. 84 Anm. 392. – Wie gefährlich indessen solche Typisierungen sein können, zeigt Woods' Bemerkung zu den Versen 300 und 301 des *Bisclavret* (»Li reis le curut enbracier; / Plus de cent feiz l'acole e baise«): »This scene might be acceptable between a man and a woman, but no male writer would have ever described thus the encounter between the king and his good vassal«, p. 6. In dieser Art der Schilderung etwas Weibliches sehen, heißt, die Stelle unhistorisch interpretieren, denn der mittelalterliche Mensch scheint seinen Gefühlen in anderer und jedenfalls viel intensiverer Art und Weise Ausdruck gegeben zu haben als der heutige Europäer. In der *Chanson de Roland* wird beispielsweise erzählt, wie Roland beim Tod Oliviers vor Schmerz dreimal in Ohnmacht fällt, vgl. dazu Ruth Hoppe, Die romanische Geste im Rolandslied, Schriften der Albertus-Universität, Bd. 10, Königsberg/Berlin 1937, pp. 39 ss.

[525] Vgl. dazu auch Nagel, op. cit., pp. 89 ss.

> De si ke cele te guarisse
> Ki suffera pur tue amur
> Issi grant peine e tel dolur
> K'unkes femme taunt ne suffri,
> E tu referas taunt pur li;
> Dunt tuit cil s'esmerveillerunt
> Ki a i m e n t e a m é avrunt
> U ki pois a m e r u n t aprés.
> (*Guigemar*, 110–121)

Mit diesen Worten wendet sich die verwundete Hirschkuh an den verletzten Guigemar. Nun stellt zwar die Wiederholung ein sprachliches Merkmal dar, das offensichtlich sämtliche *Lais* Maries kennzeichnet; sie tritt als rhetorisches Mittel aber häufig in der Literatur des zwölften Jahrhunderts auf und wird in Verbindung mit der ›frequentatio‹ als Möglichkeit der ›amplificatio‹ von den Poetiken der Zeit theoretisch abgehandelt[526]. Von Wace beispielsweise schreibt der Herausgeber des *Brut*, die Wiederholung sei »son principal moyen pour rehausser le ton d'un passage«[527]. Nachdem der Erfolg des *Brut* im Kraftfeld des anglonormannischen Hofes Heinrichs II.[528] sowie die Tatsache, daß Marie Waces Übertragung von Geoffroi de Monmouths *Historia regum Britanniae* kannte[529], als gesichert feststehen, darf angenommen werden, Waces Einfluß habe sich nicht allein aufs Thematische beschränkt sondern auch aufs Formale erstreckt[530].

Bei Wace indessen scheint die Wiederholung ein bloß formal-rhetorisches Element darzustellen: Arnold spricht den »tirades lyriques« jeglichen Kunstcharakter ab[531], Bezzola weist auf den »goût de l'amplification descriptive«[532] des Übersetzers hin. In der Tat dürften damit Texte wie etwa die folgenden zutreffend charakterisiert sein: zunächst die vielzitierte Beschreibung der Tafelrunde, wo es von den Rittern heißt:

> De plusurs terres i veneient
> Cil ki pris e enur quereient,
> T a n t p u r oïr ses curteisies,
> T a n t p u r veeir ses mananties,
> T a n t p u r cunuistre ses baruns,
> T a n t p u r aveir ses riches duns.
> (*Brut*, 9773–9778)[533]

---

[526] Vgl. darüber Edmond Faral, Les arts poétiques du XIIe et du XIIIe siècle, Paris 1923, pp. 61 ss.

[527] Le *Roman de Brut*, ed. Ivor Arnold, SATF, Bd. 1, Paris 1938, p. XC; für Einzelheiten vgl. Gunnar Biller, Etude sur le style des premiers romans français en vers (1150–1175), Göteborgs Högskolas Årsskrift, Bd. XXI-XXII, 1915–1916, pp. 174 ss.

[528] Vgl. Le *Roman de Brut*, Bd. 1, pp. XCII ss. und Reto R. Bezzola, Origines III/1, pp. 150–175.

[529] Vgl. Ernest Hoepffner, Les *Lais* de Marie de France, Paris 1935, p. 53.

[530] Vgl. Arnolds Einleitung zur *Brut*-Ausgabe, Bd. 1, pp. XCIII ss., und Foulet, Marie de France et les lais bretons, ZrP 29, 1905, pp. 44–45.

[531] *Brut*-Ausgabe, Bd. 1, p. XC.

[532] Origines, III/1, p. 154.

[533] Parallel ist die Stelle 10327 ss.

Dann Arthurs Aufgebot:

> Pur les riches herbergemenz
> E pur les granz aaisemenz,
> Pur les bels bois, pur les bels prez,
> Pur les bels lieus que vus oëz,
> Vout Artur la sa curt tenir.
> Tuz ses baruns i fist venir:
> Manda ses reis manda ses cuntes,
> Manda ses ducs e ses vescuntes,
> Manda baruns, manda chasez,
> Manda evesques e abez.
> (*Brut*, 10237–10246)

Bezeichnend ist auch die Aufzählung der Geschenke, mit denen der König die fremden Ritter erfreut:

> A cels ki d'altre terre esteient,
> Ki pur amur al rei veneient,
> Duna cupes, duna destriers,
> Duna de ses aveirs plus chiers,
> Duna deduiz, duna joiels,
> Duna levriers, duna oisels,
> Duna peliçuns, duna dras,
> Duna cupes, duna hanas,
> Duna palies, duna anels,
> Duna blialz, duna mantels,
> Duna lances, duna espees,
> Duna saietes barbelees.
> (*Brut*, 10597–10608)

In dieser Form ist allerdings die Wiederholung auch in der Lais-Literatur neben Marie de France nicht selten: im *Tyolet* spricht Gauvain folgendermaßen zum König:

> Molt fet aus chevaliers grant honte
> Qui d'autrui fet se velt loer
> E autrui mantel afubler,
> Et d'autrui bouzon vel bien trere
> Et loer soi d'autrui afere,
> Et par autrui main velt joster
> Et hors du buisson trainer
> Le serpent qui tant est cremu.
> (*Tyolet*, 598–605)[534]

Und das sind die Verse, mit denen Tydorel als König von Bretagne beschrieben wird:

> Onques n'orent eu meillor,
> Tant preu, tant cortois, tant vaillant,
> Tant large, ne tant despendant,
> Ne miex tenist em pes la terre:

---

[534] Ed. Gaston Paris, R 8, 1879, pp. 40–50.

Nus ne li osa fere guerre;
De puceles ert molt amez
Et de dames molt desirrez.
(*Tydorel*, 222–228)[535]

Im *Lecheor* frägt die erste der acht Damen:

Par cui sont li bon chevalier?
Por qoi aimment a tornoier?
Por qui s'atornent li danzel?
Por qui se vestent de novel?
Por qui envoient lor joieaus,
Lor treceors et lor aneaus?
Por qui sont franc et debonere?
Por quoi se gardent de mal fere?
Por qoi aimment le donoier,
Et l'acoler et l'embracier?
(*Le lecheor*, 71–80)[536]

Ein weiteres für diesen vorwiegend rhetorischen Aspekt der Wiederholung sehr charakteristisches Beispiel bietet der *Melion* gleich zu Beginn:

Li rois ot mont riche maisníe,
Par tot le mont estoit proisíe
De cortoisíe et de proëce
Et de bonté et de largece.
(*Melion*, 11–15)[537]

Überreich an entsprechenden Belegen ist der *Narcisus*-Lai, sodaß das begeisterte Urteil des Herausgebers wohl nicht zuletzt auf dergleichen virtuosen Passagen beruht[538]. Eine Beschreibung der Liebe:

Amors est rage et desverie
Qui tote gent enserre e lie,
Amors eschaufe, Amors esprent,
Amors deceit, traïst e ment,
Amors ocit, Amors destraint,
Amors [...]
(*Narcisus*, 165 ss.)

Ein Bett wird gemacht:

Torne, retorne, fiert et bat,
Or le vueut haut, or le vueut plat,

[535] Ed. Gaston Paris, R 8, 1879, pp. 66–72.
[536] Ed. Gaston Paris, R 8, 1879, pp. 64–66.
[537] Ed. W. Horák, ZrP 6, 1882, pp. 94–106.
[538] »Der unbekannte Dichter handhabt in glänzender Diktion die (franzisch-)normannische Sprache und kann sich auch in stilistischer Hinsicht, wozu in erster Linie die Ausgestaltung der Redeszenen (Monolog) und des verfeinerten Minnebegriffs gehört (dieselbe Technik und Psychologie wie beim *Eneas-*, *Trojaroman*, Marie de France, Crestien de Troyes), mit seinen Zeitgenossen messen«, Alfons Hilka, Der altfranzösische *Narcisuslai*, eine antikisierende Dichtung des 12. Jahrhunderts, ZrP 49, 1929, p. 639. Inzwischen ist eine Neuausgabe des *Narcisus* erschienen, ed. Margaret M. Pelan und N.C.W. Spence, Paris 1964, Publications de la Faculté des Lettres de l'Université de Strasbourg.

Or vueut haut chief, or vueut bas piez,
Ore est li chevez trop baissiez,
Ore est estreiz, ore est trop granz,
Ore est a une part pendanz.
(*Narcisus*, 212–218)

Ein Ritter:

Que je le vi si bel, si gent:
Queus piez vi es estriers d'argent!
Quel vis, quel cors, queus braz, queus mains!
Queus ert sa sele et ses lorains!
Queus euz, quel boche por baiser!
(*Narcisus*, 285–289)[539]

Wenden wir uns von hier aus wieder den Marieschen *Lais* zu, so stellen wir fest, daß die Dichterin sich zwar der Wiederholung bedient, daß sie dieses Mittel aber sehr maßvoll einsetzt – die *Lanval*-Passage (Vv. 209–218) ist der umfangreichste Beleg[540] – und daß sie es, abgesehen von der Anapher, mit andern Figuren – namentlich mit dem Chiasmus, der Tautologie und der Antithese – geschickt und abwechslungsreich zu verschmelzen weiß.

Rein rhetorische Formen der Wiederholung treten bei Marie verhältnismäßig selten auf; selbst der zitierte *Lanval*-Beleg läßt sich als arienhafte Einlage an dieser Stelle sinnvoll aus dem Zusammenhang des Ganzen erklären[541], was auch für die fast liebesliedhaften Worte gilt, mit denen sich Guigemar anläßlich des unverhofften Wiedersehens bei Merïadus' Turnier an seine Dame wendet:

La dame vit e esgarda
E sun semblant e sa maniere;
Un petitet se traist ariere.
›Est ceo‹, fet il, ›ma duce amie,
M'esperaunce, mun quor, ma vie,
Ma bele dame ki m'ama?
Dunt vient ele? Ki l'amena?
(*Guigemar*, 770–776)

Immerhin wären die folgenden Belege, in denen die Wiederholung zum Teil mit Tautologien verbunden ist, in diese Kategorie einzureihen:

Ele li cunte la dolur,
Les peines granz e la tristur [...]
(*Guigemar*, 825–826)

Pur nul busuin ki li creüst,
Li reis ne laissast sun chacier,

---

[539] Für weitere Beispiele vgl. Vv. 692 ss., 863 ss., 995 ss.
[540] Aus dieser Feststellung erwächst Hoepffner, der die Verse 213 und 214 des Warnkeschen Textes, welche nur in S vorkommen, als Kopistenzusatz betrachtet, ein neues Argument: der Schreiber, Maries inhaltlich eine Entwicklung nachzeichnende Anapher verkennend, hatte sich durch die äußere Form zu einem Zusatz verleiten lassen, der nun nur noch rhetorisch formalen Charakter hat; vgl. Hoepffner, La tradition manuscrite des *Lais* de Marie de France, Np 12, 1927, p. 6.
[541] Vgl. diese Arbeit, pp. 110–115.

120

Sun deduire, sun riveier.
(*Equitan*, 26–28)

Kar ele ert feinte e orguilluse
E mesdisanz e envïuse.
(*Fresne*, 27–28)

Pur sa valur, pur sa largesce,
Pur sa beauté, pur sa pruësce,
L'envïoent tuit li plusur.
(*Lanval*, 21–23)

Yönec le firent numer.
El regné ne pot um trover
Si bel, si pruz ne si vaillant,
Si large ne si despendant.
(*Yonec*, 461–464)

Cil comencierent a plurer
E en plurant a recunter
Que c'iert li mieudre chevaliers
E li plus forz e li plus fiers,
Li plus beaus e li plus amez
Ki jamés seit el siecle nez.
(*Yonec*, 513–518)

Mes de tant aveient retur,
U fust par nuit, u fust par jur,
Qu'ensemble poeient parler.
(*Laüstic*, 51–53)

Mut par esteit bons chevaliers,
Francs e hardiz, curteis e fiers.
Mut fu coneüz en Irlande,
En Norwejë e en Guhtlande;
En Logrë e en Albanie
Eurent plusur de lui envie.
(*Milun*, 13–18)

E li manderez par escrit
E par paroles e par dit
Que ceo est l'enfant sa serur,
S'en ad suffert meinte dolur.
(*Milun*, 71–74)

Mut ai veü, mut ai erré,
Mut ai cerchiees autres teres
Par turneiemenz e par gueres.
(*Milun*, 438–440)

La dame dunt jo voil cunter,
Ki tant fu requise d'amer
Pur sa beauté, pur sa valur,

S'en entremistrent nuit e jur.
(*Chaitivel*, 29–32)

Pur aquointier les quatre druz
I sunt d'autre païs venuz
E li Franceis e li Norman
E li Flemenc e li Breban;
Li Buluineis, li Angevin
E cil ki pres furent veisin,
Tuit i sunt volentiers alé.
(*Chaitivel*, 75–81)

Pur lur beauté, pur lur pruësce,
Pur lur valur, pur lur largesce,
Les fis d'amer a mei entendre.
(*Chaitivel*, 153–155)

Si n'en puis nule joie aveir
Ne de baisier ne d'acoler
Ne d'autre bien fors de parler.
(*Chaitivel*, 220–222)

Od païsanz, od povre gent,
Perneit la nuit herbergement.
(*Chievrefoil*, 33–34)

En Bretaine ot un chevalier
Pruz e curteis, hardi e fier;
Elidus ot nun, [. . .]
(*Eliduc*, 5–7)

Mut fu preisiez pur sa pruësce,
Pur sun sen e pur sa largesce.
Mut li esteit bien avenu!
(*Eliduc*, 547–549)

Bei Betrachtung der aufgeführten Texte fällt auf, daß die rein rhetorische Form der Wiederholung am häufigsten im *Chaitivel* vorkommt – ausgerechnet in dem Lai also, der als der ›literarischste‹ Maries gilt.

Die Vermutung, es bestehe ein tieferer Zusammenhang zwischen dem Charakter des *Chaitivel* als thematischem Gefüge und demjenigen der Wiederholung als formalrhetorischem Phänomen – ob dieser mögliche Zusammenhang dem Autor bewußt war oder nicht, spielt keine Rolle –, verstärkt sich, wenn man erst bedenkt, daß es anderseits sich auch beim *Guigemar*-Beleg nicht um irgendeine beliebige Passage handelt, sondern um die Verse, in denen die zentrale Thematik des Lai formuliert wird, die ›destinee‹ des Protagonisten. Ähnliches gilt für die beschwörenden Worte, mit denen sich die Dame an Milun und später Milun an den jungen ›Senz Per‹ wendet; für die verzweifelten Ausrufe, mit denen Eliduc in der einsamen Waldkapelle von Guilliadun Abschied nimmt:

Bele amie, m a r m e veïstes!
Duce chiere, m a r m e siwistes!
(*Eliduc*, 941–942)

oder für die Stelle, an der im *Laüstic* die fatalen Bande zwischen dem ›bacher-
lers‹ und der Gattin seines Freundes geknüpft werden:

Tant la requist, tant la preia
E tant par ot en lui grant bien
Qu'ele l'ama sur tute rien,
Tant pur le bien qu'ele en oï,
Tant pur ceo qu'il ert pres de li.
(*Laüstic*, 24–28)

Was diese Texte verbindet, ist der intensive Ausdrucksgehalt, mit welchem der
Autor die rhetorische Formel der Wiederholung aufgeladen hat – ein Ausdrucksgehalt, der den Rahmen des Dekorativen deutlich sprengt. Es erscheint somit
aus dieser Perspektive als stimmig, daß – wie die erwähnten Zitate aus dem
Brut und aus den Lais neben Marie zeigen – bei bloß dekorativer Verwendung
die Wiederholung sich oft mit der Anapher verbindet, während ihre ausdrucksintensive Variante gern mit komplexeren Figuren wie Tautologie, Chiasmus
und Antithese verschmilzt. Derartig ausdrucksintensive Formen der Wiederholung lassen sich – hat man das Phänomen als solches einmal erkannt – sehr
häufig bei Marie de France nachweisen[542].

Es versteht sich von selbst, daß sowohl der Begriff der Ausdrucksintensität
einer sprachlichen Formel als auch derjenige der Wiederholung sogleich die
Frage nach ihrem Stellenwert innerhalb des Textganzen aufwerfen. Betrachtet
man die zusammengestellten Texte unter diesem Gesichtspunkt, so zeigt sich,
daß bei Marie der Wiederholung Funktionscharakter anhaftet. Zunächst einmal tritt sie als thematische Funktion in Erscheinung: thematisch wesentliche
Aspekte in eine rhetorische Form gegossen, werden auf diese Art und Weise
als bedeutsam hervorgehoben. Ein Zweizeiler charakterisiert Guigemars Isoliertheit:

Pur ceo le tienent a peri
E li estrange e si ami.
(*Guigemar*, 67–68),

---

[542] Hier noch eine Liste besonders prägnanter Belege: die Trauer des verleumdeten Königs, *Deus
Amanz*, 36; die Isoliertheit der Geliebten Muldumarecs, *Yonec* 39–40; Tristans Freude, *Chievrefoil*,
107–113; Eliducs moralischer Konflikt, *Eliduc*, 470–476; Guildeluëcs Bitterkeit, 1027–1028; Lanvals Verzagtheit vor dem König, *Lanval*, 360–361; Guigemars Verblüffung über die völlige Verlassenheit des Zauberschiffs kommt in einem Chiasmus trefflich zum Ausdruck, *Guigemar*, 169 (»N'i
aveit nul ne nul ne vit«). – In einer Diskussion über Jean Frappiers Beitrag Les destriers et leurs
épithètes, in La technique littéraire des chansons de geste, Actes du Colloque de Liège, 1957, Paris
1959, betonte Paul Imbs, daß »l'emploi de groupes de synonymes, procédé extrêmement courant
dans la littérature du moyen âge, peut avoir pour motif le désir de créer un superlatif, d'intensifier
une formule éculée par l'usage«, zit. bei J. Wathelet-Willem, A propos de la technique formulaire
dans les plus anciennes chansons de geste, Mélanges Delbouille, II, Gembloux 1964, p. 711, Anm. 1.

während drei Verse genügen, um seine ›destinee‹ aufleuchten zu lassen:

Tute li dist la destinee
De la bise ki fu nafree
E de la neif e de sa plaie.
(*Guigemar*, 607–609);

ein anaphorisch eingeleitetes Couplet umreißt präzis den Konflikt der Dame
im *Chaitivel*:

Ne pot eslire le meillur.
Ne volt les treis perdre pur l'un.
(*Chaitivel*, 54–55);

viermal wiederholt, umreißt eine einzige Präposition den Bereich von Eliducs
Schuld:

Femme leal espuse avez
E sur celi autre enmenez
Cuntre Deu e cuntre la lei,
Cuntre dreiture e cuntre fei.
(*Eliduc*, 835–838);

wie eine magische Formel mutet die Beschreibung der Wirkung des Zaubertran-
kes aus Salerno an:

Un tel beivre li ad chargié,
Ja ne serat tant travailliez
Ne si ateinz ni si chargiez,
Ne li resfreschist le cors,
Neïs les vaines ne les os,
E qu'il nen ait tute vertu
Si tost cum il l'avra beü.
(*Deus Amanz*, 144–150)

Vier Adjektive zeichnen den Charakter der verleumderischen Zwillingsmutter:

Kar ele ert feinte e orguilluse
E mesdisanz e envïuse.
(*Fresne*, 27–28)[543],

und in dreien verdichtet sich am Schluß der *Lanval*-Exposition die Verzagtheit
des einsamen Helden:

Ore est Lanval mut entrepris,
Mut est dolenz, mut est pensis!
(*Lanval*, 33–34)[544]

---

[543] Vgl. zu dieser Figur Ingeborg Dubs, *Galeran de Bretagne – Die Krise im französischen höfischen Roman*, Diss., Zürich 1949: »Die Frau ist indessen bei Marie [im Gegensatz zum *Galeran*] kein scharf gezeichnetes Individuum; sie stellt einfach den Typus der neidischen, falschen Nachbarin dar«, p. 38.

[544] Vgl. dazu Cesare Segre, *Lanval, Graelent, Guingamor*, Studi in onore di Angelo Monteverdi, Bd. II, Modena 1959: »E infatti Marie schiera abilmente all'inizio del ›lai‹ una serie di situazioni negative (la lontananza dalla patria, l'invidia dei cortigiani, l'ingiustizia sofferta, la miseria) per creare intorno a Lanval una solitudine che sarà anche, con l'andata nella foresta, fisica«, p. 769.

Zum andern läßt sich die Wiederholung als psychologische Funktion darstellen: psychologisch entscheidende Situationen prägen sich formelhaft eindringlich aus. Mit flehenden Antithesen wendet sich der verliebte Equitan an die abweisende Gattin des ›seneschals‹:

> Vus seiez dame e jeo servanz,
> Vus orguilluse e jeo preianz.
> (*Equitan*, 175–176);

verzweifelter Schmerz kommt in der Substantivfolge zum Ausdruck, mit der im *Guigemar* die Verlassenheit der ›mal-mariée‹ evoziert wird:

> Nuls hum el mund ne purreit dire
> Sa grant peine, ne le martire
> Ne l'anguisse ne la dolur
> Que le dame suffre en la tur.
> (*Guigemar*, 661–664);

hartnäckig drängend versucht Bisclavrets Gattin ihrem Manne das Geheimnis seiner regelmäßigen Abwesenheit zu entlocken:

> Kar me dites u vus alez,
> U vus estes, u conversez!
> (*Bisclavret*, 49–50);

beschwörend bringt Guenièvre ihre Werbung vor:

> Lanval, mut vus ai honuré
> E mut cheri e mut amé.
> (*Lanval*, 263–264);

und bitter schleudert ihr der herausgeforderte Lanval seine Absage entgegen:

> Bien le sachiez a descovert:
> Une de celes ki la sert,
> Tute la plus povre meschine,
> Vaut mieuz de vus, dame reïne,
> De cors, de vis e de beauté,
> D'enseignement e de bunté.
> (*Lanval*, 297–302);

über drei Objekte springt der Liebesfunke von Guilliadun auf Eliduc über:

> Icele l'ad mut esguardé,
> Sun vis, sun cors e sun semblant;
> Dit en lui n'at mesavenant [...]
> (*Eliduc*, 300–303)

Der Versuch endlich, zwischen der Wiederholung als rhetorischem Mittel und dem Marieschen Lai als Abfolge von Erzählphasen eine Beziehung herzustellen, enthüllt die Wiederholung als Strukturfunktion. Als sprachliche Eröffnungsfigur kommt sie im *Guigemar* vor, wo sie den Einsatz der Erzählung markiert:

En cel tens tint Hoilas la tere,
Sovent en peis, sovent en guere.
(*Guigemar*, 27–28),

im *Chaitivel*, wo sie das Turnier, die dritte Phase des Lai, einleitet:

Pur aquointier les quatre druz
I sunt d'autre païs venuz
E li Franceis e li Norman
E li Flemenc e li Breban;
Li Buluineis, li Angevin [...]
(*Chaitivel*, 75–79),

und im *Eliduc*, wo sie nicht nur die Exposition eröffnet (Vv. 5–6), sondern auch
die Nahtstelle zwischen dem zweiten und dem dritten Teil hervorhebt, indem
sie sowohl diesen einleitet (Vv. 550 ss.) als auch jenen ausklingen läßt
(Vv. 547–549). Eine abrundende Rolle spielt die Wiederholung zweimal im *Lanval* – am Ende des ersten und des zweiten Teils der zweiten Phase:

Lanval donout les riches duns,
Lanval aquitout les prisuns,
Lanval vesteit les jugleürs,
Lanval feseit les granz honurs!
[...]
(*Lanval*, 209–218)

Tute la plus povre meschine,
Vaut miez de vus, dame reïne,
De cors, de vis e de beauté,
D'enseignement e de bunté.
(*Lanval*, 299–302)

– dann am Schluß des dritten Teils von *Deus Amanz* (Vv. 144–152) und endlich
als Ausklang des ersten im *Chaitivel*:

La dame dunt jo voil cunter,
Ki tant fu requise d'amer
Pur sa beauté, pur sa valur,
S'en entremistrent nuit e jur.
(*Chaitivel*, 29–32)

Es versteht sich von selbst und ergibt sich auch aus den Zitaten, daß die verschiedenen Funktionen sich ergänzen können – was, beispielsweise, die nun
schon mehrmals erwähnte anaphorische Passage aus dem *Lanval* (209 ss.) belegt.

In jenem Aufsatz, in welchem er, Hoepffners Ansicht bestätigend, nachwies,
daß von den drei Lais *Lanval*, *Graelent* und *Guingamor* die beiden letzteren
bloß als ungeschickte Nachbildungen des Marieschen *Lanval* zu werten sind
– eine Auffassung, die (trotz Rachel Bromwich)[545] gerade von stilistischen
Überlegungen her bestätigt wird –, betont Segre, im Gegensatz zu Marie sei

---

[545] Vgl. Celtic Dynastic Themes and the Breton Lays, ECelt. 9, 1961, pp. 461–462.

der Verfasser des *Guingamor* »incapace non diciamo di creare un'atmosfera, ma di inventare con coerenza un'azione e di narrarla limpidamente«[546]. Kohärenz und Klarheit, was die Handlungsführung anbelangt: es dürfte im Hinblick auf eine Bestimmung der Ausdrucksformen von Maries Einbildungskraft aufschlußreich sein, der Frage nachzugehen, ob sich dieser Aspekt auch in Bezug auf ihre sprachliche Realisierung fassen lasse.

Der zweite Teil des *Guigemar*, dem Liebesglück des Ritters und der Dame gewidmet, endet mit dem Bild des sich schicksalhaft drehenden Fortuna-Rades, das den Menschen bald nach oben hebe, bald nach unten stürze; dann schließt die Episode mit dem Couplet

> Issi est de ceus avenu,
> Kar tost furent aparceü.
> (*Guigemar*, 541–542),

dessen entscheidende Verbform übrigens wenig später bei der Schilderung der tatsächlichen Entdeckung fast refrainartig wiederaufgenommen und mit drei weiteren Partizipia verbunden wird:

> Cel jur furent aparceü,
> Descovert, trové e veü [...]
> (*Guigemar*, 577–578).

Im selben Lai findet sich das Verfahren in abgewandelter Form nochmals angewendet: die Dame, von Guigemar verlassen, beschließt verzweifelt, sich das Leben zu nehmen, indem sie sich dort ins Meer stürzen will, wo der Geliebte das Schiff bestieg. Wunderbarerweise gelingt es ihr, den Turm zu verlassen; und dann fährt die Dichterin fort: »Al hafne vint, la neif trova« (*Guigemar*, 678) – ein Vers, den sie der Dame selbst später beim Bericht über ihre Flucht fast wörtlich wieder in den Mund legt: »Neier se volt, la neif trova« (*Guigemar*, 830)[547].

Der erste Teil des *Equitan* vermittelt dem Leser sämtliche Elemente der Exposition: nachdem die drei Protagonisten eingeführt sind, wobei Marie der Beschreibung der Anmut der Gattin des ›seneschals‹ immerhin sieben Verse widmet, formuliert die Dichterin in einem diese Exposition abrundenden Couplet das handlungsauslösende Moment:

> Sanz veüe la coveita,
> E cum ainz pot a li parla.
> (*Equitan*, 41–42)

---

[546] *Lanval, Graelent, Guingamor*, Studi in onore di Angelo Monteverdi, Bd. II, Modena 1959, p. 762. Zum gleichen Resultat führt John Stevens' Untersuchung über das Verhältnis von »image« und ›conjointure‹ in Marieschen bzw. anonymen Lais, vgl. op. cit., pp. 11–25.

[547] Foulet, Marie de France et les lais bretons, ZrP 29, 1905, pp. 40 ss., weist nach, daß *Meliun* »n'est qu'une variante de *Bisclavret*«. Daß der anonyme Verfasser tatsächlich einer »de ces imitateurs« ist, welche »sont obligés de multiplier les emprunts« (p. 45), bestätigt die Tatsache, daß er neben Anleihen aus Waces *Brut* und dem *Bisclavret* auch einen Vers aus *Guigemar* übernommen hat, freilich gegen den pointierten Rhythmus Maries verstoßend: während bei Marie die Dame zuerst zum Hafen kommt, dann das Schiff erblickt und es schließlich besteigt, wird im *Meliun* zuerst berichtet, die Dame sei nach Irland zurückgesegelt und dann erst beigefügt: »Al havene vint, nef trova« (V. 197), ed. Horák, ZrP 6, 1882, p. 97.

In ähnlich knapper Art und Weise führt sie in der letzten Phase des Lai das vorbereitete Mordthema ein, indem sie einfach den König zum ›seneschal‹ sagen läßt:

›Vus baignerez‹, dist il, ›od mei!‹
(*Equitan*, 269)

Als Reflex und zugleich Motor der Handlung hatten wir das Tuch in *Fresne* definiert. Im letzten Teil dieses Lai schildert nun die Dichterin, wie Fresne im Brautgemach die Einrichtung überprüfend an der Beschaffenheit des Bettüberwurfes Anstoß nimmt; da tut sie etwas, was für den weiteren Ablauf der ›aventure‹ ausschlaggebend ist:

Un cofre ovri, sun palie prist,
Sur le lit sun seignur le mist.
(*Fresne*, 403–404)

Parallel zu dieser für die Auflösung des Knotens entscheidenden Gebärde verhält sich der verhängnisvolle Schritt der ungetreuen Gattin im *Bisclavret*; sie verrät das Geheimnis des Kleiderverstecks:

Issi fu Bisclavret trahiz
E par sa femme maubailiz.
(*Bisclavret*, 125–126)

Den Augenblick, da im *Lanval* die Exposition aus der Phase der Darstellung in diejenige der Handlung übergeht – die Begegnung mit der schönen Fee –, signalisiert die Dichterin mit einer einzigen Zeile: »Il l'esgarda, si la vit bele« (*Lanval*, 117); genau gleich verfährt sie im *Laüstic*, dessen Exposition sie um den so zentralen wie lapidaren Vers »La femme sun veisin ama« (*Laüstic*, 23) entwickelt; im *Chaitivel*, wo die Dame die Katastrophe in die Formel »L'un vei nafré, li trei sunt mort« (*Chaitivel*, 159) faßt; im *Milun*, wo sie die Lösung des Knotens zu einem Vers fügt, der in seiner konzisen Form fast an die Grenze dessen stößt, was als unfreiwillig komisch empfunden werden könnte: »La mere a sun pere dona« (*Milun*, 528)[548]; und im *Chievrefoil*, wo das Couplet

Le bastun vit, bien l'aparceut,
Tutes les lettres i conut.
(*Chievrefoil*, 81–82)

das *punctum saliens* der Fabel markiert. Wenn in *Deus Amanz* der Tod des Jünglings in zwei Versen berichtet wird, von denen der zweite die Folge der im ersten ausgedrückten Antithese beinhaltet (Vv. 214–215), erkennt man unschwer dasselbe verkürzende Verfahren, das besonders prägnant im *Eliduc* zur Anwendung kommt, wenn die Dichterin zweimal eine lange Meerfahrt in einen Zweizeiler, beziehungsweise einen Vers preßt:

---

[548] Über Humoristisches bei Marie vgl. Ronald N. Walpole, Humor and People in Twelfth-Century France, RP XI, 1957/58, pp. 210–225, insbesondere pp. 220 ss.

A la mer vient, si est passez,
En Toteneis est arivez.
(*Eliduc*, 87–88)

Bon ot le vent, tost est passez.
(*Eliduc*, 704)

Sämtliche eben in ihrem Kontext erörterten Belege lassen ein Merkmal erkennen, das die Sprache dieser zwölf *Lais* prägt: die für den Ablauf des Geschehens ausschlaggebenden Phasen werden im entscheidenden Moment im Brennpunkt eines Couplets oder gar eines einzigen Verses gesammelt und damit buchstäblich sprachlich zur P o i n t e verdichtet. Besonders einprägsam kommt dieser Pointierungsvorgang im erwähnten *Bisclavret*-Couplet zum Ausdruck, denn es enthüllt – wie man sich erinnert – zugleich erst den Namen des Helden, der – wie sich nun herausstellt – mit demjenigen des Tieres identisch ist, das seine ›destinee‹ und seine ›aventure‹ darstellt.

Wie bedeutsam es im Hinblick auf das Textverständnis ist, sich über den strukturellen Stellenwert stilistischer Phänomene genau Rechenschaft abzulegen, läßt sich im Zusammenhang mit Le Gentils Erörterung von Spitzers Auslegung der beiden umstrittenen Stellen – es handelt sich um die Verse 51–82 und 107–113 – in *Chievrefoil* ermessen. Für Spitzer beinhalten die Verse 80–82 (»Ele esgardat tut un pendant, / Le bastun vit, bien l'aparceut, / Tutes les lettres i conut«) eine Art von Wunder, welches – durch die Intensität des Liebesgefühls ausgelöst – Isolde instand setzt, schlagartig das Haselrute/Geißblatt-Zeichen zu verstehen. Le Gentil nun meldet seine Zweifel an Spitzers Auffassung an, indem er schreibt: »En particulier, la scène où Iseut aperçoit le signal et l'interprète‹ serait-elle présentée comme elle l'est, d'une façon aussi légère que rapide? Car rien, dans les trois vers auxquels je fais allusion – es geht um die drei eben zitierten Verse –, ne traduit la tension intérieure qu'on attendrait, ni cet effort qui paraît nécessaire pour deviner une pensée délicate dissimulée sous un symbole«[549]. Wie immer auch man sich zur Spitzers Interpretation dieser Passage stellen mag, eines scheint uns nunmehr gesichert: in ihrer syntaktischen Erscheinungsform drücken die drei Verse genau das aus, was Le Gentil darin vermißt – innere Spannung.

Als raffendes Element erscheint die Pointe bei Marie in zwiefacher Anwendung. Einmal – und das betrifft die bislang untersuchten Belege – als verdichtete Handlung; zum andern als verdichtete Situation. Die Beispiele dafür drängen sich geradezu auf. Hier eines, das die Verfugung dieser beiden Aspekte trefflich zeigt: »Dedenz entrai, si fis folie!« (*Guigemar*, 329) – in diesem Vers verschmilzt in der strengen Prägung der Formel die Plastizität der Handlung mit dem Gefühl für ihre Unausweichlichkeit[550]. Um Guigemar als Sonderling zu zeichnen, reichen zwei Zeilen aus:

---

[549] A propos du Lai du *Chèvrefeuille* et de l'interprétation des textes médiévaux, Mélanges d'histoire littéraire de la Renaissance offerts à Henri Chamard, Paris 1951, pp. 22–23.

[550] Lazar beobachtet sehr richtig, wenn er zu diesem Vers festhält: »cette expression traduit remarquablement l'origine de son aventure: la fatalité«, op. cit., p. 190, Anm. 57.

De tant i out mespris Nature
Ke unc de nule amur n'out cure.
(*Guigemar*, 57–58)

Ein Vers von geradezu geometrisch abgezirkelter Prägnanz, in welchem die
zweite Hälfte als Folge der ersten zugleich deren Steigerung darstellt, drückt
den Schrecken der Nichte aus, als sie auf dem verlassenen Schiff den schlafen-
den Guigemar entdeckt: »Pale le vit, mort le quida« (*Guigemar*, 282), während
im *Yonec* in paralleler Art und Weise die Furcht der Dame angesichts des sich
unvermutet in einen Ritter verwandelnden Vogels zu einer sprechenden Gebärde stilisiert wird: »Grant poür ot, sun chief covri« (*Yonec*, 118)[551], eine Gebärde,
die anschließend mit geradezu realistischer Präzision der Beobachtung rückläu-
fig beschrieben wird, indem es von der Dame, nachdem der Ritter sie beruhigt
hat, heißt: »La dame se raseüra, / Sun chief descovri, si parla« (*Yonec*, 135–136).
Die leicht frivole Tonart, die den *Chaitivel* bestimmt, harmonisiert auch den
Verbenzweiklang, in den die antithetische Formel gegossen ist, welche das Di-
lemma der Dame umschreibt: »Nes voil tuz perdre pur l'un prendre!« (*Chaitivel*,
156). Die Gefahr, die den Liebenden im *Equitan* droht, spiegelt sich in der Formel, die den Kampf an der Kammertür widergibt: »A l'hus buta, cele le tint«
(*Equitan*, 288). In *Fresne* faßt ein Ausruf der Mutter die neue Lage zusammen:
»Tu es ma fille, bele amie!« (*Fresne*, 450). Je eine Zeile genügt, um – im *Lanval*
– die Hoffnungslosigkeit des angeklagten Ritters wiederzugeben: »Dolenz en
est, perdue l'a!« (*Lanval*, 378), und – im *Milun* – die Hellsichtigkeit der liebenden Frau: »Bien sot qu'il vint de sun ami« (*Milun*, 220). Bezeichnend ist auch
die Art und Weise, wie Marie die Schilderung der aufgebahrten Guilliadun, als
Guildeluëc sie bei ihrem verstohlenen Besuch in der Kapelle der Einsiedelei erblickt, unvermittelt abbricht, um festzustellen: »Or seit ele la verité« (*Eliduc*,
1017) – ein Satz, der in seiner kalten Objektivität intensiver wirkt als die
kunstvollste Verzweiflungstirade. Daß Marie Tristans und Eliducs schicksalhaft verhängnisvolle Bindung in zwei Couplets von hoher Expressivität zu fassen wußte, ist längst allen Lesern Maries aufgefallen:

Bele amie, si est de nus:
Ne vus sanz mei ne jeo sanz vus!
(*Chievrefoil*, 77–78)

---

[551] Auch hierin sieht William S. Woods »a typical feminine reaction«, op. cit., p. 15. – Wenn Foulet,
Marie de France et les lais bretons, ZrP 29, 1905, zum Schluß kommt, der *Espine*-Lai sei »tout
entier l'oeuvre d'un plagiaire médiocre« (p. 36), so bietet ihm der stilistische Begriff der Pointierung
nun ein zusätzliches Argument: um seinerseits eine Schrecksituation darzustellen, bedient sich der
Espine-Verfasser genau dieses Verses, kehrt aber die Reihenfolge der Verben um: »sun chief covri,
grant poor a« (*Espine*, V. 273); womit allerdings die Gebärde, »qui est très bien en situation dans
Yonec« ihre Wirkung einbüßt. Denn der Verfasser des *Espine* verstößt gegen den Rhythmus der
pointierten Rede, indem er die Bestandteile des Marieschen Verses als Versatzstücke behandelt,
als wären sie zufällig gefügt und ließen sich auch nach Belieben neu zusammensetzen. Das wäre
nun ein »détail parfaitement à sa place dans une oeuvre et déplacé dans l'autre«, wie sie J. Wathelet-Willem als Prüfsteine für den Vorgang der Imitation fordert, vgl. Le mystère chez Marie
de France, Rbph 39, 1961, p. 666. Über die Bedeutsamkeit des »geste expressif« bei Marie vgl.
Hoepffners Bemerkungen, Les *Lais* de Marie de France, Paris 1935, pp. 91 und 176.

Vus estes ma vie e ma morz,
En vus est trestuz mis conforz.
(*Eliduc*, 671-672)[552]

Wenn für Hoepffner die Einheitlichkeit der zwölf Harley-Lais vornehmlich aus der Thematik zu entwickeln war[553], so darf einem sprachlichen Aspekt, wenn er sich – wie der eben unter dem Stichwort ›Pointe‹ erörterte – als Stilkomponente darstellen läßt, mindestens die gleiche Bedeutung beigemessen werden; umso mehr, als die an der Sprache Maries gemachten Beobachtungen sich voll und ganz mit denen decken, die wir an der Struktur des Marieschen Lai ablasen: was das Zeichen in Bezug auf die Fabel bedeutet, das bedeutet die Pointe in Bezug auf deren sprachliche Verwirklichung.

In einer Oxforder *Taylorian Lecture*, welche er 1938 Marie de France widmete, nahm Hoepffner eine Beobachtung auf, die er schon in seinem Marie-Buch, wenn auch in zurückhaltenderer Form, festgehalten hatte. Bevor der Wundervogel-Ritter im *Yonec* seine Dame verläßt, spricht er zu ihr:

Ceste vielle nus traïra,
E nuit e jur nus gaitera;
Ele parcevra nostre amur,
Sil cuntera a sun seignur.
Si ceo avient cum jeo vus di
E nus seium issi trahi,
Ne m'en puis mie departir
Que mei n'en estuce murir.
(*Yonec*, 203-210)

Hatte Hoepffner 1935 dazu bemerkt: »Ainsi dès maintenant l'ombre de la mort plane sur cet amour«[554], so schrieb er drei Jahre später: »Remarquez que le seigneur est magicien. Il connaît l'avenir«[555]. Offensichtlich ging es ihm einmal eher um den fatalen Aspekt dieser aufblühenden Liebe, das andere Mal mehr um die übernatürlichen Eigenschaften des Liebhabers: beides geht stimmig in der Auslegung des Lai auf. Darüber hinaus aber kommt in diesen Versen ein Element zum Ausdruck, das für den *Yonec* geradezu konstitutiv ist. Bereits wenige Dutzend Verse später nämlich schließt die Dichterin die erste Phase des dritten Lai-Teils mit dem Ausruf:

Allas! Cum ierent malbailli
Cil ke l'un veut si agaitier
Pur eus traïr e enginnier!
(*Yonec*, 254-256),

---

[552] Vergleicht man die Formel, in die der Autor des *Galeran de Bretagne* einen ähnlichen Gedanken kleidet – »Car esloigner n'esloigne mie / Amy vray de loyal amye« (Vv. 2679-2680) –, so ermißt man den Abstand, der Maries ›univers poétique‹ von dem viel »wahrscheinlicheren« und »bürgerlicheren« Renarts trennt, vgl. darüber Ingeborg Dubs, op. cit., pp. 160, 166 ss. sowie 171-172.

[553] Les *Lais* de Marie de France, Paris 1935, p. 175.

[554] Hoepffner, op. cit., p. 74.

[555] Aux origines de la nouvelle française, Oxford 1939, p. 27.

während sie die zweite mit einem Couplet abrundet:

> Deus, qu'il ne sout la traïsun
> Que aparaillot le felun!
> (*Yonec*, 295–296),

und in der dritten, nachdem sie den verletzten Ritter klagen läßt:

> Ma duce amie,
> Pur vostre amur perc jeo la vie.
> Bien le vus dis qu'en avendreit:
> Vostre semblanz nus ocireit.
> (*Yonec*, 319–322),

ihm die Abschiedsworte in den Mund legt:

> Il la cunforte ducement
> E dit que dols n'i vaut nïent:
> De lui est enceinte d'enfant.
> Un fiz avra, pruz e vaillant;
> Icil la recunforterat.
> Yönec numer le ferat.
> Il vengerat e lui e li,
> Il oscirat sun enemi.
> (*Yonec*, 325–332)

Doch damit nicht genug: im vierten Teil, der das wunderbare Wiedersehen bringt, eröffnet der sterbende Muldumarec, nachdem er ihr den Ring des Vergessens überreicht hat, der Dame die Zukunft des Sohnes:

> Quant il sera creüz e granz
> E chevaliers pruz e vaillanz,
> A une feste u ele irra
> Sun seignur e lui amerra.
> En une abbeïe vendrunt;
> Par une tumbe k'il verrunt
> Orrunt renoveler sa mort
> E cum il fu ocis a tort.
> Ileoc li baillerat l'espeie.
> L'aventure li seit cuntee
> Cum il fu nez, ki l'engendra:
> Asez verrunt k'il en fera.
> (*Yonec*, 425–436)

Gemeinsam ist diesen Texten, untersucht man sie auf ihren Stellenwert im Rahmen des Ganzen hin, daß sie wesentliche Momente der Fabel vorwegnehmen. Das Sprunghafte, das – wie wir oben zu zeigen versuchten – den Aufbau der *Yonec*-Fabel kennzeichnet, spiegelt sich in dem hier von der Dichterin eingesetzten Mittel der Antizipation, das – wie eine weitere Überprüfung der Belege enthüllt – in Variationen auftritt. Einerseits – und das geht die Stelle an, die Hoepffner aufgefallen war – wird die Antizipation in die Fabel selbst integriert, beispielsweise als Vorahnung einer Gestalt (im Fall des *Yonec* also Muldumarecs); andererseits erscheint sie – um einen modernen Begriff in seiner

132

rein stilistischen Bedeutung zu gebrauchen – verfremdend als teilnehmender Ausruf oder kommentierende Bemerkung des Erzählers (wie in den Versen 295–296 bzw. 254–256). Prüft man darüber hinaus die Antizipationen im *Yonec* auf ihren erzählerischen Informationsgehalt hin, so ergibt sich, daß Marie einerseits mit einem Antizipationstypus arbeitet, den man, da er konkrete Hinweise auf kommende Ereignisse enthält, faktisch nennen könnte, anderseits sich in den persönlichen Interventionen auf Anspielungen beschränkt.

»Die Aufgabe des Philologen – schreibt Ernst Robert Curtius im Epilog zu seinem Buch über die europäische Literatur und das lateinische Mittelalter – ist die Beobachtung [...]. Man trifft auf ein Phänomen, das nichts oder wenig zu bedeuten scheint; kehrt es konstant wieder, so hat es eine bestimmte Funktion [...]. Haben wir ein literarisches Phänomen isoliert und benannt, so ist ein Befund gesichert. Wir sind an dieser einen Stelle in die konkrete Struktur der literarischen Materie eingedrungen«[556]. Den Prozeß, den Curtius in diesen Sätzen beschreibt, trachteten wir, eine Beobachtung Hoepffners weiter verfolgend, für den *Yonec* zu vollziehen. Es versteht sich von selbst, daß man sich nunmehr fragen wird, ob das Phänomen der Antizipation, das sich übrigens auch in der *chanson de geste* nachweisen läßt[557], zum ›univers poétique‹ des Marieschen Lais überhaupt gehört. Schlagen wir auf! An exponierter Stelle – nämlich am Ende des zweiten Teils – baut Marie im *Guigemar* das im antikisierenden und höfischen Roman wie auch in der Vagantenpoesie sehr beliebte, der *chanson de geste* jedoch so gut wie unbekannte[558] Bild des Fortuna-Rades ein, welches, indem es sich immerzu dreht, ein Abbild der Wechselfälle des Lebens darstellt, die den Menschen unvermittelt von der Höhe des Glücks in den Abgrund der Katastrophe stürzen. Abschließend heißt es dann von Guigemar und seiner Dame:

> Issi est de ceus avenu,
> Kar tost furent aparceü.
> (*Guigemar*, 541–542)

Im *Equitan* liest man im Verlauf der Exposition:

> Femme espuse ot le seneschals
> Dunt puis vint el païs granz mals.
> (*Equitan*, 29–30),

während das Schlußcouplet des dritten Teils folgendermaßen lautet:

> Bien les tiendrent, mut s'entramerent,
> Puis en mururent e finerent.
> (*Equitan*, 183–184)

---

[556] Europäische Literatur und lateinisches Mittelalter, Bern 1954², p. 386.
[557] Vgl. Jean Rychner, La chanson de geste, Essai sur l'art épique des jongleurs, Soc. des Publ. romanes et françaises, LIII, Genève-Lille 1955, pp. 73 ss.
[558] Vgl. Gunnar Biller, Etude sur le style des premiers romans français en vers (1150–1175), Göteborgs Högskolas Årsskrift, Bd. XXI-XXII, 1915–1916, pp. 128–129, und Jacques Le Goff, Les intellectuels au moyen âge, Paris 1957, p. 35.

Mitten im dritten Teil, wo geschildert wird, wie Fresne mit Gurun vom Kloster wegzieht, wird betont, daß sie »Son palie emporte e sun anel« und dann unterstrichen »De ceo li poet estre mut bel« (*Fresne*, 293–294). Die Exposition des *Bisclavret* enthält als bedeutungsschweren Satz, den Bisclavret zu seiner ihn bedrängenden Frau spricht, die Wendung

> Mal m'en vendra si jol vus di,
> Kar de m'amur vus partirai
> E mei meïsmes en perdrai.
> (*Bisclavret*, 54–56)

Bei *Deus Amanz* stößt der Leser schon im einleitenden Rahmen auf den Hinweis

> Une aventure mut oïe
> De deus enfanz ki s'entreamerent;
> Par amur ambedui finerent.
> (*Deus Amanz*, 2–4),

der gleich anschließend präzisiert wird:

> Veritez est ke en Neustrie,
> Que nus apelum Normendie,
> Ad un haut munt merveilles grant:
> Lasus gisent li dui enfant.
> (*Deus Amanz*, 7–10)

Für *Chievrefoil* findet sich ebenfalls in der Einleitung bereits die Feststellung

> De lur amur ki tant fu fine,
> Dunt il eurent meinte dolur,
> Puis en mururent en un jur
> (*Chievrefoil*, 8–10),

während im *Eliduc* der dritte, der Darstellung von Eliducs innerem Kampf gewidmete Abschnitt, den qualvollen Ausruf des ringenden Protagonisten enthält:

> Quant si de li m'estuet partir,
> Un de nus deus estuet murir,
> U ambedeus, estre ceo peot.
> (*Eliduc*, 591–593)

Als erster Schluß aus den aufgeführten Beobachtungen ergibt sich die Feststellung, daß auf zwölf Lais Maries bei acht das Phänomen der Antizipation nachzuweisen ist[559]. Vom bereits erörterten *Yonec* abgesehen – darin besteht die zwei-

---

[559] Seltsamerweise antwortet J. Wathelet-Willem, nachdem sie das Phänomen der Antizipation im *Equitan* beobachtet hat, auf die Frage »Marie a-t-elle l'habitude de nous prévenir du dénouement de l'histoire?«, die sie sich stellt, mit der Antwort: »Il n'y a que dans *Les Deux Amants* que nous trouvons pareille annonce«, wobei sie immerhin in einer Anmerkung den *Guigemar* streift, vgl. *Equitan* dans l'oeuvre de Marie de France, MA 69, 1963, p. 341. Merwürdigerweise entgeht auch Richard Baum die Bedeutung des Antizipationsmotivs, obschon er J. Wathelet-Willems Arbeit zitiert, vgl. op. cit., p. 172. In ihrem Aufsatz Un lai de Marie de France: *Les Deux Amants*, Mélanges offerts à Rita Lejeune, vol. II, Gembloux 1969, wiederholt übrigens Jeanne Wathelet-Willem die Behauptung, daß Marie »pratique fort peu le procédé de l'anticipation«, p. 1152. Zum Phänomen der Antizipation bei Marie de France vgl. auch Barbara Schonwald Brookes, op. cit., pp. 72–76.

te Folgerung – erscheint die Antizipation in fünf Fällen als faktisch (*Guigemar, Equitan, Bisclavret, Deus Amanz* und *Chievrefoil*) und in dreien als Anspielung (*Equitan, Fresne* und *Eliduc*), wobei sich sowohl die integrierte als auch die verfremdende Form erkennen läßt. In Anbetracht des denkbar unstereotypen aber umso funktionaleren Charakters der Antizipation bei Marie dürfen wir in diesem Mittel, obschon W. Mary Hatchett es in ihrer Studie über *Girart de Roussillon* als »procédé favori des poètes épiques«[560] bezeichnet – es erscheint schon in der ersten Laisse der *Chanson de Roland* –, einen dem Zeichen vergleichbaren Ausdruck jenes dramatischen Grundrhythmus' sehen, der Maries *Lais* durchpulst. Gehört das Zeichen zur ›imagerie‹ der Dichterin, so versteht sich die Antizipation in ihren mannigfachen Ausprägungen, indem sie – wie die Pointe – ein rhythmisches Phänomen darstellt, als Merkmal ihrer Diktion.

In seinen stilistischen Anmerkungen zu Marie de France hebt Erich Nagel den Umstand, daß die Dichterin sich einerseits häufig direkt an den Leser wendet und anderseits die Schilderung der Ereignisse mitunter durch eingeschobene persönliche Bemerkungen und Ausrufe vom Typus »Oi las, cument se cuntendra?« (*Lanval*, 351)[561] unterbricht, als für die Verfasserin der *Lais* besonders charakteristisch hervor, nicht ohne darauf aufmerksam zu machen, er sei auch bei der Abklärung von Zuschreibungen gehörig zu berücksichtigen[562]. Obschon Nagels Gesamteindruck, die Diktion der zwölf Harley-Lais werde in hohem Maße von der spürbaren T e x t p r ä s e n z d e r A u t o r i n geprägt, zweifellos zutrifft, erheischt er eine Präzisierung. Denn es ist offensichtlich, daß Wendungen wie »cum jeo vus di« (*Deus Amanz*, 221), »ceo m'est avis« (*Guigemar*, 75), »mun escïent« (*Milun*, 363), »si cum j'entent« (*Bisclavret*, 220) – um nur einige Beispiele anzuführen –, die sich so gut wie in jedem der *Lais* finden, nicht nur – wie ein Blick auf die Lais-Literatur neben und nach Marie de France zeigt – zum Lai gehören, sondern – bei mäßiger Frequenz in den frühen *chansons de geste* – sich seit Wace zu wahren Versatzstücken des erzählenden gereimten Achtsilbers entwickelt haben[563].

Und dennoch: Textpräsenz der Autorin der Harley-Lais. Wie kommt sie zustande, sieht man von den eben erörterten Formeln ab? Als erstes ist auf den Rahmen hinzuweisen, welcher, indem er jeden der Harley-Lais umspannt, sich geradezu zu einem Gattungstopos des Lais entwickelte[564], und in welchem sich die Dichterin programmatisch und persönlich an den Leser wendet. Man dürfte bislang bei der Erörterung dieser Rahmenverse – den *Prolog* (Verse 1–56) klammern wir vorderhand aus – das Augenmerk allzu ausschließlich auf die Möglichkeit ausgerichtet haben, daraus Auskünfte über jene sagenhaften ›Bretonen‹ ein-

---

[560] La technique littéraire de *Girart de Roussillon*, Mélanges Delbouille, Bd. II, Gembloux 1954, p. 261.

[561] Vgl. auch *Yonec*, 254–256 und 295–296, *Fresne*, 345–348, *Guigemar*, 177–180, 533–534, *Bisclavret*, 218, *Chievrefoil*, 21–24.

[562] Op. cit., pp. 63–94.

[563] Vgl. Biller, op. cit., pp. 153–154.

[564] Vgl. Foulet, Marie de France et les lais bretons, ZrP 29, 1905, p. 53.

zuholen, eine Definition des bretonischen bzw. des Marieschen Lais herauszu-
schälen und Quellen zu identifizieren[565], um daneben zu bemerken, was für ein
eigener Stellenwert diesen einleitenden Passagen zukommt.

Daß es der Dichterin in diesen Rahmenversen zunächst einmal darum geht,
durch Hinweise auf die ›Bretun‹ und ihre Instrumente, auf die alten Zeiten mit
ihren ›aventures‹, jenes bretonische Lokalkolorit zu schaffen, das zum typischen
Merkmal des Lai als Gattung wurde, braucht nicht mehr besonders hervorgehoben zu werden; ein Blick auf die Lais neben und nach Marie zeigt – wie ja
Foulet nachgewiesen hat – die fortschreitend formelhafte Erstarrung von Versen wie »Une aventure vus dirai / Dunt li Bretun firent un lai« (Laüstic, 1–2):
Wendungen, welche in abgewandelter Form sogar in den Fabliau
eindrangen[566].

Einen solchen Substanzverlust bei gleichzeitiger Formerstarrung erlitt der
Begriff *lai* selbst, indem er sich mehr und mehr zum Synonym von ›Versno-
velle‹ entwickelte, was besonders deutlich dadurch belegt wird, daß spätere
Schreiber sogar die antikisierenden Verserzählungen als Lais rubrizierten[567].

Bekanntlich sind auch die Formeln vom Typus »ceo m'est avis« als Redensar-
ten zu lesen, die sich mit der Entstehung des höfischen Stils zu Erzählclichés
entwickelten. Nachzutragen wäre dazu noch die Bemerkung, daß eine Aussage
wie »vos conterai assez briefment« (Guigemar, 21) die Dichterin als gebildete
Zeitgenossin einer Epoche ausweist, welche sich – wenigstens zeitweise – dem
aus der Antike übernommenen Stilideal der *brevitas* zuwandte[568], während das
auffällige Betonen, das Erzählte sei nun zu Ende und man berichte nicht mehr
weiter, einen Topos reflektiert, der den Spielleuten geläufig war[569].

Wenn Richard Baum in seinen *Recherches* schreibt: »presque tous les ›lais
bretons‹ possèdent des ›prologues‹ et des ›épilogues‹ du même genre«[570], so bezeichnet diese Feststellung sehr genau unseren Ansatzpunkt; Maries Rahmen-
passagen unterscheiden sich nämlich von allen übrigen – und zwar dadurch,
daß ihnen eine zusätzliche Thematik innewohnt: die persönliche P o e t i k der
Verfasserin und ganz bestimmte Versuche, sie zu verwirklichen – mit einem
Wort: das Schreiben, das sie ja auch als »mun travail«[571] bezeichnet.

---

[565] Vgl. als neueste Arbeit aus dieser Optik Richard Baums Recherches sur les oeuvres attribuées à
Marie de France, pp. 30 ss. und 136 ss.

[566] Vgl. Jean Rychner, Contribution à l'étude des fabliaux I et II, Recueil de travaux publiés par la
faculté des lettres de l'Université de Neuchâtel, 28, Neuchâtel-Genève 1960. Zum Verhältnis Lai-
Fabliau vgl. zusammenfassend Horst Baader, op. cit., pp. 272 ss.

[567] Vgl. darüber Foulet, Marie de France et les lais bretons, ZrP 29, 1905, p. 311, und Horst Baader,
op. cit., pp. 42 und 230 ss., sowie Genaust, op. cit., pp. 10–11. Über den mittelalterlichen Novellen-
begriff vgl. Roger Dubuis, La genèse de la nouvelle en France au Moyen Age, CAI 18, 1966,
pp. 9–19 und Frappiers Ergänzungen dazu in der Diskussion des Vortrags, ibid., pp. 241–243.

[568] Vgl. dazu Ernst R. Curtius, Kürze als Stilideal, in Europäische Literatur und lateinisches Mittelalter, Bern 1954², pp. 479–485, Hermann Tiemann, Die Entstehung der mittelalterlichen Novelle,
Hamburg 1961, pp. 13 ss., und Helmut Genaust, op. cit., pp. 33–37.

[569] Vgl. dazu Cesare Segre, *Lanval, Graelent, Guingamor*, Studi in onore di Angelo Monteverdi, Bd. II,
Modena 1959, der von »un vezzo che Maria avrà appreso dai giullari« spricht, p. 764, Anm. 17.

[570] Op. cit., p. 136.

[571] Das ist die Lesung von H und S für *Yonec*, V. 2.

136

Vier von einem Dutzend Lais enthalten in der Einleitung diesbezügliche Äußerungen: es handelt sich um *Guigemar, Bisclavret, Yonec* und *Milun* (man könnte noch den *Milun*-Ausgang beifügen). Der zentrale Gedanke dieser Poetik findet sich im *Milun*-Eingang ausgesprochen: da der Zweck des Dichtens das Gefallen ist, muß derjenige, der Verschiedenes erzählen will, auch verschieden einsetzen:

> Ki divers cuntes veut traitier
> Diversement deit comencier
> E parler si rainablement
> K'il seit pleisibles a la gent.
> (*Milun*, 1–4)

Vergnügen durch Abwechslung – liest man Maries Einleitungen unter diesem Gesichtspunkt durch, so leuchtet sogleich ein, daß sie eine bewußte und eigenständige Realisation dieses Variationsprinzips darstellen, das die mittelalterliche Schulpoetik sowohl im Bereich der »figures de mots« als auch in demjenigen der »figures de pensées«[572] rhetorisch kodifiziert hatte[573].

Eine Einsatzmöglichkeit besteht darin, von sich und seiner Arbeit als Schriftsteller zu sprechen. Diese wählt Marie für den *Guigemar*, wo sie sich zunächst nach überlieferter Gepflogenheit gegen die ›gangleür‹ und ›losengier‹ verwahrt, um dann zur Sache selbst zu kommen, indem sie auf die nun folgende Lais-Serie hinweist[574]; sie wählt sie auch für den *Bisclavret* und für den *Yonec*, wo sie abermals auf ihr Unternehmen als Ganzes zu sprechen kommt, nicht zu reden vom *Milun*, dessen erste Verse ja den Ausgangspunkt unseres Gedankengangs bilden, noch vom Hauptprolog[575].

Betrachtet man die *Lais* aus dieser Perspektive, so erscheinen zwei Probleme, welche die Marie-Forschung nie zu beschäftigen aufgehört haben, in neuem Licht. Wenden wir uns zuerst der umstrittenen Alternative: schriftliche oder mündliche Quellen Maries zu. »Sulunc la lettre e l'escriture« (*Guigemar*, 23) wolle Marie den *Guigemar* erzählen; und im *Chievrefoil* bezieht sie sich sogar auf etwas, was sie »trové en escrit« (*Chievrefoil*, 6) habe; in andern Fällen weist sie auf das hin, was sie »oi cunter« (*Equitan*, 9) habe oder auf einen »cunte

---

[572] Vgl. Biller, op. cit., p. 17.

[573] Vgl. darüber E.R. Curtius, Variation als Stilmittel, in Gesammelte Aufsätze zur romanischen Philologie, Bern-München 1960, pp. 69–70.

[574] Daß die *Guigemar*-Verse 19–22 einen Lais-Zyklus erwarten lassen, ergibt sich positiv aus der Verbindung von zwei Aussagen: einerseits aus der Angabe »Les contes ke jo sai [...] vos conterai« und anderseits aus der Mitteilung, das, was man eben lese, sei ein »comencement«. Vgl. dazu – neben Foulet, Marie de France et les lais bretons, ZrP 29, 1905, p. 294 – Ewerts Anmerkung: »lines 19–22 show that, if she had not already composed several lays, she had at least projected a serie of such tales«, *Lais*-Ausgabe, p. 164. Allerdings – und hier sind wir nicht Rychners Ansicht – ergibt sich aus Vers 22 nicht mathematisch, daß «*Guigemar* est bien le premier des lais qu'ait composé Marie« (*Lais*-Ausgabe, p. 239), sondern lediglich, daß *Guigemar* derjenige unter den *Lais* ist, der den Zyklus eröffnet – was nicht dasselbe ist, denn der Eröffnungslai braucht nicht derjenige zu sein, der zuerst gedichtet wurde.

[575] Über das Selbstverständnis des Autors in der beginnenden Romanepik vgl. Erich Köhler, Quelques observations d'ordre historico-sociologiques sur les rapports entre la chanson de geste et le roman courtois, in Chanson de geste und höfischer Roman, Heidelberger Colloquium (1961), Studia romanica, 4, Heidelberg 1963, p. 25.

que jeo sai« (*Fresne*, 2). Könnte denn nicht dieses Mittel des Quellennachweises eine kompositorisch bewußt eingesetzte Spielart des Variationsprinzips darstellen? Vergegenwärtigt man sich, daß – wie Jean Rychner unterstreicht – »la référence à une source écrite, dans les chansons de geste et les romans, est traditionnelle et constitue comme un lieu commun d'authenticité«[576], so möchte man fast annehmen, hier liege die Lösung dieser Frage[577].

Einiges Licht fällt von hier aus auch auf das Problem der ›unité d'inspiration‹ der zwölf Harley-Lais; denn es ist nicht leicht zu glauben, das Dutzend Lais, das in ein derart persönlich und eng geknüpftes Netz poetologischer Bezüge verflochten ist, bilde kein von einer Autorpersönlichkeit konzipiertes Ganzes. Wer im *Yonec*-Eingang sagt:

> Puis que de lais ai comencié,
> Ja n'iert pur mun travail laissié;
> Les aventures que j'en sai,
> Tut par rime les cunterai.
> (*Yonec*, 1–4),

und im *Milun*-Epilog betont

> De lur amur e de lur bien
> Firent un lai li ancïen,
> E jeo, ki l'ai mis en escrit
> Al recunter mut me delit.
> (*Milun*, 531–534),

schreibt aus demselben Geist, wie der, welcher im *Bisclavret* anmerkt

> Quant des lais faire m'entremet [. . .]
> (*Bisclavret*, 1),

und im *Milun* sogar das literarische Gestaltungsprinzip für zyklisches Erzählen formuliert:

> Ki divers cuntes veut traitier
> Diversement deit comencier [. . .]
> (*Milun*, 1–2)

Warum soll es nicht dieselbe sein, die im *Guigemar* vom »comencement« redet, nachdem sie sich einige Verse zuvor als Autorin genannt hat[578] und in einem weitausholenden Prolog, in welchem sie ihr Werk einem königlichen Gönner widmet, nicht nur ihr Unternehmen begründet sondern auch das Programm, das sie verwirklicht, klar entwickelt?

---

[576] *Lais*-Ausgabe, p. 239.

[577] Parallel liegt der Fall des Ausdrucks ›li Bretun‹, der sich innert kurzer Zeit zu einem literarischen Cliché entwickelte, mit welchem auch Texte geschmückt wurden, die offensichtlich nichts mit der ›matière de Bretagne‹ zu tun haben, vgl. Foulet, Marie de France et les lais bretons, ZrP 29, 1905, pp. 53–54.

[578] Cesare Segre sagt zu Vv. 1–18 im *Guigemar*: «*Guigemar* ha un ›piccolo prologo‹ che lo designa naturalmente ad aprire la serie«, vgl. Per l'edizione critica dei *Lais* di Maria di Francia, Cultura neolatina, XIX, 1959, p. 228.

Pur ceo començai a penser
D'aukune bone estoire faire
E de latin en romaunz traire;
Mais ne me fust guaires de pris:
Itant s'en sunt altre entremis!
Des lais pensai k'oïz aveie.
Ne dutai pas, bien le saveie,
Ke pur remambrance les firent
Des aventures k'il oïrent
Cil ki primes les comencierent
E ki avant les enveierent.
Plusurs en ai oï conter,
Nes voil laissier ne oblier.
Rimé en ai e fait ditié,
Soventes fiez en ai veillié!
En l'honur de vus, nobles reis,
Ki tant estes pruz e curteis,
A ki tute joie s'encline
E en ki quoer tuz biens racine,
M'entremis des lais assembler,
Par rime faire e reconter.
En mun quoer pensoe e diseie,
Sire, kes vos presentereie.
(*Prolog*, 28–50)[579]

Schriftstellerei und Quellenkunde als thematische Variationsmöglichkeiten für Lai-Eingänge haben wir bereits erörtert; nochmals auf den ›Bretun‹-Topos einzugehen, erübrigt sich; es bleibt der Hinweis auf eine rein sprachliche Möglichkeit, die man mit dem Begriff Sprachspiele umschreiben könnte. Marie wendet sie im *Laüstic* an, wo sie die Beziehungen ›laüstic‹, ›russignol‹ und ›nihtegale‹ gegeneinander ausspielt; im *Chievrefoil*, wo sie mit ›chievrefoil‹ und ›gotelef‹[580] analog verfährt; im *Bisclavret*, wo sie nicht nur ›bisclavret‹ und ›garwaf‹ miteinander in Beziehung setzt, sondern auch zu einem Exkurs über dieses sonderbare Wesen ausholt, den sie dann allerdings schelmisch mit der Bemerkung »Cest afere les ore ester« (*Bisclavret*, 13) abbricht; und schließlich in *Chaitivel* und *Eliduc*, wo sie das Variationsmuster auf den Titel anwendet: *Chai-*

---

[579] Wohl nicht zuletzt aus diesem Grunde »wußte« – wie Horst Baader, op. cit., p. 237, meint – der Schreiber von H, daß die *Lais* »von einer Autorin stammten«. In einem völlig anderen Zusammenhang steuert Baader beiläufig eine Bemerkung bei, die einen sehr wertvollen Beitrag zum Problem der Einheit darstellt, weil sie einer unvoreingenommenen Haltung entspringt: die *Yonec*-Verse 1–2 nämlich seien »nur im Hinblick auf mehrere Lais verständlich und sinnvoll«, op. cit., p. 228. Dasselbe gilt für Mary H. Fergusons Untersuchung der *Lais* im Hinblick auf Motivanalogien in der Folklore, Folklore in the *Lais* of Marie de France, RoR 57, 1966, pp. 3–24. Die Verfasserin stellt fest, daß »in twelve stories acknowledged to be by the same author and full of folk motifs, we find the reverse of what we expect from the materials involved. Surely such consistent reversal of narrative direction points to adaptation of ›matière‹ for some specific ›sen‹ « (pp. 10–11); sie schließt daraus: »Marie seems to have been a conscious artist in adapting her material to suit sophisticated rather than folk tastes. The *Lais*, far from beeing a miscellaneous collection of naive short tales, are unified not only by their theme of love and their melancholy tone but by their consistent adaptation to a narrative direction opposite to that inherent in their material. Marie manipulated her material to achieve a unified work of art«, p. 12.

[580] Vgl. dazu Ewerts *Lais*-Ausgabe, p. 184.

tivel oder *Quatre Dols, Eliduc* oder *Guildeluëc ha Guilliadun*. Daß diese Sprachspiele von den Zeitgenossen tatsächlich als literarisches Phänomen empfunden
wurden, belegt beispielsweise der Umstand, daß es vom Autor des *Lecheor* in
den Versen 119-122[581] geradezu parodiert wird[582].

Soviel zum Lai-Eingang als Ausdruck der Textpräsenz der Autorin. Es liegt
in der Natur der Sache, daß die Lai-Ausklänge eher stereotyp gestaltet sind;
sie brauchen ja nicht mehr die Aufmerksamkeit des Lesers oder Hörers zu wec-
ken, sondern dienen zur Abrundung des Gesamteindrucks[583].

Daß diese Form des Lai-Eingangs als persönlicher Ausdruck Mariescher
Textpräsenz die Diktion der Dichterin maßgebend bestimmt, versteht sich von
selbst. Um diese Textpräsenz wirksam zu erhalten, bedient sich Marie einiger
weiterer Verfahren, die indessen allesamt zum schriftstellerischen Instrumentarium ihrer Zeit zählen. In diesen Rahmen gehört die Anrede des Lesers durch
den Autor, wozu Marie fünfmal mit der ›Oëz‹-Formel[584], einmal mit dem bloßen
›seignurs‹[585] und einmal – ist es nicht aufschlußreich, daß es zu Beginn des ersten Lai der Sammlung und zwar im Signatur-Vers geschieht? – mit der vollen
Formel ›Oëz, seignurs‹ anhebt[586]. Man ist geneigt, die Verwendung dieser Formel, die, obschon der *Roland* und das *Pèlerinage Charlemagne* sie noch nicht
kennen, als typische *geste*-Anrede gilt und bloß in den archaischsten Romanen
vorkommt[587], als Argument für eine frühe Datierung der Marieschen *Lais* zu
werten – bis zu einem gewissen Grade in Übereinstimmung mi Hoepffners Chronologie[588], mit Ausnahme der *Bisclavret*-Datierung aber in vollem Widerspruch mit Illingworth[589].

---

[581] Ed. Gaston Paris, R 8, 1879, pp. 64–66.

[582] Vgl. Foulet, Marie de France et les lais bretons, ZrP 29, 1905, p. 53.

[583] Der fast parodistische Charakter des *Chaitivel* kommt auch in diesem Zusammenhang wieder
zum Ausdruck, indem Marie hier nicht nur das Spiel um den Titel spiegelsymmetrisch zum Eingang wiederholt, sondern es auch fertig bringt, in den letzten drei Versen ganze fünf Füllfloskeln
unterzubringen:

> Ici finist, nen i ad plus,
> Plus n'en oï ne plus n'en sai
> Ne plus ne vus en cunterai.
> (*Chaitivel*, 238–240)

[584] *Bisclavret*, 185, 234, *Yonec*, 468, *Milun*, 252 und *Prolog*, 56.

[585] *Lanval*, 35.

[586] Damit wäre Foulets merkwürdiges Versehen, «*Guigemar* et *Lanval* sont en effet les seuls lais où
Marie s'adresse directement à son auditoire», richtiggestellt, vgl. ZrP 29, 1905, p. 295, Anm. 3.

[587] Vgl. dazu Biller, op. cit., pp. 154–155, sowie Manfred Gsteiger, Note sur les préambules des
chansons de geste, CCM II, Poitiers 1959, pp. 213–220, und – für viele Einzelangaben – La technique littéraire des chansons de geste, Actes du Colloque de Liège, 1957, Paris 1959; überdies
Jean Rychner, La chanson de geste, Essai sur l'art épique des jongleurs, Soc. de Publications rom.
et françaises, LIII, Genève-Lille 1955, pp. 10 ff. – Wenn Richard Baum, op. cit., p. 169, aus der
Gegenüberstellung der Anrede ›oëz, seignurs‹ und der Widmung an den König auf Foulets Spuren
einen Widerspruch ableitet, so ist dazu zu bemerken, daß dieser Widerspruch nur scheinbar ist,
indem er bloß solange besteht, als der Cliché-Charakter dieser Anrede nicht in Rechnung gestellt
wird.

[588] Pour la chronologie des *Lais* de Marie de France, R 59, 1933, pp. 351–370 und R 60, 1934,
pp. 36–66.

[589] La chronologie des *Lais* de Marie de France, R 87, 1966, pp. 433–475.

Wie dem auch sei: was vom Stilistischen her als gesichert gelten darf, ist die Feststellung, daß – was die Anrede an den Leser betrifft – nicht etwa die Tatsache, daß sie in ihren *Lais* vorkommt, typisch für Maries Diktion erscheint, sondern der Umstand, daß sie als singuläre Formel in Erscheinung tritt.

Analog verhält es sich mit den subjektiven Bemerkungen, mit denen die Verfasserin bewegte Teilnahme am Schicksal ihrer Figuren bekundet[590]. Bekanntlich ist der Autorkommentar als Verfahren des Dichters, im Erzähltext selbst in Erscheinung zu treten, alles andere als eine Erfindung Maries; Biller bezeichnet es als Charakteristikum der *geste* und der meisten Romane[591]. Aus einer Zusammenstellung der Belege[592] geht hervor, daß sich Marie dieses Mittels zwar sehr selten bedient, daß sie es aber dort, wo sie damit eine Wirkung erzielen kann, welche über das bloß Rhetorische hinausgeht, mit stilistischem Raffinement in eine bestimmte Erzählsituation einbaut. Wir denken dabei an die Verse 131–154 im *Lanval*, die Jeanne Wathelet-Willem – vielleicht im Anschluß an Segres Interpretation[593] – so feinfühlend wie einleuchtend auslegte. Die Aussagen in den drei anaphorischen Versen spiegeln, setzt man sie zu den Ereignissen in Beziehung, auf die sie jeweils folgen, und während welcher die Fee zunächst

---

[590] Vgl. Erich Nagel, op. cit., pp. 82–84.

[591] Op. cit., pp. 156–157. Vgl. dazu auch E.R. Curtius' Analyse des *Alexius*-Liedes, Gesammelte Aufsätze zur romanischen Philologie, Bern-München 1960, pp. 60 ss.

[592] Belege:

> Allas! Cum est mesavenu
> Ke li prudume n'unt seü
> L'aventure des dameiseles
> Ki esteient serurs gemeles!
> (*Fresne*, 345–348)

> Ore est Lanval en dreite veie!
> (*Lanval*, 134)

> Mut est Lanval bien assenez.
> (*Lanval*, 140)

> Ore est Lanval bien herbergiez!
> (*Lanval*, 154)

> N'est merveille s'il le haï!
> (*Bisclavret*, 218)

> Oiez cum il est bien vengiez.
> (*Bisclavret*, 234)

> Allas! Cum ierent malbailli
> Cil ke l'un veut si agaitier
> Pur eus traïr e enginnier!
> (*Yonec*, 254–256)

> Grant pechié fist ki li dona.
> (*Yonec*, ed. Warnke 28, Hs Q)

Dieser zuletzt aufgeführte *Yonec*-Beleg findet sich bloß in Q.

[593] Cesare Segre sieht darin »i tre passi verso la felicità«, *Lanval, Graelent, Guingamor*, Studi in onore di Angelo Monteverdi, Bd. II, Modena 1959, p. 766.

Lanval ihrer Liebe versichert (V. 133), ihm sodann übernatürliche Kräfte verleiht (Vv. 135–139) und sich ihm schließlich hingibt (V. 153), eine nachvollziehbare »progression psychologique«[594].

Ein Element, auf das im Rahmen einer Darstellung der Marieschen Diktion hinzuweisen bleibt, ist die M a x i m e : ein Verfahren, auf das bereits Nagel aufmerksam machte[595]. Es ist weder der *chanson de geste* noch dem Roman unbekannt, wo es allerdings mit Hilfe der *amplificatio*, welche die Autoren des Mittelalters als das vornehmlichste Stilmittel betrachteten[596], nicht selten zu didaktischen Exkursen geradezu mißbraucht wurde[597].

Wie verhält es sich damit bei Marie? Im *Guigemar* lassen sich drei Belege für sentenziöses oder sprichwortartiges Reden nachweisen. Auf den ersten stößt man schon zu Beginn des zweiten Teils, dort, wo die Figur des ältlichen Gatten der ›mal-mariée‹ eingeführt wird:

> Gelus esteit a desmesure,
> Kar ceo purporte la nature
> Ke tuit li vieil seient gelus –
> Mult het chascuns ke il seit cous –:
> Tels est d'eage le trespas!
> (*Guigemar*, 214–217)

Die beiden andern sind ineinander verflochten und zwar als Bestandteil der Schilderung der zweiten Begegnung Guigemars mit der aus der Frühmesse zurückgekehrten unglücklichen Eingeschlossenen:

> Il la salue e ele lui;
> En grant effrei erent amdui.
> Il ne l'osot nïent requere;
> Pur ceo qu'il ert d'estrange tere
> Aveit poür, s'il li mustrast,
> Qu'el l'enhaïst e esloinast.
> Mes ki ne mustre s'enferté
> A peine en peot aveir santé.
> Amur est plaie dedenz cors
> E si ne piert nïent defors;
> Ceo est un mal ki lunges tient,
> Pur ceo que de Nature vient.
> Plusur le tienent a gabeis,
> Si cume cil vilain curteis
> Ki jolivent par tut le mund,
> Puis s'avantent de ceo que funt.
> N'est pas amur, einz est folie,

---

[594] J. Wathelet-Willem, Le mystère chez Marie de France, Rbph 39, 1961, p. 680, Anm. 1. – Eines darf allerdings nicht unerwähnt bleiben: für Vers 140 haben H und P »mut«, im Gegensatz zu C und S, welche »ore« geben. Die Textkritik beschränkt sich darauf, die Variante festzustellen; vgl. zuletzt Rychners *Lais*-Ausgabe, p. 255. C. Segre, Per l'edizione critica dei *Lai* di Maria di Francia, Cultura neolatina, XIX, 1959, zieht die Lesung von C und S vor, vgl. p. 235.
[595] Op. cit., pp. 79–80.
[596] »L'amplification est la grande chose; elle est la principale fonction de l'écrivain«, Edmond Faral, Les arts poétiques du XIIe et du XIIIe siècle, Paris 1923, p. 61.
[597] Vgl. darüber Biller, op. cit., pp. 151–153.

E mauveistié e lecherie!
Ki un en peot leal trover
Mut le deit servir e amer
E estre a sun comandement.
(*Guigemar*, 475–495)

Mit vier Belegen steht *Equitan*, was die Maximenfrequenz betrifft, an vorder-
ster Stelle. Im Anschluß an den Prolog setzt der Lai mit der Einführung Equitans ein, der ersten Figur im verderblichen Dreieck:

Equitan fu mut de grant pris
E mut amez en sun païs.
Deduit amout e druërie,
Pur ceo maintint chevalerie.
Cil metent lur vie en nuncure
Ki d'amur n'unt sen ne mesure;
Tels est la mesure d'amer
Que nuls n'i deit raisun garder.
(*Equitan*, 13–20)

Zwei weitere Beispiele bietet der dritte, dem großen Gespräch zwischen dem
König und der Gattin des ›seneschals‹ gewidmete Lai-Teil:

Amur n'est pruz se n'est egals.
Mieuz vaut uns povres hum leals,
Si en sei ad sen e valur,
E greinur joie est de s'amur
Qu'il n'est de princë u de rei,
Quant il n'ad lëauté en sei.
S'aukuns aime plus hautement
Qu'a sa richesce nen apent,
Cil se dute de tute rien!
Li riches hum requide bien
Que nuls ne li toille s'amie
Qu'il voelt amer par seignurie!
(*Equitan*, 137–148)

Cil ki d'amur sunt novelier
E ki s'aturnent de trichier,
Il sunt gabé e deceü;
De plusurs l'avum nus veü.
N'est pas merveille se cil pert
Ki par s'ovreine le desert.
(*Equitan*, 163–168)

Mit einer Maxime wird der *Equitan*-Epilog eröffnet:

Ki bien vodreit reisun entendre
Ici purreit ensample prendre:
Tels purcace le mal d'autrui
Dunt tuz li mals revert sur lui.
(*Equitan*, 307–310)

Den einzigen Beleg aus *Fresne* bietet der Klagemonolog der Mutter nach der Geburt der Zwillinge:

> Ki sur autrui mesdit e ment
> Ne seit mie qu'a l'oil li pent;
> De tel hume peot l'um parler
> Ki mieuz de lui fet a loër.
> (*Fresne*, 87–90)

Zwei Beispiele kommen je im *Lanval* und im *Eliduc* vor. Im *Lanval* rundet das eine die Exposition ab:

> Seignurs, ne vus esmerveillez:
> Hum estrange descunseillez,
> Mut est dolenz en autre tere,
> Quant il ne seit u sucurs quere!
> (*Lanval*, 35–40);

mit dem andern leitet der Graf[598] von Cornwall seine Rede vor Gericht ein:

> Ja endreit nus n'i avra faille,
> Kar ki qu'en plurt ne ki qu'en chant,
> Le dreit estuet aler avant.
> (*Lanval*, 434–436);

im *Eliduc* schaltet sich die Dichterin, die verbitterten Worte des enttäuschten Eliduc kommentierend, ein:

> Li vileins dit par repruvier,
> Quant tencë a sun charuier,
> Qu'amur de seignur n'est pas fiez.
> Cil est sages e vedziëz
> Ki lëauté tient sun seignur,
> Envers ses bons veisins amur.
> (*Eliduc*, 61–66),

während Guilliaduns Schilderung ihrer unglücklichen Liebe in den – wohl dem *Enéas* nachempfundenen (»molt par est fous qui feme croit«, V. 1590, Ed. J.J. Salverda de Grave) – Worten gipfelt

> Mut est fole ki humme creit!
> (*Eliduc*, 1084)

Es wären noch die Verse 19–22 im *Chaitivel* zu erwähnen, von denen es scheint, daß sie eine sentenziöse Äußerung enthalten; wir verzichten indessen darauf, sie für unsere Auslegung der Maxime bei Marie de France zu verwenden, da sich der Sinn dieser Zeilen – wie Ewert mit britischer Fairness zugibt – allen Bemühungen zum Trotz nicht schlüssig bestimmen läßt[599].

---

[598] H gibt »li quoens«, während S, P und C »li dus« haben; vgl. Rychner, *Lais*-Ausgabe, pp. 257–258.

[599] »But it must be confessed that the testimony of the sole MS. (H) does not enable us to establish with certainty exactly what the autor meant«, Ewert, *Lais*-Ausgabe, p. 182. Für eine Diskussion der Stelle und der von der Kritik vorgeschlagenen Interpretationen vgl. Horst Baader, op. cit., pp. 290–293. Zuletzt äußerten sich dazu Jean Rychner in seiner *Lais*-Ausgabe pp. 273–274, und Jean Frappier, der – mit Gaston Paris und Rychner – diesen Versen »un peu d'humor ou d'ironie« zugesteht, vgl. seine Rezension der Rychnerschen *Lais*-Ausgabe, RP XXII, 1969, p. 609.

Geht man daran, diesen Maximenbestand zu ordnen, indem man zu klassifizieren sucht, so kristallisiert sich eine erste Kategorie sogleich heraus: die Maxime als Spielart des Autorkommentars. In der ersten *Eliduc*-Stelle scheint sich die Dichterin, indem sie das Bauernsprichwort zitiert (V. 63)[600], mit Eliducs zorniger Enttäuschung zu identifizieren; ihre wirkliche Auffassung, die sie dem Leser zu bedenken gibt, kommt aber erst in der darauf bezogenen Sentenz zum Ausdruck. Zum gleichen Typus gehört – schon durch die einleitende Anrede an den Leser als Autorkommentar signalisiert – der erste *Lanval*-Beleg, wobei allerdings der Text insofern mehr als bloßen Autorkommentar bietet, als er sich förmlich als Beitrag zur Erklärung der Psychologie des Helden lesen läßt. Analog verhält es sich mit den beiden *Guigemar*-Belegen (Vv. 475 ss.), wo sowohl die erste Maxime als auch die sentenziöse Definition der Liebe als ›plaie‹ aufs engste mit der Verwundung Guigemars, dem zentralen Motiv des Lais, verflochten sind; der erste Beleg hingegen (Vv. 213–217) dürfte als Ausdruck einer allgemeinen Lebenswahrheit eher ein bloßes ›a parte‹ des Autors darstellen, was man bei oberflächlicher Betrachtung auch vom ersten *Equitan*-Zitat denken könnte (Vv. 17–20). Durch ihren Stellenwert erweist sich diese Maxime indessen als Beitrag zur Charakteristik der Figur des Königs[601]. Was den eben erwähnten *Guigemar*-Beleg betrifft (Vv. 214–217), so ist anzumerken, daß schon Schürr auf den antizipierenden Zug dieser Verse hingewiesen hatte[602].

Die Bestimmung ihres Stellenwerts ist eine notwendige Voraussetzung für die sinnvolle Interpretation der Maxime. Maximen von scheinbar so verallgemeinernd kommentierendem Typus wie der Beleg aus *Milun*

> Nuls ne poet estre si destreiz
> Ne si tenuz estreitement
> Que il ne truisse liu sovent.
> (*Milun*, 286–288)

und der vierte aus *Equitan*

> Ki bien vodreit reisun entendre
> Ici purreit ensample prendre:
> Tels purcace le mal d'autrui
> Dunt tuz li mals revert sur lui.
> (*Equitan*, 307–310)

erhalten unvermittelt die formale Funktion von Pointen, wenn man sich bewußt wird, daß der eine das Ende des dritten Lai-Teils markiert, während der andere als Bestandteil des Epilogs gleichsam die Moral des Lais formuliert.

Beleuchtet man von hier aus die Frage, ob nun der *Equitan*-Lai als Exemplum[603] im Sinne der Fabel oder mancher Fabliaux zu werten sei und damit –

---

[600] Es handelt sich um ein vielfach belegtes mittelalterliches Sprichwort, vgl. Rychner, *Lais*-Ausgabe, pp. 281–282.

[601] Dies scheint auch J. Wathelet-Willem entgangen zu sein; sie hält dazu bloß fest: »Il arrive ailleurs à Marie d'interrompre son récit pour disserter sur l'événement qu'elle rapporte«, *Equitan* dans l'oeuvre de Marie de France, MA 69, 1963, p. 333.

[602] Komposition und Symbolik in den *Lais* der Marie de France, ZrP 50, 1930, p. 581.

[603] Vgl. darüber Horst Baader, op. cit., pp. 300 ss.

wie Horst Baader meint – »den strukturellen Rahmen der übrigen sprengt«[604], so zeigt sich einerseits, daß dieser Lai nicht mehr und nicht weniger exemplarisch erscheint als jede Darstellung menschlicher Situationen exemplarisch gedeutet werden kann. Auseinandersetzungen um die Heimweisung eines Werks in diese oder jene literarische Gattung haftet ohnehin oft etwas Fiktives an; denn – wie Olschki treffend bemerkt – »der Unterschied zwischen *contes, fables, fabliaux, lais, dits, proverbes, exemples* usw. ist nicht immer faßbar, weil er nicht immer empfunden wurde«[605]. Anderseits wird nunmehr deutlich, daß der als Maxime geprägten exemplarischen Formulierung eben auch in hohem Maße formale Bedeutung zukommt.

An dieser Stelle ist ein erster Schluß zu ziehen. Die untersuchten Maximen lassen sich zwar als Ausdruck der Textpräsenz des Autors auffassen; darüber hinaus erfüllen sie aber eine strukturelle Funktion, deren thematische beziehungsweise formale Aspekte sich kritisch nachvollziehen lassen.

Indem die Dichterin – und damit wenden wir uns der zweiten Beleggruppe zu – den Grafen von Cornwall vor Gericht mit einer sprichwortartigen Sentenz das Wort ergreifen läßt, mit der er die Bedeutung des Rechts betont (*Lanval*, Vv. 435–436), gibt sie ihrem Text eine situationsgemäße iuristische Färbung. Analoges ist zu den *Equitan*-Belegen zu bemerken, welche in den Repliken des Königs beziehungsweise der Dame vorkommen und ihr Gespräch über die Liebe in eine geradezu provenzalische Tonart transponieren[606]. Wenn Lazar nun aber in seiner Analyse dieses Lai Formulierungen wie die folgende wagt: »Par la bouche de son héroïne, Marie exprime [. . .]«[607], so zeigt sich erst, wie wichtig es ist, zwischen Maxime als Autorkommentar und Maxime als Figurenreplik zu unterscheiden; denn die Beantwortung der Frage, inwieweit das, was eine Figur sagt, auch für den Autor verbindlich ist, verlangt in jedem Einzelfall eine sehr sorgfältige Abklärung; diese Abklärung bleibt aber bei Marie de France, setzt man die *Lais* nicht mit dem *Esope* in Beziehung, mangels Dokumenten meist so gut wie illusorisch.

---

[604] Op. cit., p. 301. Das ist auch J. Wathelet-Willems Auffassung, vgl. *Equitan* dans l'oeuvre de Marie de France, MA 69, 1963, pp. 343–345. Auch Hoepffner, Les *Lais* de Marie de France, Paris 1935, pp. 150 ss., hatte aus diesem Grunde dem *Equitan* gegenüber seine Bedenken angemeldet. Ganz anders sieht Jean-Charles Payen das Problem: »C'est pourquoi nous ne pouvons accepter l'hypothèse de Jeanne Wathelet-Willem pas plus que nous ne pouvons admettre les conceptions d'E. Hoepffner à propos de ce lai. Pour Madame Wathelet-Willem, la présentation élogieuse du héros, en contradiction avec son châtiment final, est une maladresse qui fait douter de l'attribution d'*Equitan* à Marie, ou qui contraint pour le moins à situer ce lai au début de la carrière romanesque de la poétesse. Nous estimons quant à nous qu'il n'y a pas contradiction, mais évolution. La dégradation du personnage confère au lai un tragique particulier et traduit un sens plus subtil de la complexité des sentiments. Il n'y a pas ici maladresse ou manque d'expérience, mais art et profondeur«, op. cit., p. 319.

[605] Die romanischen Literaturen des Mittelalters, Potsdam 1928, p. 129. Vgl. auch Paul Zumthor, Hist. littéraire de la France médiévale, Paris 1954, pp. 150 ss.

[606] Vgl. dazu den von Lazar, op. cit., pp. 194–196, diesem Lai gewidmeten Abschnitt, und Hoepffner, Les *Lais* de Marie de France, Paris 1935, p. 155, sowie D.W. Robertson, Love Convention in Marie's *Equitan*, RoR 44, 1953, pp. 241–245, Baaders diesbezüglichen Exkurs, op. cit., pp. 285 ss., und Leo Pollmanns Analyse, op. cit., pp. 310 ss.

[607] Op. cit., p. 195.

Darf man den Maximen aus *Lanval* und *Equitan* mehr atmosphärischen Charakter zuschreiben, so haftet denen aus *Fresne* beziehungsweise *Eliduc* ein psychologisches Moment an: von einem Schimmer von Selbsterkenntnis zeugt der Ausruf der Mutter (*Fresne*, 87–88); bittere Einsicht spiegelt Guildeluëcs lapidare Klage (*Eliduc*, 1084).

Von hier aus ergibt sich eine weitere Schlußfolgerung. Diese zweite Gruppe von Maximenbelegen verbindet ein gemeinsames Merkmal; obschon es eher äußerlich anmutet, erlaubt es uns, das Belegmaterial wiederum in eine Kategorie zusammenzufassen. Es sind Maximen, die Marie nicht selber spricht, sie legt sie vielmehr ihren Gestalten in den Mund. Als strukturell integrierte Figurenrepliken stehen sie in einem kritisch bestimmbaren Verhältnis zum Textganzen.

Ob diese Feinheiten Marie bewußt gewesen sein mögen oder nicht, ist vom Standpunkt des kritischen Nachvollzugs einer Dichtung aus irrelevant. Entscheidend bleibt, daß der Text sie beinhaltet: und diesem Eindruck dürfte man sich nur mit großer Anstrengung entziehen können. Immerhin weiß man, daß dem mittelalterlichen Dichter auch das sehr reflektierte kompositorische Vorgehen nicht fremd war[608]. Die Bedeutung der Maxime – so scheint uns – reicht bei Marie weit über das Moralisierende einerseits[609] wie über das Dekorative anderseits hinaus: als sprachliche Spiegelung bestimmter Aspekte ihrer Einbildungskraft prägt sie die Struktur ihrer Diktion mit.

»Rien n'est plus facile que d'imiter le style de Marie«: diese Feststellung eines der besten Kenner unserer Dichterin[610] zwingt uns, die an ihrer Sprache eben gemachten Beobachtungen zu überdenken. Freilich – Wiederholung in ihren verschiedensten Spielarten, Antizipation, Formeln, Intervention des Verfassers, Quellenverweis, *variatio* und *brevitas* als Stilideale, eingeblendete Maximen: nichts von alledem hat Marie erfunden; alles lag ihr überliefert als Instrumentarium vor. Betrachtet man Maries Sprache als Realisation rhetorischer Rezepte, so muß man Hoepffner Recht geben: es fällt nicht schwer, einen Marieschen Lai zu verfertigen; und die Lais-Literatur um und nach Marie liefert manchen Beweis dafür.

Immerhin darf in diesem Zusammenhang darauf hingewiesen werden, daß eine Stilfigur wie der »tranposed parallelism« – der Ausdruck stammt von F.M. Warren –, welche im Bereich der altfranzösischen Literatur nach Chrétien und Thomas zu verschwinden beginnt, in den zwölf Harley-Lais nicht nachzuweisen ist, während sie in den anonymen Lais ziemlich häufig vorkommt, wo sie offensichtlich zur Archaisierung der Sprache dient[611].

---

[608] Man denke in diesem Zusammenhang bloß an das bis zur Skurrilität eingesetzte Mittel der Zahlenkomposition, vgl. E.R. Curtius' diesbezüglicher Exkurs in Europäische Literatur und lateinisches Mittelalter, Bern 1954², pp. 491–498. Helmut Genaust stellt in den antikisierenden Erzählungen ein kunstreiches System von zahlensymmetrischen und zahlenkompositorischen Bezügen fest, op. cit., p. 225. Über Maries künstlerisches Selbstbewußtsein vgl. Spitzer, The Prologue of the *Lais* of Marie de France and Medieval Poetics, MP 41, 1943–1944, pp. 96–102 und Horst Baader, op. cit., p. 182.

[609] Vgl. Erich Nagel, op. cit., p. 80.

[610] Ernest Hoepffner, Marie de France et les lais anonymes, Studi medievali, Nuova serie, Bd. 4, 1931, p. 3.

[611] Vgl. Some features of style in early french narrative poetry, MP 3, 1905/06, pp. 179 ff. Beispiele auf pp. 206–207.

Setzt man indessen – was wir im Verlauf unserer Erörterung stets versucht haben – den sprachlichen Bestand mit der Struktur ihrer Einbildungskraft in Beziehung, so erscheint das, was sich eben noch als Tradition und Konvention dargestellt hatte, in völlig neuem Licht. Die Wiederholung lädt sich mit Ausdrucksintensität auf, schimmert in thematischen, psychologischen und strukturellen Ausprägungen; die Antizipation fächert sich in integrierte und verfremdende Formen auf, in faktische und anspielende; in den Interventionen des Verfassers kommt eine konstante Textpräsenz der Dichterin zum Ausdruck, welche sich nicht nur in einer persönlichen Poetik und deren Verwirklichung artikuliert, sondern auch im Schreiben als Thema spiegelt; Leseranrede, Autorkommentar und Maxime endlich entpuppen sich als notwendige Teile im Gefüge eines pointierten Ganzen. Was als Maries Sprache Gegenstand unserer Untersuchung war, halten wir in Maries Stil als deren Ergebnis fest.

Unter den Stichworten ›Zusammenfassung‹ und ›Ausblick‹ vermittelt Helmut Genaust in seiner Arbeit über *Die Struktur des altfranzösischen antikisierenden Lais* nicht nur eine willkommene Übersicht über die Ergebnisse seiner Untersuchung, sondern wendet auch gleich diese Ergebnisse als Grundlage zu einem knappen Vergleich mit Maries *Lais* an. Obschon eine flüchtige Betrachtung tatsächlich den Anschein erwecken könnte, es »bestünden strukturelle Parallelen zwischen den antikisierenden und Maries Lais«[612], dürften sich nun aber, vollzieht man den Vergleich auf der Ebene des S t i l s, auch die hauptsächlichsten Unterschiede abzeichnen.

Eine erste Bemerkung betrifft die Rhetorik. Wenn Genaust den starken Einfluß der Rhetorik als auffallendstes übereinstimmendes Merkmal der antikisierenden Novellistik hervorhebt[613], so steht dies im Widerspruch zu allem, was sich an Maries *Lais* ablesen läßt: diese zeichnen sich nicht nur durch Sparsamkeit in der Verwendung rhetorischer Mittel aus, sondern auch durch deren funktionale Eingliederung.

Interessant ist das, was Genaust zur Handlung sagt. Er bezeichnet sie in Bezug auf die antikisierende Novellistik als einfädig konstruiert und auf eine Pointe ausgerichtet[614]. Pointiert ist der Mariesche Lai nun allerdings auch, namentlich im Bereich des innern und des äußern Spielraums; was aber darüber hinaus die Besonderheit der Marieschen Pointierung ausmacht, ist nicht so sehr die Anlage des Handlungsablaufs im Sinne der *eventus*-Novellisitk, als vielmehr die thematische und sprachliche Polarisation.

Im antikisierenden Lai spielt sich die Handlung auf zwei (im Fall des *Piramus* auf drei) Ebenen ab[615]. Obschon Frappier diese zwei Ebenen – diejenige des »monde terrestre, banal, vulgaire, quotidien« und diejenige eines »monde supérieur, idéal, qu'il s'agisse de l'›Autre Monde‹ féerique ou de l'›Autre Monde‹

---

[612] Op. cit., p. 233.
[613] Op. cit., p. 226.
[614] Op. cit., p. 226.
[615] Op. cit., pp. 226–227.

courtois, ou des deux à la fois« – nicht nur für den höfischen Roman und für den Lai als Gattung sondern auch für den Marieschen Lai insbesondere als charakteristisch bezeichnet[616], scheint uns aus den Beobachtungen über den Spielraum sowie über die Gliederung der Fabel hervorzugehen, daß diese Zweiteilung, deren konstitutive Bedeutung Reto R. Bezzola für Chrétien de Troyes und den höfischen Roman nachwies[617], bei Marie dort, wo sie sich – wie im *Yonec*, in *Fresne*, im *Milun*, im *Equitan* und im *Guigemar* – überhaupt vertreten läßt, doch nicht mehr als einen äußerlichen Zug der Fabel betrifft[618]. Dies gilt übrigens auch für Feststellungen, die sich auf den Umfang und die Versform sowie das Exemplarische[619] beziehen.

Ein essentieller Unterschied hingegen besteht im Rhythmischen. Denn Genaust stellt bei den altfranzösischen Nachdichtungen Ovidscher Motive, trotz Ansätzen zu antizipierendem Verfahren[620], einen eher statischen Rhythmus fest[621]. Maries *Lais* indessen haben sich als fundamental dramatisch erwiesen[622].

Aus dieser knappen Erörterung des Genaustschen Vergleichs geht hervor, daß der Mariesche Lai zwar rhetorische, ja selbst formale Elemente aus der antikisierenden Literatur der Zeit übernimmt, daß er sich aber von dieser antikisierenden Gattung als individuell geprägter Erzähltypus abhebt. In diesem Sinn hält Cesare Segre als Schlußfolgerung aus einer Untersuchung von Reflexen des Piramus- und Tisbe-Stoffes bei Marie de France fest: »Dal punto di vista della creazione poetica assistiamo ad una desintegrazione degli elementi espositivi ed emotivi della favola di Piramo e Tisbe e ad una loro utilizzazione in contesti quasi completamente differenti«[623].

Als die Arbeit an dieser Studie schon recht weit fortgeschritten war, erschienen Richard Baums *Recherches sur les oeuvres attribuées à Marie de France*.

---

[616] Remarques sur la structure du lai. Essai de définition et de classement, La littérature narrative d'imagination. Des genres littéraires aux techniques d'expression (Colloque de Strasbourg 1959), Paris 1961, pp. 21–39, insbesondere pp. 32 ff.

[617] Le sens de l'aventure et de l'amour (Chrétien de Troyes), Paris 1947, pp. 81–86. Vgl. dazu auch Antoinette Fierz-Monnier, Initiation und Wandlung – Zur Geschichte des altfranzösischen Romans im zwölften Jahrhundert von Chrétien de Troyes zu Renaut de Beaujeu, Diss., Zürich 1951.

[618] Vgl. dazu auch Judith Rice Rothschild, Narrative Technique in the *Lais* of Marie de France: Theme and Variations, Diss., Baltimore 1968. Dem vielschichtigen Gefüge des Marieschen Lais wird Rita Schober schon eher gerecht, wenn sie als Grundschema von Maries Komposition eine doppelgipflige Handlung sieht, deren Übergang durch eine Zwischenhandlung hergestellt werde, wobei die Einführung der Personen, die Darstellung ihrer Vorgeschichte und die Ansatzpunkte der Fabel gewöhnlich in der Exposition gegeben würden, vgl. op. cit., p. 49.

[619] Über das Exemplarische im Lai vgl. zusammenfassend Horst Baader, op. cit., p. 301.

[620] Op. cit., p. 227.

[621] Op. cit., p. 223.

[622] In diesen Zusammenhang gehört Frappiers Beobachtung hinsichtlich Maries »art de ménager la surprise et de tenir les esprits en suspens«, Remarques sur la structure du lai, p. 36.

[623] Piramo e Tisbe nei *Lai* di Maria di Francia, Studi in onore di Vittorio Lugli e Diego Valeri, Venezia 1961, Bd. II, p. 853. Neuerdings möchte Jeanne Wathelet-Willem das Verhältnis zwischen Maries *Lais* und dem *Piramus* wieder verschieben: »On peut suggérer, au moins à titre d'hypothèse, que la version que nous possédons du lai français de *Pyrame* est postérieure aux *Deux Amants* de Marie«, vgl. Un lai de Marie de France: *Les Deux Amants*, Mélanges offerts à Rita Lejeune, Bd. II, Gembloux 1969, p. 1150.

149

Zufällig wurde folglich – wenigstens was die *Lais* betrifft – aus unseren Betrachtungen ein Beitrag zur Diskussion seiner These, denn die Rede vom Stil eines Autors impliziert die Vorstellung von der Einheitlichkeit seiner Einbildungskraft. Wenn Stil – wie Emil Staiger den Begriff umschreibt – das ist, »worin ein vollkommenes Kunstwerk – oder das ganze Schaffen eines Künstlers oder auch einer Zeit – in allen Aspekten übereinstimmt«[624], dann ist es jetzt an der Zeit, auf die Frage einzugehen, worin denn nun diese Übereinstimmungen in den *Lais* der Marie de France bestünden.

Aus einer vom Gesichtspunkt der Struktur aus durchgeführten Analyse der Marieschen *Lais* hatte sich als erstes gemeinsames Element eine ausgeprägte Gliederung des Erzählprozesses in nachvollziehbare Phasen herauskristallisiert. Überträgt man das Element der Gliederung in den Bereich der Sprache, so erkennt man es im Phänomen der Wiederholung wieder.

In diesem Zusammenhang ist noch auf eine Form der Wiederholung aufmerksam zu machen, die bis jetzt unerwähnt blieb. Es handelt sich um eine von den mittelalterlichen Poetiken registrierte Spielart der *amplificatio*, welche darin besteht, bereits Erzähltes abermals zu berichten[625]. Marie bedient sich dieses Mittels in *Guigemar* (Vv. 315 ss. und 605 ss., sowie 209 ss. und 336 ss.), *Fresne* (Vv. 133–134 und 208–209, 295 ss., 436 ss., 467 ss.) und *Milun* (Vv. 294 ss. und 447 ss.). Der gliedernde Charakter, der diesen Wiederholungen bei Marie zukommt, leitet sich aus dem Umstand ab, daß die betreffenden Verse an bedeutsamer Stelle und in Variationenform (was zum Erzähltext gehörte, erscheint in direkter oder indirekter Rede als Bestandteil des Dialogs) stets thematisch Wichtiges signalisieren: im *Guigemar* zuerst die Eifersucht des alten Gatten, dann die ›aventure‹ des Helden; in *Fresne* zunächst die edle Abstammung der Ausgesetzten, dann die ›aventure‹ des Mädchens; im *Milun* zweimal die ›aventure‹ der Eltern des jungen ›Senz Per‹, die ja auf sein eigenes Schicksal bestimmend wirkt.

Ein weiteres Merkmal der Marieschen *Lais* hatten wir in der Funktionalität ihrer Elemente dargestellt, als deren bildliche Verdichtung das Zeichen hervorsticht; in der Pointe ist leicht die ihm entsprechende sprachliche Ausprägung zu erkennen.

›Aventure‹ einerseits und Antizipation anderseits lassen sich bei Marie als kongruente Figuren eines dramatischen Grundrhythmus' erleben, über dem sich ein aus dem Zweiklang von Liebe und Tod entwickeltes Leitmotiv wölbt[626]:

> Bele amie, si est de nus:
> Ne vus sanz mei, ne jeo sanz vus.
> (*Chievrefoil*, 77–78)[627]

---

[624] Die Kunst der Interpretation, Zürich 1957², p. 14.

[625] Vgl. darüber E.R. Curtius in seiner Interpretation des *Alexius*-Lieds, Gesammelte Aufsätze zur romanischen Philologie, Bern-München 1960, pp. 69–70.

[626] Als kompositionelle Eigentümlichkeit Maries bezeichnet auch Rita Schober eine leitmotivartige Wiederholung gleicher oder nur wenig modifizierter Sätze zur Herausarbeitung des Hauptgedankens, vgl. op. cit., p. 51.

[627] Vgl. auch *Guigemar* 773–775, *Chievrefoil* 8–10, *Eliduc* 349–350 und 671, *Deus Amanz* 3–4.

Wir gehen mit Jean-Charles Payen darin einig, daß es sich dabei um weit mehr als um Anspielungen ans überlieferte Liebestod-Cliché aus dem antikisierenden Roman handelt[628].

Leo Spitzer hat in seiner allerletzten Vorlesung den dichterischen Text als Spiegelung der »architettura del pensiero« bezeichnet[629]. Wie diese Architektur als Struktur zur Gestalt wird, das läßt sich am Spielraum ablesen; wie sie als Sprache zum Ausdruck kommt, an der Diktion. Und wenn Moshé Lazar, den das Problem der unitarischen Auffassung der zwölf Harley-Lais in seinem Buch über die Formen der höfischen Liebe ja gar nicht zu beschäftigen brauchte, dennoch schreibt: »Ce qui fait l'unité des *Lais*, c'est l'esprit de Marie«[630], so sehen wir diese Einheit in der als ihr Stil umrissenen Synthese von *imagerie* und Diktion, von Struktur und Sprache.

---

[628] Vgl. op. cit., den Abschnitt La mort d'amour im Kapitel über die antikisierenden Romane, pp. 292 ss. und die Seiten über Marie de France, insbesondere pp. 311 und 314.
[629] Sviluppo di un metodo, Cultura neolatina, XX, 1960, p. 126.
[630] Op.cit., p. 175.

ABKÜRZUNGEN UND SIGLEN

ACME	Annali della Facoltà di Filosofia e Lettere dell'Università Statale di Milano.
AnS	Archiv für das Studium der neueren Sprachen und Literaturen, Braunschweig.
ARom	Archivum romanicum, Genève/Firenze.
BARLS	Bulletin de l'Académie Royale de Belgique. Classe des Lettres et des Sciences morales et politiques, Bruxelles.
BBSArthur.	Bulletin bibliographique de la Société internationale Arthurienne, Paris.
CAI	Cahiers de l'Association internationale des études françaises, Paris.
CCM	Cahiers de Civilisation Médiévale, Poitiers.
CFMA	Les Classiques français du Moyen Age, Paris.
CN	Cultura neolatina, Modena.
ECelt.	Etudes celtiques, Paris.
FRom	Filologia romanza, Torino e Napoli.
GRM	Germanisch-romanische Monatsschrift, Heidelberg.
LR	Les Lettres romanes, Louvain.
MA	Le Moyen Age, Bruxelles.
MAevum	Medium Aevum, Oxford.
MLN	Modern Language Notes, Baltimore.
MLR	Modern Language Review, Cambrige.
MP	Modern Philology, Chicago.
Np	Neophilologus, Groningen.
PMLA	Publications of the Modern Language Association of America, New York.
PQ	Philological Quarterly, Iowa City.
R	Romania, Paris.
Rbph	Revue belge de philologie et d'histoire, Bruxelles.
RC	Revue celtique, Paris.
Rddm	La Revue des deux mondes, Paris.
RF	Romanische Forschungen, Frankfurt am Main.
RJb	Romanistisches Jahrbuch, Hamburg.
RLaR	Revue des langues romanes, Montpellier.
RLiR	Revue de linguistique romane, Lyon.
RLM	Revue des Lettres modernes, Paris.
RoNo	Romance Notes, Chapel Hill.
RoR	The Romanic Review, New York.
RP	Romance Philology, Berkeley/Los Angeles.
RRo	Revue romane, Kopenhagen.
SATF	Société des Anciens Textes français, Paris.
SMV	Studi mediolatini e volgari, Spoleto.
StR	Studi romanzi, Roma.
StPh	Studies in Philology, Chapel Hill.
WZBln	Wissenschaftliche Zeitschrift der Humboldt-Universität in Berlin.

	Gesellschafts- und sprachwissenschaftliche Reihe, Berlin.
ZfSL	Zeitschrift für französische Sprache und Literatur, Wiesbaden.
ZrP	Zeitschrift für romanische Philologie, Tübingen.

BIBLIOGRAPHIE

1. Die Werke der Marie de France

Poésies de Marie de France, Poète Anglo-Normand du XIIIe siècle, ou recueil de Lais, Fables et autres productions de cette femme célèbre, publiés par B. de Roquefort, 2 Bde, Paris 1820.

Die *Lais* der Marie de France, herausgegeben von Karl Warnke mit vergleichenden Anmerkungen von Reinhold Köhler nebst Ergänzungen von Johannes Bolte und einem Anhang *Der Lai von Guingamor* herausgegeben von Peter Kusel, Bibliotheca Normannica III, Halle (Saale) 1925[3].

I *Lai* di Maria di Francia, con introduzione e traduzione di Ferdinando Neri, Torino 1946.

Lais, Testo, versione e introduzione a cura di Salvatore Battaglia, Speculum, 2, Napli 1948.

Les *Lais* de Marie de France, publiés par Jeanne Lods, CFMA Paris 1959.

Lais, edited by Alfred Ewert, Blackwell's French Texts, Oxford 1965[7].

Les *Lais* de Marie de France, publiés par Jean Rychner, CFMA Paris 1966.

Eliduc, riveduto nel testo, con versione a fronte, introduzione e commento a cura di Ezio Levi, Firenze 1924.

The Lays *Guigemar*, *Lanval* and a Fragment of *Yonec*. With a Study of the Life and Work of the Autor, by Julian Harris, Diss., New York 1930.

Le *Lai de Lanval*, Texte critique et édition diplomatique des quatre manuscrits français par Jean Rychner, accompagné du texte du *Ianuals Ijod* et de sa traduction française avec une introduction et des notes par Paul Aebischer, Textes littéraires français, Genève-Paris 1958.

Die *Fabeln* der Marie de France, mit Benutzung des von Ed. Mall hinterlassenen Materials herausgegeben von Karl Warnke, Bibliotheca Normannica VI, Halle (Saale) 1898.

Fables, selected and edited by Alfred Ewert and R.C. Johnston, Blackwell's French Texts, Oxford 1942.

L'*Espurgatoire seint Patriz* of Marie de France, an Old-French Poem of the Twelfth Century, published with an Introduction and a Study of the Language of the Autor by Thomas Atkinson Jenkins, Philadelphia 1894.

The *Espurgatoire seint Patriz* of Marie de France, with Text of the Latin Original, by Thomas Atkinson Jenkins, University of Chicago, Decennial Publications, 7, Chicago 1903.

Das Buch vom *Espurgatoire S. Patrice* der Marie de France und seine Quelle, herausgegeben von Karl Warnke, Bibliotheca Normannica IX, Halle (Saale) 1938.

2. Zu Maries ›Lais‹

Adler, Alfred, Höfische Dialektik im *Lai du freisne*, GRM 42, 1961, pp. 44–51.

Ahlström, Axel, Marie de France et les lais narratifs, Göteborgs Kungl. Vetenskaps- och Vitterhets-Samhälles Handlingar, 29, 1925, pp. 3–34.

Bambeck, Manfred, Die Wieselepisode im *Eliduc* der Marie de France, AnS 208, 1972, pp. 334–349.

Bar, F., Sur le texte des *Lais* de Marie de France, MA 68, 1962, pp. 153–160.

Battaglia, Salvatore, Il mito del licantropo nel *Bisclavret* di Maria di Francia, FRom 3, 1956, pp. 229–253 (auch in La coscienza letteraria del medio evo, Napoli 1965, pp. 361–389).

– Maria di Francia (Text der Einleitung zu seiner *Lais*-Ausgabe), in La coscienza letteraria del medio evo, Napoli 1965, pp. 309–359.

Baum, Richard, Recherches sur les oeuvres attribuées à Marie de France, Annales Universitatis Saraviensis, Reihe: Philosophische Fakultät, 9, Heidelberg 1968.

Bédier, Joseph, Les *Lais* de Marie de France, Rddm 107, 1891, pp. 835–863.

– Rezension von Foulet, Marie de France et les lais bretons, R 35, 1906, p. 137.

Brookes, Barbara Schonwald, A Stilistic Analysis of the *Lais* of Marie de France, Diss., Columbia University 1967.

Brugger, Ernst, Die Eigennamen in den *Lais* der Marie de France, ZfSL 49, 1926/1927, pp. 201–252 und 381–484.

Bullock-Davies, Constance, Mary, Abbess of Shaftesbury, and her Brothers, English Historical Review 80, 1965, pp. 314–321.

– *Lanval* and *Avalon*, Bulletin of the Board of Celtic Studies 23, 1969, pp. 128–142.

– The Love-Messenger in *Milun*, BBSArthur. 21, 1969, p. 148.

Cagnon, Maurice, *Chievrefueil* and the Ogamic Tradition, R 91, 1970, pp. 238–255.

Caluwé, Jacques De, La conception de l'amour dans le lai d'*Eliduc* de Marie de France, MA 77, 1971, pp. 53–77.

Cargo, Robert, T., Marie de France's Le Laüstic and Ovid's *Metamorphoses*, Comparative Literature, 18, 1966, pp. 162–166.

Chitwood, jr. Garrett Clayton, Love and Guilt. A Study of Suffering in selected Medieval Works (Marie de France, Chrétien de Troyes), Diss., Case Western Reserve University 1970.

Conigliani, Camilla, L'amore e l'avventura nei *Lais* di Maria di Francia, ARom 2, 1918, pp. 281–295.

Contini, Gianfranco, Su Marie de France, Esercizi di lettura, Firenze 1947, pp. 277–284.

Cottrell, Robert D., Le lai de *Laüstic*: From Physicality to Spirituality, PQ 47, 1968, pp. 499–505.

Cross, Tom Peete, The Celtic Origin of the *Lay of Yonec*, RC 31, 1910, pp. 413–471.

– The Celtic Origin of the *Lay of Yonec*, StPh 11, 1913, pp. 26–60.

Damon, S. Foster, Marie de France: Psychologist of Courtly Love, PMLA 44, 1929, pp. 968–996.

Delbouille, Maurice, Le nom et le personnage d'Equitan, MA 69, 1963, pp. 315–323.

– ›Ceo fu la summe de l'escrit . . .‹ (*Chievrefueil*, 61 ss.), Mélanges Frappier, t. I, Genève 1970, pp. 207–216.

Donovan, Mortimer J., Priscian and the Obscurity of the Ancients, Speculum 36, 1961, pp. 75–80.

Ferguson, Mary H., Folklore in the *Lais* of Marie de France, RoR 57, 1966, pp. 3–24.

Flun, P. N., Additional Thoughts an Marie de France, RoNo 1961/1962, pp. 53–56.

– Marie de France and the Talbot Family Connections, RoNo 1965/1966, pp. 83–86.

Foulet, Lucien, English Words in the *Lais* of Marie de France, MLN 20, 1905, pp. 109–111.

– Marie de France et les lais bretons, ZrP 29, 1905, pp. 19–56 und 293–322.

– Thomas and Marie in their Relation to the ›conteurs‹, MLN 23, 1908, pp. 205–208.

– Marie de France et la légende de Tristan, ZrP 32, 1908, pp. 161–183 und 257–289.

– Comptes rendus sur une série de publications sur Marie de France (Hoepffner, Winkler, Levi), R 49, 1923, pp. 127–134.

156

Fox, John Charles, Marie de France, English Historical Review 25, 1910, pp. 303–306.
- Mary, Abbess of Shaftesbury, English Historical Review 26, 1911, pp. 317–326.
Francis, Elizabeth A., The Trial in *Lanval*, Festschrift Mildred K. Pope, Manchester 1939, pp. 115–124.
- Marie de France et son temps, R 72, 1951, pp. 78–99.
- A Comment on *Chevrefoil*, Medieval Miscellany presented to Eugène Vinaver, New York 1965, pp. 136–145.
Frank, István, Besprechung von Ana-Maria Valeró, El lai del *Chievrefueil* de Maria de Francia (Boletín de la Real Academia de Buenos Letras de Barcelona, XXIV, 1951–1952, pp. 173–183), R 75, 1954, pp. 131–132.
Frappier, Jean, Contribution au débat sur le *Lai du Chèvrefeuille*, Mélanges de linguistique et de littérature romanes à la mémoire d'István Frank, Annales Universitatis Saraviensis, VI, 1957, pp. 215–224.
- »D'amors«, »Par amors«, R 88, 1967, pp. 433–474.
- Une édition nouvelle des *Lais* de Marie de France (Rychner), RP XXII, 1969, pp. 600–613.
Frey, John A., Linguistic and psychological Couplings in the *Lays* of Marie de France, StPh LXI, 1964, pp. 3–18.
Fuchs, Walter, Der Tristanroman und die höfische Liebesnovelle, Diss. Zürich, Rorschach 1967.
Hatcher, Anna Granville, Lai du *Chievrefueil*, R 71, 1950, pp. 330–344.
Hirsh, John C., Providential Concern in the *Lay le Freine*, Notes and Queries 16, 1969, pp. 85–86.
Hoepffner, Ernest, Compte rendu de la troisième édition des *Lais* de Marie de France de Warnke, Np 11, 1926, pp. 141–150.
- La tradition manuscrite des *Lais* de Marie de France, Np 12, 1927, pp. 1–10 und 85–96.
- Les *Lais* de Marie de France dans *Galeran de Bretagne* et *Guillaume de Dole*, R 56, 1930, pp. 212–235.
- La géographie et l'historie dans les *Lais* de Marie de France, R 56, 1930, pp. 1–32.
- Marie de France et les lais anonymes, Studi medievali, Nuova serie, 4, 1931, pp. 1–31.
- Le lai d'*Equitan*, Studies in Romance Languages and Literatures presented to Prof. Leo Kastner, Cambridge, 1932, pp. 294 ss.
- Marie de France et l'*Enéas*, Studi medievali 5, 1932, pp. 272–308.
- Pour la chronologie des *Lais* de Marie de France, R 59, 1933, pp. 351–370 und R 60, 1934, pp. 36–66.
- Thomas d'Angleterre et Marie de France, Studi medievali, Nuova serie, 7, 1934, pp. 8–23.
- Les *Lais* de Marie de France, Paris 1935, ²1966.
Hofer, Stefan, Zur Beurteilung der *Lais* der Marie de France, ZrP 66, 1950, pp. 409–421.
- Der Tristanroman und der *Lai du Chievrefueil* der Marie de France, ZrP 69, 1953, pp. 129–131.
Holmes, Urban T., Old French *Yonec*, MP 29, 1931–1932, pp. 225–229.
- New Thoughts on Marie de France, StPh XXIX, 1932, pp. 1–10.
- Further on Marie de France, Symposium 3, 1949, pp. 335–339.
Illingworth, R. N., Celtic Tradition and the *Lai of Yonec*, ECelt. 9, 1961, pp. 501–520.
- La chronologie des *Lais* de Marie de France, R 87, 1966, pp. 433–475.
Johnston, Oliver M., Sources of the Lay of the *Two Lovers*, MLN 21, 1906, pp. 34–39.
Knapton, Antoinette, Mythe et psychologie chez Marie de France, Diss., University of California, Berkeley 1971.
Le Gentil, Pierre, A propos du *Lai du Chèvrefeuille* et de l'interprétation des textes médiévaux, Mélanges d'histoire littéraire de la Renaissance offerts à Henri Chamard, Paris 1951, pp. 17–27.

Levi, Ezio, Maria di Francia e le abbazie d'Inghilterra, ARom 5, 1921, pp. 472–493.

- Il Re Giovane e Maria di Francia, ARom 5, 1921, pp. 448–471.
- Sulla cronologia delle opere di Maria di Francia, Nuovi studi medievali, I, 1923, pp. 41–72.

Lods, Jeanne, Sur quelques vers de *Guigemar*, R 77, 1956, pp. 494–496.

Loth, J., Le lai du *Bisclavret*: le sens de ce nom et son importance, RC 44, 1927, pp. 300–307.

Lyons, Faith, Marie de France, Ducis et *Les Deux Amants*: Légende locale et genèse poétique, BBSArthur. 18, 1966, p. 163 und 19, 1967, pp. 119–127.

Mall, Eduard, Noch einmal: Marie de Compiègne und das *Evangile aux femmes*, ZrP 1, 1877, pp. 337–356.

Marchiori, Marina, Note sul *Lanval* e la retorica medioevale, Giornale italiano di filologia 23, 1971, pp. 186–193.

Meyer, Paul, Besprechung von Warnkes Arbeit Sur l'époque de Marie de France (ZrP 4, 1880, pp. 223–248), R 10, 1881, p. 299.

Mickel jr., Emanuel J., A Reconsideration of the *Lais* of Marie de France, Speculum 46, 1971, pp. 39–65.

Moritz, William Earl, *Guingamor, Guigemar, Graelentmor, Lanval* and *Desire*. A Comparative Study of five Breton Lays, Diss., University of Southern California 1968

Nagel, Erich, Marie de France als dichterische Persönlichkeit, RF 44, 1930, pp. 1–102.

Nagel, Rolf, A propos de *Fresne* (Vv. 261–272), CCM X, 1967, pp. 455–456.

Nolting-Hauff, Ilse, Symbol und Selbstdeutung. Formen der erzählerischen Pointierung bei Marie de France, AnS 199, 1962–1963, pp. 23–33.

Ogle, M. B., Some Theories of Irish Literary Influence and the *Lay of Yonec*, RoR 10, 1919, pp. 123–148.

O'Sharkey, Eithne M., The identity of the Fairy Mistress in Marie de France's *Lai de Lanval*, BBSArthur. 21, 1969, pp. 146–147.

Paris, Gaston,

- Besprechung der ersten Ausgabe der *Lais*, von Karl Warnke, R 14, 1885, pp. 598–608.

Richard, Jacques, Le lai du *Laostic*: structure et signification, MA 76, 1970, pp. 263–274.

Riquer, Martin de, La ›aventure‹, el ›lai‹ y el ›conte‹ en Maria de Francia, FRom 2, 1955, pp. 3–19.

Robertson, D. W., Love Convention in Marie's *Equitan*, RoR 44, 1953, pp. 241–245.

Robertson, Howard S., Love and the other World in Marie's *Eliduc*, Essays in Honor of Louis Francis Solano, pp. 167–176, Chapel Hill 1970.

Rothschild, Judith Rice, Narrative Technique in the *Lais* of Marie de France. Themes and variations. Diss., Baltimore 1968

Salverda de Grave, J.-J., Marie de France et *Enéas*, Np 10, 1925, pp. 56–58.

Schiött, Emil, L'amour et les amoureux dans les *Lais* de Marie de France, Diss., Lund 1889.

Schober, Rita, Kompositionsfragen in den *Lais* der Marie de France, WZBln Jahrgang IV, 1954–1955, pp. 45–59.

Schoepperle, Gertrud, *Chievrefoil*, R 38, 1909, pp. 196–218.

Schürr, Friedrich, Komposition und Symbolik in den *Lais* der Marie de France, ZrP 50, 1930, pp. 556–582.

Segre, Cesare, Per l'edizione critica dei *Lai* di Maria di Francia, Cultura neolatina XIX, 1959, pp. 215–237.

- Piramo e Tisbe nei *Lai* di Maria di Francia, Studi in onore di Vittorio Lugli e Diego Valeri, Venezia 1961, Bd. 2., pp. 845–853.

Söll, Ludwig, Altfranzösisch *grave* ›Wald‹ (?) bei Marie de France, AnS 201, 1965, pp. 193–196.

Spitzer, Leo, Marie de France – Dichterin von Problemmärchen, ZrP 50, 1930, pp. 29–67.

- The Prologue to the *Lais* of Marie de France and Medieval Poetics, MP 41, 1943–1944, pp. 96–102 (auch in Romanische Literaturstudien 1936–1956, Tübingen 1959, pp. 8–14).

- La lettre sur la baguette de coudrier dans le *Lai du Chievrefueil*, R 69, 1946–1947, pp. 80–90 (auch in Romanische Literaturstudien 1936–1956, Tübingen 1959, pp. 15–25).

Stefenelli, Arnulf, Rezension von J. Rychners *Lais*-Ausgabe, Vox Romanica 28, 1969, pp. 162–164.

Stevens, John, The ›granz bien‹ of Marie de France, Patterns of Love and Courtesy, Essays in Memory of C.S. Lewis, ed. by John Taylor, London 1966, pp. 1–25.

Toldo, Pietro, *Yonec*, RF 16, 1904, pp. 609–629.

Warnke, Karl, Über die Zeit der Marie de France, ZrP 4, 1880, pp. 223–248.

Wathelet-Willem, Jeanne, Le mystère chez Marie de France, Rbph 39, 1961, pp. 661–686.

- *Equitan* dans l'oeuvre de Marie de France, MA 69, 1963, pp. 325–345.
- Le personnage de Guenièvre chez Marie de France, BBSArthur. 15, 1963, pp. 138–139.
- Un lai de Marie de France: *Les Deux Amants*, Mélanges offerts à Rita Lejeune, vol. II, Gembloux 1969, pp. 1143–1157.
- La conception de l'amour chez Marie de France, BBSArthur. 21, 1969, pp. 144–145.

Wennberg, Benkt, Marie de France and the anonymous Lais: A Study of the narrative Lai in the Twelfth and Thirteenth Centuries, Diss., University of Pennsylvania 1956.

Whichard, R. D., A Note on the Identity of Marie de France, Romance Studies presented to William Morton Dey, Chapel Hill 1950, pp. 177–181.

Wilmotte, Maurice, Marie de France et Chrétien de Troyes, R 52, 1926, pp. 353–355.

Wind, Bartina H., L'idéologie courtoise dans les *Lais* de Marie de France, Mélanges de linguistique romane et de philologie médiévale offerts à M. Maurice Delbouille, Bd. 2, Gembloux 1964, pp. 741–748.

Winkler, Emil, Französische Dichter des Mittelalters, II. – Marie de France, Sitzungsberichte der Kais. Akad. der Wissensch. in Wien, 188, 1918, pp. 1–130.

Woods, William S., Femininity in the *Lais* of Marie de France, StPh XLVII, 1950, pp. 1–19.

- Marie de France's *Laüstic*, RoNo 12, 1970/1971, pp. 203–207.

3. Zur mittelalterlichen Fabelliteratur

Bastin, Julia, Recueil général des *Ysopets*, 2 Bde, SATF, Paris 1929–1930.

Beyer, Jürgen, Schwank und Moral. Untersuchungen zum altfranzösischen Fabliau und zu verwandten Formen, Heidelberg 1969.

Finoli, A.M., La volpe e il corvo nei rifacimenti medievali di Fedro, in Maria di Francia e nel *Roman de Renart* di Pierre de Saint-Cloud, ACME 23, 1970, pp. 317–328.

Flinn, John, Le *Roman de Renart* dans la littérature française et dans les littératures étrangères au moyen âge, Toronto 1963.

Foulet, Lucien, *Le roman de Renard*, Paris 1914.

Herlet, Bruno, Studien über die sog. *Yzopets* (Lyoner *Ysopet*, *Yzopet* I und *Yzopet* II), RF 4, 1891, pp. 219–309.

Jauss, Hans Robert, Untersuchungen zur mittelalterlichen Tierdichtung, Beihefte zur ZrP, 100, 1959.

Mall, Eduard, Zur Geschichte der mittelalterlichen Fabelliteratur und insbesondere des *Esope* der Marie de France, ZrP 9, 1885, pp. 161–203.

Painter, Sidney, To whom were dedicated the *Fables* of Marie de France? MLN 48, 1933, pp. 367–369.

Ross, Werner, Die *Ecbasis Captivi* und die Anfänge der mittelalterlichen Tierdichtung, GRM 35, 1954, pp. 266–282.

Schirokauer, Arno, Die Stellung Aesops in der Literatur des Mittelalters, Festschrift für Wolfgang Stammler, Berlin-Bielefeld 1953, pp. 179–191.

Suchier, Walther, Tierepos und Volksüberlieferung, AnS 143, 1922, pp. 223–236.

Warnke, Karl, Die Quellen des *Esope* der Marie de France, Festgabe für Hermann Suchier, Halle (Saale) 1900, pp. 161–284.

Wehrli, Max, Vom Sinn des mittelalterlichen Tierepos, Formen mittelalterlicher Erzählung, Zürich 1969, pp. 113–125.

Winkler, Emil, Das Kunstproblem der Tierdichtung, besonders der Tierfabel, Festschrift für Ph. Aug. Becker, Heidelberg 1922, pp. 280–306.

4. Zum ›Espurgatoire Seint Patriz‹

Bar, Francis, Les routes de l'autre monde, Paris 1946.

Ebel, Uda, Die literarischen Formen der Jenseits- und Endzeitvisionen, Grundriß der romanischen Literaturen, vol. VI, t. 1, hg. von H.R. Jauss, Heidelberg 1968, pp. 181–215.

Foulet, Lucien, Marie de France et la légende du *Purgatoire de Saint Patrice*, RF 22, 1908, pp. 599–627.

Legge, M. Dominica, Anglo-Norman in the Cloisters, The Influence of the Orders upon Anglo-Norman Literature, Edimburgh 1950.

Locke, F. W., A New Date for the Composition of the *Tractatus de Purgatorio Sancti Patricii*, Speculum, A Journal of Medieval Studies, XL, 1965, pp. 641–646.

Mall, Eduard, Zur Geschichte der Legende vom Purgatorium des heil. Patricius, RF 6, 1891, pp. 139–197.

Mörner, Marianne, Le *Purgatoire de Saint Patrice* du manuscrit de la Bibliothèque nationale fonds français 25545, Acta Universitatis Lundensis 16, 1920.

– Le *Purgatoire de Saint Patrice* par Berol, Lund 1917.

Paris, Gaston, Besprechung von Thomas Atkinson Jenkins *Espurgatoire*-Ausgabe, R 24, 1895, pp. 290–295.

Vising, Johan, Le *Purgatoire de Saint Patrice* des manuscrits harléien 273 et fonds français 2198, Göteborgs Högskolas Årsskrift 21, 1916.

Warnke, Karl, Die Vorlage des *Espurgatoire St. Patriz* der Marie de France, Philologische Studien zum 60. Geburtstag von Karl Voretzsch, Halle (Saale) 1927, pp. 135–154.

Zanden, Cornelis Mattheus van der, Autour d'un manuscrit latin du *Purgatoire de Saint Patrice* de la bibliothèque de l'Université d'Utrecht, Np 10, 1925, pp. 243–249.

– Un chapitre intéressant de la *Topographia Hibernica* et le *Tractatus de Purgatorio Sancti Patricii*, Np 12, 1927, pp. 132–137.

– Etude sur le *Purgatoire de Saint Patrice*, Paris-Amsterdam 1927.

5. Zur Lais-Literatur

Arbois de Jubainville, H. de, Lai, R 8, 1879, pp. 422–425.

Baader, Horst, Die Lais, Zur Geschichte einer Gattung der altfranzösischen Kurzerzählungen, Analecta romanica, Heft 16, Frankfurt am Main 1966.

Baum, Richard, Les troubadours et les lais, ZrP 85, 1969, pp. 1–44.

Brereton, Georgine E., A thirteenth-century List of French Lays and other Narrative Poems, RoR 45, 1950, pp. 40–45.

Bromwich, Rachel, A note on the Breton Lays, MAevum XXVI, 1957, pp. 36–38.

– Celtic Dynastic Themes and the Breton Lays, ECelt. 9, 1961, pp. 439–474.

Donovan, Mortimer J., *Lai du lecheor*: A Reinterpretation, RoR 43, 1952, pp. 82–86.

– The Breton Lay: a Guide to Varieties, Indiana/London 1969.

Foulet, Lucien, Le Prologue du *Franklin's Tale* et les lais bretons, ZrP 30, 1906, pp. 698–711.

Frappier, Jean, Remarques sur la structure du lai. Essai de définition et de classement. La littérature narrative d'imagination; des genres littéraires aux techniques d'expression. Colloque de Strasbourg 1959, Paris 1961, pp. 23–39.

160

Guiette, Robert, Li conte de Bretaigne sont si vain et plaisant, BBSArthur. 18, 1966, pp. 177–178.

Hoepffner, Ernest, The Breton Lai, Arthurian Literature in the Middle Ages, ed. R.S. Loomis, Oxford 1959, pp. 112–121.

Hofer, Stefan, Kritische Bemerkungen zum Lai de Guingamor, RF 65, 1953–1954, pp. 360–377.

– Bemerkungen zur Beurteilung des Horn- und des Mantellai, RF 65, 1954, pp. 38–48.

Jeanroy, Alfred, Lais et descorts français du XIIIᵉ siècle, Paris 1901.

Levi, Ezio, I lais brettoni e la leggenda di Tristano, Studi romanzi 14, 1917, pp. 113–246.

Lot, Ferdinand, Nouveaux essais sur la provenance du cycle arthurien, II. La patrie des ›Lais bretons‹, R 28, 1899, pp. 1–48.

Maillard, Jean, Evolution et esthétique du lai lyrique des origines à la fin du XIVᵉ siècle, Paris 1963.

Mall, Eduard, Besprechung von Gaston Paris, Lais inédits de Tyolet, Guingamor, Doon, Lecheor et de Tydorel (R 8, 1879) ZrP 3, 1879, pp. 298–304.

Paris, Gaston, Le Lai de l'Epervier, R 7, 1878, pp. 1–21.

– Lais inédits, R 8, 1879, pp. 29–72.

Philipot, Emmanuel, et Joseph Lot, Le Lai du Lecheor – Gumbelauc, RC 28, 1907, pp. 329–336.

Ribard, Jacques, Des lais au XIVᵉ siècle? (Jean de Condé), Mélanges Frappier, t. II, pp. 945–955, Genève 1970.

Segre, Cesare, Lanval, Graelent, Guingamor, Studi in onore di Angelo Monteverdi, Bd. II, Modena 1959, pp. 756–770.

Skårup, Povl, Notes sur le texte du Lai du Lecheor, RRo VI, 1971, pp. 52–62.

Skeels, Dell R., Guingamor and Guerrehēs. Psychological Symbolism in a Medieval Romance, Journal of American Folklore 79, 1966, pp. 52–83.

Sturm, Sara Higgins, The Lay of Guingamor: a critical Study, Diss. University of North Carolina, Chapel Hill 1967.

Wolf, Ferdinand, Über die Lais, Sequenzen und Leiche, Heidelberg 1841.

Wulf, F.-A., Le conte du Mantel, R 14, 1885, pp. 343–380.

6. Zur Literatur vor und um Marie de France

Adolf, Helen, Personality in Medieval Poetry and Fiction, Deutsche Vierteljahresschrift für Literaturwissenschaft und Geistesgeschichte 44, 1970, pp. 9–19.

Angeli, Giovanna, L'Enéas e i primi romanzi volgari, Documenti di filologia 15, Milano-Napoli 1971.

Auerbach, Erich, Literatursprache und Publikum in der lateinischen Spätantike und im Mittelalter, Bern 1958.

– Der Auszug des höfischen Ritters, Mimesis, Bern 1959², pp. 120–138.

Bayrav, Süheylâ, Symbolisme médiéval, Béroul, Marie, Chrétien, Istambul-Paris 1957.

Becker, Philipp-August, Der gepaarte Achtsilbler in der französischen Dichtung, Abhandlungen der Philologisch-Historischen Klasse der Sächs. Akademie der Wissenschaften, Bd. XLIII, Leipzig 1934.

– Von den Erzählern neben und nach Chrestien de Troyes, ZrP 55, 1935, pp. 257–292, pp. 384–445, pp. 515–560, ZrP 56, 1936, pp. 241–274.

Bédier, Joseph, Les fabliaux, Paris 1893.

Béguin, Albert, Chrétien de Troyes et les symbolisme médiéval, Poésie de la présence, Paris 1957, pp. 37–46.

Bezzola, Reto R., Der französisch-englische Kulturkreis und die Erneuerung der europäischen Literatur im 12. Jahrhundert, ZrP 62, 1942, pp. 2–18.

– Le sens de l'aventure et de l'amour (Chrétien de Troyes), Paris 1947.

- Besprechung von Erich Köhler, Ideal und Wirklichkeit in der höfischen Epik, RF 69, 1957, pp. 459–462.
- Les origines et la formation de la littérature courtoise en occident (500–1200), Deuxième partie, La société féodale et la transformation de la littérature de cour, Bde I und II, Paris 1960.
- Les origines et la formation de la littérature courtoise en occident (500–1200), Troisième partie, La société courtoise: Littérature de cour et littérature courtoise, Bde I und II, Paris 1963.

Biller, Gunnar, Etude sur le style des premiers romans français en vers (1150–1175), Göteborgs Högskolas Årsskrift, XXI-XXII, 1915–1916.

Bloch, Marc, La société féodale, Paris 1968⁵.

Brinkmann, Hennig, Zu Wesen und Form mittelalterlicher Dichtung, Halle (Saale) 1928.
- Der Prolog im Mittelalter als literarische Erscheinung, Wirkendes Wort 14, 1964, pp. 1–21.

Brugger, E., Über die Bedeutung von ›Bretagne‹, ›Breton‹ in mittelalterlichen Texten, ZfSL 20, 1898, pp. 79–162.

Bumke, Joachim, Studien zum Ritterbegriff im 12. und 13. Jahrhundert, Beihefte zum Euphorion, 1, Heidelberg 1964.

Burger, Harald, Vorausdeutung und Erzählstruktur in mittelalterlichen Texten, Typologia litterarum, Festschrift für Max Wehrli, Zürich 1969, pp. 125–153.

Burgess, Glyn Sheridan, Contribution à l'étude du vocabulaire pré-courtois, Publications romanes et françaises CX, Genève 1970.

Colby, Alice M., The Portrait in Twelfth-Century French Literature. An Example of the Stilistic Originality of Chrétien de Troyes, Genève 1965.

Curtius, Ernst Robert, Rhetorische Naturschilderung im Mittelalter, RF 56, 1942, pp. 219–256.
- Europäische Literatur und lateinisches Mittelalter, Bern 1954².
- Gesammelte Aufsätze zur romanischen Philologie, Bern-München 1960.

Delbouille, Maurice, Le premier *Roman de Tristan*, CCM V, 1962, pp. 273–286 und pp. 419–435.

Dragonetti, R., La technique poétique des trouvères dans la chanson courtoise. Contribution à l'étude de la rhétorique médiévale, Bruges 1960.

Dubs, Ingeborg, *Galeran de Bretagne* – Die Krise im französischen höfischen Roman, Diss., Zürich 1949.

Dubuis, Roger, La genèse de la nouvelle en France au Moyen Age, CAI 18, 1966, pp. 9–19.

Ebel, Uda, Das altromanische Mirakel, Studia romanica, 8, Heidelberg 1965.

Eberwein, Elena, Zur Deutung mittelalterlicher Existenz (nach einigen altromanischen Dichtungen), Kölner Romanistische Arbeiten, Bd. 7, Bonn-Köln 1933.

Faral, Edmond, Les jongleurs en France au Moyen Age, Paris 1910.
- Recherches sur les sources latines des contes et romans courtois du moyen âge, Paris 1913 (Neuaufl. 1967).
- Les arts poétiques du XIIᵉ et du XIIIᵉ siècle, Paris 1923.
- La légende arthurienne, 3 Bde, Paris 1929.

Fierz-Monnier, Antoinette, Initiation und Wandlung – Zur Geschichte des altfranzösischen Romans im zwölften Jahrhundert von Chrétien de Troyes zu Renaut de Beaujeu, Diss., Zürich 1951.

Finoli, A. M., Artes amandi: Da Maître Elie ad Andrea Cappellano, Milano-Varese 1969.

Foulet, Alfred, Le *Couronnement de Renard*, Princeton-Paris 1929.

Fourrier, Anthime, Le courant réaliste dans le roman courtois en France au moyen-âge, Bd. 1, Les débuts (XIIᵉsiècle), Paris 1960.

Frappier, Jean, Le roman breton, I-IV, Les cours de Sorbonne, Centre de documentation universitaire, Paris 1951–53.

162

– Vues sur les conceptions courtoises dans la littérature d'oc et d'oil au XIIe siècle, CCM II, 1959, pp. 135–156.

– Chrétien de Troyes, Connaissance des Lettres 50, Paris 1963^2 (Neuaufl. 1969).

– Le Graal et ses feux divergents, RP XXIV, 1971, pp. 373–440.

– Sur un procès fait à l'amour courtois, R 93, 1972, pp. 145–193.

Gallais, Pierre, De la naissance du roman, CCM 14, 1971, pp. 69–75.

Gandillac, M. de und Jeauneau, Ed., Entretiens sur la Renaissance du 12e siècle, ed., Paris / La Haye 1968.

Genaust, Helmut, Die Struktur des altfranzösischen antikisierenden Lais, Diss., Hamburg 1965.

Gougenheim, Georges, De *chevalier* à *cavalier*, Mélanges de philologie romane et de littérature médiévale offerts à Ernest Hoepffner, Paris 1949, pp. 117–126.

Grisward, Joël, A propos du thème descriptif de la tempête chez Wace et chez Thomas d'Angleterre, Mélanges Frappier, t. I, Genève 1970, pp. 375–389.

Gsteiger, Manfred, Die Landschaftsschilderungen in den Romanen Chrestiens de Troyes – Literarische Tradition und künstlerische Gestaltung, Diss., Winterthur 1958.

– Note sur les préambules des chansons de geste, CCM II, 1959, pp. 213–220.

Guerrieri Crocetti, C., La leggenda di Tristano nei più antichi poemi francesi, Genova-Milano 1950.

Hackett, W. Mary, La technique littéraire de *Girart de Roussillon*, Mélanges Delbouille, Bd. II, Gembloux 1954, pp. 259–273.

Hirdt, Willi, Untersuchungen zum Eingang in der erzählenden Dichtung des Mittelalters und der Renaissance, Arcadia 7, 1972, pp. 47–64.

Hoepffner, Ernest, La chanson de geste et les débuts du roman courtois, Mélanges Jeanroy, Paris 1928, pp. 427–437.

– Aux origines de la nouvelle française, Oxford 1939.

Hofer, Stefan, Chrétien de Troyes, Graz-Köln 1954.

Hollyman, K.-J., Le développement du vocabulaire féodal en France pendant le haut moyen âge, Société de Publications romanes et françaises, LVIII, Genève-Paris 1957.

Homuth, Wilhelm, Vom Einfluß des Lehnwesens und Rittertums auf den französischen Wortschatz, RF 39, 1921, pp. 201–266.

Hoppe, Ruth, Die romanische Geste im Rolandslied, Schriften der Albertus-Universität, Bd. 10, Königsberg-Berlin 1937.

Jauss, Hans Robert, Entstehung und Strukturwandel der allegorischen Dichtung, Grundriß der romanischen Literaturen des Mittelalters, vol. VI, La littérature didactique, allégorique et satirique, t. 1, Heidelberg 1968, pp. 146 ss.

Jodogne, Omer, L'édition de l'*Evangile aux femmes*, Studi in onore di Angelo Monteverdi, vol. I, Modena 1959, pp. 353–375.

– L'Autre Monde celtique dans la littérature française du XIIe siècle, Bull. de la Classe des lettres et des sciences morales et pol. de l'Ac. royale de Belgique, 46, 1960, pp. 584–597.

– La personnalité de l'écrivain d'oil du XIIe au XIVe siècle, L'humanisme médiéval dans les littératures romanes du XIIe au XIVe siècle, Colloque organisé par le Centre de philologie et de litt. romanes de l'Université de Strasbourg, Paris 1964, pp. 87–106.

– Le caractère des oeuvres »antiques« dans la littérature française du XIIe et du XIIIe siècle, L'humanisme médiéval [...], Paris 1964, pp. 55–85.

Jung, Marc-René, Etudes sur le poème allégorique en France au moyen âge, Romanica Helvetica 82, Bern 1971.

Kelly, Douglas, La forme et le sens de la quête dans l'*Erec et Enide* de Chrétien de Troyes, R 92, 1971, pp. 326–358.

Köhler, Erich, Ideal und Wirklichkeit in der höfischen Epik, Beihefte zur ZrP 97, Tübingen 1956.

- Le rôle de la ›coutume‹ dans les romans de Chrétien de Troyes, R 81, 1960, pp. 386–397.
- Trobadorlyrik und höfischer Roman, Neue Beiträge zur Literaturwissenschaft, Bd. 15, Berlin 1962.
- Quelques observations d'ordre historico-sociologique sur les rapports entre la chanson de geste et le roman courtois, Chanson de geste und höfischer Roman, Heidelberger Kolloquium (1961), Studia romanica 4, Heidelberg 1963, pp. 21–35.

Kolb, Herbert, Der Begriff der Minne und das Entstehen der höfischen Lyrik, Hermea, Germanistische Forschungen, Neue Folge, Bd. 4, Tübingen 1958.

Laurie, Helen C. R., *Eneas* and the Doctrine of Courtly Love, MLR 64, 1969, pp. 283–294.

Lazar, Moshé, Amour courtois et fin' amors dans la littérature du XIIe siècle, Paris 1964.

Le Gentil, Pierre, Réflexions sur la création littéraire au moyen âge, Cultura neolatina XX, 1960, pp. 129–140.

Legge, M. Dominica, Anglo-Norman Literature and its Background, Oxford 1963.
- Les origines de l'anglo-normand littéraire, RLiR 31, 1967, pp. 44–54.
- Gautier Espec, Ailred de Rievaulx et la matière de Bretagne, Mélanges Frappier, t. II, Genève 1970, pp. 619–623.

Le Goff, Jacques, Les intellectuels au moyen âge, Paris 1957.

Le Grand d'Aussy, Fabliaux ou contes du XIIe et du XIIIe siècle, Paris 1779–1781^2, 5 Bde.

Lejeune-Dehousse, Rita, L'oeuvre de Jean Renart, Liège-Paris, 1935.
- Rôle littéraire d'Aliénor d'Aquitaine et de sa famille, Cultura neolatina 16, 1954, pp. 5–57.
- Technique formulaire et chanson de geste, MA LX, 1954, pp. 311–334.
- Rôle littéraire de la famille d'Aliénor d'Aquitaine, CCM 1, 1958, pp. 319–337.

Lévy, Raphael, Chronologie approximative de la littérature française du moyen âge, Beihefte zur ZrP, 98, Tübingen 1957.

Locatelli, Rossana, L'avventura nei romanzi di Chrétien de Troyes e nei suoi imitatori, ACME IV, 1951, pp. 3–22.

Lommatzsch, Erhard, Darstellung von Trauer und Schmerz in der altfranzösischen Literatur, ZrP 43, 1923, pp. 20–67.

Loomis, Roger Sherman, Arthurian Literature in the Middle Ages, Oxford 1959.

Lot, Ferdinand, Etudes sur la provenance du cycle arthurien, R 24, 1895, pp. 497–528 und R 25, 1896, pp. 1–32.
- Nouvelles études sur la provenance du cycle arthurien, I. Glastonbury et Avalon, R 27, 1898, pp. 529–573.

Lot-Borodine, Myrrha, De l'amour profane à l'amour sacré: études de psychologie sentimentale au moyen âge, Paris 1961.

Luyn, P. van, Les *milites* dans la France du 11e siècle, MA 77, 1971, pp. 5–51, 193–238.

Lyons, Faith, Les éléments descriptifs dans le roman d'aventure au XIIIe siècle, Genève 1965.
- The bird as messenger of love in XIIth-century courtly literature, BBSArthur. 21, 1969, p. 158.

Maranini, Lorenza, *Cavalleria* e *cavalieri* nel mondo di Chrétien de Troyes, Mélanges Frappier, t. II, Genève 1970, pp. 737–755.

Marx, Jean, Nouvelles recherches sur la littérature arthurienne, Paris 1965.
- Les littératures celtiques, Paris 1967^2.
- Wace et la matière de Bretagne, Mélanges Frappier, t. II, Genève 1970, pp. 771–774.

Ménard, Philippe, La déclaration amoureuse dans la littérature arthurienne en France au XIIe siècle, BBSArthur. 21, 1969, pp. 151–152.
- Le rire et le sourire dans le roman courtois en France au moyen âge (1150–1250), Publications romanes et françaises 105, Genève 1969.

Meyer, Paul, L'*Histoire de Guillaume le Maréchal*, R 11, 1882, pp. 22–74.

164

Micha, Alexandre, Le pays inconnu dans l'oeuvre de Chrétien de Troyes, Studi in onore di Italo Siciliano, Bd. 2, Firenze 1966, pp. 785-792.

Newstead, Helaine, The Harp and the Rote: An Episode in the Tristan Legend and its Literary History, RP XXII, 1969, pp. 463-470.

Nolting-Hauff, Ilse, Die Stellung der Liebeskasuistik im höfischen Roman, Heidelberger Forschungen 6, Heidelberg 1959.

Nykrog, Per, Les Fabliaux, Kopenhagen 1957.

Olschki, Leonardo, Die romanischen Literaturen des Mittelalters, Potsdam 1928.

Pabst, Walter, Novellentheorie und Novellendichtung, Zur Geschichte ihrer Antinomie in den romanischen Literaturen, Universität Hamburg, Abh. aus dem Gebiet der Auslandkunde, 58, Reihe 32, Hamburg 1953.

Painter, Sidney, French Chivalry, Chivalric Ideas and Practices in Medieval France, Baltimore 1951².

Paris, Gaston, Etudes sur les romans de la table ronde, R 10, 1881, pp. 465-496.

- Besprechung von Foersters Romanischer Bibliothek, R 21, 1892, pp. 275-281.

- Besprechung von J. Salverda de Graves Enéas-Ausgabe, R 21, 1882, pp. 281-294.

Patch, Howard R., The Goddess Fortuna in Medieval Literature, London 1967.

Payen, Jean-Charles, Le motif du repentir dans la littérature médiévale (des origines à 1230), Genève 1967.

- Notes sur l'ironie romanesque au Moyen Age, MA 77, 1971, pp. 109-120.

Pelan, Margaret M., L'influence du Brut de Wace sur les romanciers français de son temps, Paris 1931.

Pellegrini, Silvio, Tabù del nome proprio nei romanzi di Chrestien de Troyes, Giornale italiano di filologia 20, 1967, vol. I, pp. 234-247.

Pfeiffer, Ruth, En route vers l'au-delà arthurien - Etude sur les châteaux enchantés et leurs enchantements, Diss., Zürich 1970.

Pollmann, Leo, Die Liebe in der hochmittelalterlichen Literatur Frankreichs, Analecta romanica, 18, Frankfurt am Main 1966.

Raynaud de Laye, Guy, Courtois et courtoisie dans le Roman de Thèbes, Mélanges Frappier, t. II, Genève 1970, pp. 929-933.

Rennert, Alfred, Studien zur altfranzösischen Stilistik, Diss., Göttingen 1904.

Renzi, Lorenzo, Le décor celtisant dans Ille et Galeron de Gautier d'Arras, CCM X, 1967, pp. 39-44.

Robson, C. A., The Technique of Symmetrical Composition in Medieval Narrative Poetry, Studies in Medieval French presented to Alfred E. Ewert, Oxford 1961, pp. 26-75.

Rocher, Daniel, Chevalerie et littérature chevaleresque, Etudes Germaniques 21, 1966, pp. 165-179 und 23, 1968, pp. 345-357.

Rohr, Ruprecht, Zur Skala der ritterlichen Tugenden in der altprovenzalischen und altfranzösischen höfischen Dichtung, ZrP 78, 1962, pp. 292-325.

Roulleau, Gabriel, Etude chronologique de quelques thèmes narratifs des romans courtois, Paris o.J.

Ruggieri, Ruggero M., Avventure di caccia nel regno di Artù, Mélanges offerts à Rita Lejeune, vol. II, Gembloux 1969, pp. 1103-1120.

Rychner, Jean, La chanson de geste, Essai sur l'art épique des jongleurs, Société de Publications romanes et françaises LIII, Genève-Lille 1955.

- Contribution à l'étude des fabliaux, I et II, Recueil de travaux publiés par la faculté des lettres de l'Université de Neuchâtel, 28, Neuchâtel-Genève 1960.

Schirmer, Walter F. und Ulrich Broich, Studien zum literarischen Patronat im England des 12. Jahrhunderts, wissenschaftl. Abhandl. der Arbeitsgem. f. Forschung des Landes Nordrhein-Westfalen, Bd. 23, Köln und Opladen 1962.

Schürr, Friedrich, Das altfranzösische Epos, München 1926.

Schwake, Helmut Peter, Zur Frage der Namensymbolik im höfischen Roman, GRM 51, 1970, pp. 338-353.

Shippey, Thomas Alan, Listening to the Nightingale, Comparative Literature 22, 1970, pp. 46–60.

Södergård, Östen, La *Vie Seinte Audree*, Poème anglo-normand du XIIIe siècle, Acta Universitatis Upsaliensis 11, 1955.

Stanger, Mary, Literary Patronage at the Medieval Court of Flanders, French Studies 11, 1957, pp. 214–229.

Stauffer, Marianne, Der Wald – Zur Darstellung und Deutung der Natur im Mittelalter, Studiorum Romanicorum Collectio Turicensis, Bd. X, Bern 1959.

Suchier, Walther, Fabelstudien. ZrP 42, 1922, pp. 561–605.

Tiemann, Hermann, Die Datierungen der altfranzösischen Literatur, Kritische Anmerkungen zu der Chronologie von R. Levy, RJb 8, 1957, pp. 110–131.

– Bemerkungen zur Entstehungsgeschichte der Fabliaux, RF 72, 1960, pp. 406–422.

– Die Entstehung der mittelalterlichen Novelle in Frankreich, Hamburg 1961.

Turner, Ralph V., The King and his Courts: The Role of John and Henry III in the Administration of Justice, 1199–1240, Ithaca – New York 1968.

Viscardi, Antonio, Letterature d'oc e d'oil, Milano 1952 (Neuaufl. Firenze-Milano 1967).

Völker, Wolfram, Märchenhafte Elemente bei Chrétien de Troyes, Diss., Bonn 1972.

Walpole, Ronald N., Humor and People in Twelfth Century France, RP XI, 1957–1958, pp. 210–225.

Waltz, Mathias, Zum Problem der Gattungsgeschichte im Mittelalter. Am Beispiel des Mirakels, ZrP 86, 1970, pp. 22–39.

Warren, Frederick M., Some features of style in early french narrative poetry, MP III, 1905/1906, pp. 179–209 und IV, 1906/1907, pp. 655–675.

Wathelet-Willem, Jeanne, A propos de la technique formulaire dans les plus anciennes chansons de geste, Mélanges Delbouille, Bd. II, Gembloux 1954, pp. 705–727.

Wehrli, Max, Strukturen des mittelalterlichen Romans – Interpretationsprobleme, in Formen mittelalterlicher Erzählung, Zürich 1969, pp. 25–50.

West, C. B., Courtoisie in Anglo-Norman Literature, Oxford 1938.

Wind, Bartina, Nos incertitudes au sujet du *Tristan* de Thomas, Mélanges Frappier, t. II, Genève 1970, pp. 1129–1138.

Zumthor, Paul, Histoire littéraire de la France médiévale, Paris 1954.

– Langue et techniques poétiques à l'époque romane, Bibliothèque française et romane, Série C, IV, Paris 1963.

– Essai de poétique médiévale, Paris 1972.

166

Register

Zusammengestellt von Rudolf Mäder

(Das Register verzeichnet Namen von Personen, Orten und Ländern sowie Werktitel; Autoren und Titel von Sekundärliteratur bleiben unberücksichtigt.)

168

Anm. 334, 72, 72 Anm. 336, Anm. 339,
73, 75 Anm. 346, 77, 79, 80 Anm. 368,
87–88, 91, 93 Anm. 452, 94, 94 Anm.
452, 96–97, 97 Anm. 472, Anm.
475–476, 98, 100–103, 103 Anm. 489,
104, 106, 111, 115 Anm. 521, 121, 125,
127–128, 130, 133, 134 Anm. 559, 135,
137, 143, 145, 145 Anm. 601, 146, 146
Anm. 604, Anm. 606, 147, 149.

Eracle, 20 Anm. 121.

Erec, 8, 71 Anm. 329, 112 Anm. 511.

Erec et Enide (Erec), 8, 8 Anm. 42, 10, 10
Anm. 56, Anm. 59, 11, 11 Anm. 65, 13,
23 Anm. 140, Anm. 145, 27, 27 Anm.
157, 28, 28 Anm. 159, 37 Anm. 181, 48
Anm. 220, 66, 78 Anm. 357, 79 Anm.
365, 82, 82 Anm. 381, 86 Anm. 406.

Esope, 1–3, 3 Anm. 8–9, 4, 4 Anm. 12–14,
5, 5 Anm. 20, Anm. 22, 6, 6 Anm. 33,
8, 8 Anm. 40, 9, 9 Anm. 45, 10, 10 Anm.
49, Anm. 54, 12 Anm. 73, 14, 14 Anm.
86–87, Anm. 90, 16–17, 17 Anm. 103,
18 Anm. 108, Anm. 112, 19, 19 Anm.
117, 20, 20 Anm. 120, Anm. 122, 21–22,
22 Anm. 133, 49, 49 Anm. 227–229,
50–52, 52 Anm. 249, 53–55, 55 Anm.
260, 56, 56 Anm. 267, 57, 57 Anm.
273–274, Anm. 276, 58, 58 Anm. 282,
59, 61, 146.

Espine, siehe: *Lai de l'Epine*.

*Espurgatoire Seint Patriz (Purgatoire de
Saint Patrice)*, 1–4, 4 Anm. 12, 5, 7,
Anm. 35, 12, 12 Anm. 69–76, 13, 13
Anm. 78, Anm. 84, 14, 14 Anm. 90, 18
Anm. 112, 20 Anm. 120, 21–22, 35
Anm. 173, 50, 53, 58–59, 59 Anm.
284–286, 60, 60 Anm. 290–291, 61, 61
Anm. 292–293, 62–63, 94 Anm. 452.

*Essais historiques sur les Bardes, les Jon-
gleurs et les Trouvères normands et anglo-normands*, 7 Anm. 38, 17 Anm. 106,
28, 45 Anm. 211.

Essex, 18.

Estefne, siehe: Stephan von Blois.

Estoire (Tristan), 86.

Estoire del Saint Graal, 85 Anm. 394, 86
Anm. 406.

Estoire des Engleis, 39, 39 Anm. 189.

Etienne, siehe: Stephan von Blois.

Evangile aux femmes, 5 Anm. 24, 15, 15
Anm. 91–92.

Evast, 12 Anm. 73.

Exeter, 106.

Fables (Fabeln), siehe: *Esope*.

Fabliau de Richeut, 41, 41 Anm. 200–201,
45.

*Fabliaux ou contes du XIIe et du XIIIe siè-
cle*, 5.

Fauchet, Claude, 4.

Faust, 95.

Federigo degli Alberighi, 88.

Flamen (Flemenc), 122, 126.

Flamenca, 46.

Flamenca, 46, 46 Anm. 215–216.

Flandern, 10, 17, 57, 77.

Flaubert, Gustave, 99 Anm. 482.

Florent O'Corolan, 12.

Florentianus, 12.

Fontane, Theodor, 28.

Fortuna (Fortune), 74, 74 Anm. 342, 108,
127, 133.

Fortunatus, siehe: Venantius Fortunatus.

Franceis (France), 34.

Franceis (Ile-de-France), 122, 126.

Franklin's Tale, 6, 6 Anm. 32, 48 Anm. 223.

Frankreich (France), 3, 3 Anm. 6, 14 Anm.
85, 16, 20–21, 58, 83.

Fresne, 16 Anm. 99, 76, 81, 87, 89–91, 93
Anm. 452, 102 Anm. 487, 104, 105, 128,
134.

Fresne *(Galeran de Bretagne)*, 43, 45.

Fresne, 8, 11, 16, 16 Anm. 99, 22 Anm.
134–135, 31, 35, 35 Anm. 175, 36, 36
Anm. 178, 37, 66 Anm. 307, 70 Anm.
326, 73, 75 Anm. 346, 76–77, 79, 80
Anm. 368, 81, 87–90, 90 Anm. 437, 93
Anm. 452, 98, 104, 104 Anm. 490, Anm.
492, 105–106, 106 Anm. 497, 107,
110–111, 113, 121, 124, 128, 130,
134–135, 135 Anm. 561, 138, 140 Anm.
592, 144, 147, 149–150.

Freud, Sigmund, 96.

Galeran II de Meulan, 15.

Galeran *(Galeran de Bretagne)*, 43, 45.

Galeran de Bretagne, 8, 8 Anm. 43, 11, 43,
45, 90 Anm. 437, 115 Anm. 521, 124
Anm. 543, 131 Anm. 552.

Galeron *(Ille et Galeron)*, 9, 48 Anm.
224.

Galles (Wales), 47 Anm. 218.

Gallien, 41.

Gallois (Waliser), 46.

Ganganus, siehe: Gauvain.

Gautier d'Arras, 8–9, 11, 11 Anm. 65, 13,
48 Anm. 224.

Gautier Espec, 80 Anm. 369.

170

527–528, Anm. 530–531, 118, 123, 127 Anm. 547.

Roman de la Rose, 85 Anm. 394.

Roman de la Rose ou de Guillaume de Dole, 8 Anm. 43, 12 Anm. 68.

Roman d'Enéas, 27, 27 Anm. 155, Anm. 158, 29 Anm. 166, 66 Anm. 306, 82, 87, 119 Anm. 538, 144.

Roman de Renard (Roman de Renart), 8, Anm. 40, 10 Anm. 54–55, 15 Anm. 91, 29 Anm. 168, 48 Anm. 219

Roman de Rou, 80, 80 Anm. 371.

Roman des Sept Sages, 41 Anm. 200, 42, 42 Anm. 204, 45.

Roman de Thèbes, 27, 27 Anm. 158.

Roman de Troie (Trojaroman), 27, 41 Anm. 200, 42, 45, 76, 119 Anm. 538.

Römer (Romanus), 40.

Romulus, 49.

Romulus Nilanti, 49–52, 54, 55.

Roncevaux, 70 Anm. 326.

Roquefort, Jean-Baptiste-Bonaventure de, 4 Anm. 15–16, 5, 5 Anm. 18, Anm. 23, 6, 40 Anm. 199.

Rosemonde Clifford, 18.

Rou, siehe: *Roman de Rou*.

Rouen, 19 Anm. 115.

Rufford, 13.

Saint Louis, 10 Anm. 55.

Saint-Malo, 81.

Saint Mary de Sartis, Abtei, 13.

Salerno, 87, 87 Anm. 424, 101, 103 Anm. 488, 124.

Salisbury, 16–18.

Saltrey, siehe: Heinrich von Saltrey.

Sankt Gallen, 40.

Sanson, 42.

Sartris (Sartis), 13, 58, 63.

Schiller, Friedrich, 89, 89 Anm. 435.

Schottland, 80.

Scriptorum Brytanniae Catalogus, 3 Anm. 10.

Seirglige Chonchunlain, 47.

Sept Sages, siehe: *Roman des Sept Sages*.

Shaftesbury, Abtei, 15, 16, 16 Anm. 100.

Simon, 26.

Sir Orfeo, 48.

Statius, Publius Papinius, 27.

Stephan von Blois, 12, 17, 62.

Striguil, 18.

Thebais, 27.

Theben, 27.

Thèbes, siehe: *Roman de Thèbes*.

Thomas *(Tristan)*, 42, 42 Anm. 205, 43, 45, 71, 86, 86 Anm. 403, 147.

Thomas von Cantimpré, 56, 56 Anm. 265–266, 57.

Tintagel, 81, 100.

Tisbé (Tispe), 1 Anm. 1, 28 Anm. 158, 44, 149, 149 Anm. 623.

Toteneis (Totness), 129.

Tractatus de Amore, 70 Anm. 329.

Tractatus de Purgatorio Sancti Patricii (Tractatus), 3 Anm. 10, 12, 12 Anm. 71, 13, 58–59, 61.

Traité des monstres (Traité), 56, 56 Anm. 266, 57, 57 Anm. 277.

Trazegnies, 10.

Tristan (Tristram), 8 Anm. 39, Anm. 41, Anm. 44, 14 Anm. 90, 28 Anm. 162, 33–34, 35 Anm. 174, 38, 38 Anm. 184–185, 39 Anm. 191, 40, 40 Anm. 199, 41 Anm. 200, 42–44, 45 Anm. 209, 46 Anm. 214, 47, 71, 71 Anm. 335, 72 Anm. 337–338, 81–82, 91–92, 94, 99–101, 111, 123 Anm. 542, 130.

Tristan, 42 Anm. 205, 44, 47 Anm. 219, 72, 72 Anm. 337, 81, 82 Anm. 382, 86, 86 Anm. 402, 91, 91 Anm. 441.

Tristan, (Béroul), 42 Anm. 205.

Tristan (Thomas), 42, 42 Anm. 205, 86 Anm. 403.

Tristan et le Rossignol, 72 Anm. 336.

Tristan und Isold, 43, 44, 44 Anm. 208.

Troie, siehe: *Roman de Troie*.

Tydorel, 118.

Tydorel, siehe: *Lai de Tydorel*.

Tyolet, 48.

Tyolet, 29, 48, 118.

Tyrwhitt, Thomas, 6–7, 8 Anm. 39, 24 Anm. 147, 28, 58.

Venantius Fortunatus, 40, 40 Anm. 199, 41, 45 Anm. 211.

Venus, 66 Anm. 307, 108.

Vergil, Publius Maro, 27, 82.

Vie Seinte Audrée, 7 Anm. 36, 63, 63 Anm. 298.

Vie Seint Edmunt (Vie de Saint Edmond), 7, 8 Anm. 39, 10, 10 Anm. 51–52, 22, 58 Anm. 282.

Voyage de Saint Brendan, 80, 80 Anm. 369.

Wace, Robert, 10–11, 13, 20 Anm. 121, 27, 39, 41, 45, 48 Anm. 220, 80, 80 Anm. 371–372, 81–82, 117, 127 Anm. 547, 135.

Walwains, siehe: Gauvain.
Warden (Wardon), Abtei, 13, 58, 63.
Warton, Thomas, 6, 28.
Wayland, 65 Anm. 299.
Wilhelm IX. von Aquitanien, siehe: Guillaume IX.
Willalme *(Esope)*, 3, 10, 14, 16–18, 21.
Yonec, 69, 76, 80, 89, 102 Anm. 487, 110–111, 111 Anm. 508, 112–113, 121, 132.
Yonec, 6 Anm. 28, 14 Anm. 90, 16, 32, 35, 37, 66 Anm. 309, 67 Anm. 310, 69–70, 70 Anm. 326, 71 Anm. 334, 72, 72 Anm.

339, 73–74, 75 Anm. 346, 76–77, 79, 80 Anm. 368, 84, 86, 86 Anm. 407, 88–89, 89 Anm. 434, 92, 97 Anm. 472, Anm. 476, 102, 104, 107, 107 Anm. 498, 109–114, 121, 123 Anm. 542, 130, 130 Anm. 551, 131–134, 135 Anm. 561, 136 Anm. 571, 137–138, 139 Anm. 579, 140 Anm. 584, 141 Anm. 592, 149.
Ysopet, 49, 50 Anm. 231, 56–57, 57 Anm. 277, 58.
Ysopet (Marie de France), siehe: *Esope*.
Yvain (Ivans, Ywain), 46, 71 Anm. 329, 81.
Yvain, 77, 80 Anm. 371.